民主主義の育てかた

現代の理論としての戦後教育学

神代健彦・編
杉浦由香里・大日方真史・三谷 高史・古里 貴士
南出 吉祥・丸山 啓史・中村（新井）清二・河合 隆平

かもがわ出版

組版・東原賢治
装丁・小島トシノブ
カバー画・桂ゆき（ユキ子）「積んだり」

はじめに

いわゆる「戦後教育学」なるものの可能性を、いま改めて明らかにする――趣旨としては、ごくごくシンプルなのです。本書はこれを目指して編まれました。

「民主主義の育てかた」としての戦後教育学

ここにいう「戦後教育学」（以下「　」外す）とは、日本の国内外に甚大な被害をもたらした後、一九四五年に日本の敗戦をもって終結したアジア・太平洋戦争への深い反省に基づき、平和・人権・民主主義という戦後的理念を共有しながら構築された、一群の教育学の総称です。それはそんな三つの戦後的理念にかなう人間形成をめあてとした教育学であると同時に、そのことをもって、民主主義的な社会を育てる教育学でもあったと言えます。本書タイトル「民主主義の育てかた」は、戦後教育学が試みた、そんなしごとを表現したものです。

この理想主義的な教育研究運動は実際、戦後民主主義的と形容するに相応しい、ユニークな教育の理論と実践を数多く生み出し、積み上げてきました。その理論と実践は間違いなく、多くのフォロワーを生み出しています。戦後日本の教育の理論と実践の、決して小さくない財産がこの戦後教育学のなかで、あるいは少なくとも、それとの関わりのなかで生まれてきたといっても過言ではないでしょう。

＊

ここで、必ずしも戦後日本の教育と教育学に詳しくない読者のために、戦後教育学の基本的な性格について少し整理しておきたいと思います。

戦後教育学の基本的性格を理解するには、まずこれが位置した「革新」ないし「進歩派」という政治的位置を確認することが有益でしょう。歴史の授業でも触れられる通り、日本の戦後政治には、東西冷戦の構造を背景として、自由民主党を中心とする保守勢力と、社会党や共産党によって構成される革新勢力の対立（保革対立）という構図がありました。一九五五年に成立したその対立の政治構造は、「五五年体制」とも呼ばれます。そしてここで注目しておきたいのが、一九四七年に結成された国内最大の教職員組合であり、戦後日本の革新勢力の主要な担い手の一つともなった日本教職員組合（日教組）、ならびにその周辺で生まれた民間教育研究諸団体です。

日教組は、五五年体制下において革新ブロックの一端を担った、教育労働者の団体です。教職員の経済的・政治的・社会的地位の確立、教育の民主化などの教育労働運動のほか、戦前戦中期の学校教育の反省から、平和教育の創造を含む平和運動（「教え子を再び戦場に送るな」）も展開してきました。さらに教育研究集会と呼ばれる集会を軸として、教育実践を検討する独自の教育研究活動をすすめた日教組は、教育労働運動団体であると同時に教育研究団体でもあったということができます。

またそのような革新派の教育研究活動は、直接間接に、数多くの多様な民間教育研究団体と深い繋がりを有しながら展開しました。大きなものとしては、コア・カリキュラム連盟（一九四八年、後に日本生活教育連盟に改称）、歴史教育者協議会（一九四九年）、数学教育協議会（一九五一年）、教育科学研究会（一九五二年）、全国生活指導研究協議会（一九五九年）などが挙げられます。その活動は、教育についてはもとより、保育や福祉など近接領域の諸問題にも及ぶ幅広いものでした。当然ながら各団体の主義主張、理論や実践のスタイルは様々ですが、いずれも、平和・人権・民主主義といった日本国憲法の理念を共有し、日本の戦後教育、あるいは日本の戦後民主主義のあり様の一端を形作ったと言っても、過言ではないように思います。

そして、このような一連の革新派教育研究運動のなかで育まれ、またそれらをけん引してきた理論こそが戦後教育学です。教職員の実践や運動と深くかかわりながら発展してきたこの理論的潮流には、大学や学会で営まれるアカデミックな教育学にはない、独特の「実践性」が編み込まれることになりました。論者の固有名を挙げるならば、宗像誠也、宮原誠一、勝田守一、そして勝田の弟子筋にあたる堀尾輝久といった人々は、戦後教育学の担い手として一定の共通認識が得られる教育学者といえるでしょう。彼らを含む戦後教育学者の一群は、それぞれのユニークな教育学を大学や学会で論じる傍ら、日教組の教育研究集会やそれらと近しい民間教育研究団体において中心的役割を担いました。そしてそのなかで、「国民の教育権」論、教育的価値論、教育における「内的・外的事項区分」論、発達論といった、戦後教育学の代表的な理論を立ち上げ、多くの賛同者と、そして多くの批判者を得ました。

＊ただし、この四人を超えて戦後教育学（者）の外延を確定するとなると、それは一筋縄ではいきません。「誰が戦後教育学者と呼ばれうるか」という問題について、この「はじめに」で立ち入るのは得策ではありませんので、それは本書の各論のなかでそれぞれの主題に応じて論じてもらうことにしたいと思います。

しかし、東西冷戦構造、保革対立という現実政治のなかで明確に革新派にコミットした戦後教育学は、冷戦構造の崩壊、日本政治における革新勢力の衰退、さらに、市場原理による社会システムの改革を掲げる新自由主義の台頭といった、その後の日本と世界の政治や社会の変化を受けるかたちで、影響力を大きく減じてきました。とくにアカデミズムのなかでは、ほとんど価値を失った旧教育学とみなされているといっても過言ではないでしょう。日本社会の変化、また人文社会科学の議論の進展のなかで、その理論的・実践的成果は—議論の文脈に応じて消極的にかあるいは積極的にかの違いはあるにせよ—、「硬直的な近代主義的教育学」「古臭い左翼教育学」として忘れ去られようとしているように思われます。

そして本書が目指すことの第一は、このようなレッテル貼りに再考を促すことです。戦後教育学とは、現在を生きるわたしたちが参照可能な未整理の教育学「遺産」である——これが本書の執筆者たちの見立てです。わたしたちは、混乱と困難を極める現代の教育の現実をより深く考え、未来への展望を語りだすために、理論を必要としている。そして戦後教育学が、そのような来たるべき理論そのものとは言えずとも、来るべき理論をもとめる探求の「スタート地点」を形成している——、この本の執筆者たちは、そのように考えたわけです。

別様の教育を切り拓く／対抗的言説圏のために

また本書は、ただ狭義の教育学研究上の理想を語るものではありません。戦後教育学の批判的継承と復権は、グローバル化する社会の「必要」の名のもとに進められる性急な教育改革に対して、それに必死になって「適応」するだけでなく、そこから一定の距離をとって「よい教育」を考えるための対抗的な言説圏の形成を促します。そのような言説圏の創出は、改革に次ぐ改革によって疲弊した現在の教育界に、地に足の着いた建設的議論を生み出すための条件であると考えます。

少しかみ砕いて言いなおしましょう。

現代日本の教育現実を顧みるに、アクティブラーニングや資質・能力、探究活動、ＧＩＧＡスクール構想、個別最適化された教育など矢継ぎ早に提示される新しい教育のビジョン、小学校英語、道徳の「特別の教科」化、プログラミング教育、高校の新教科「公共」の設置などの教育課程改革、小中一貫や高大接続など学校教育体系の大幅な改革――そういった、いささか性急とも思われる改革は、枚挙にいとまがありません。そしてそのような状況に「適応」するため、現在の学校現場では、「学校スタンダード」「授業スタンダード」と呼ばれる教育の一律的な「型」が定められる例が多くみられます。また、いわゆる「実践的」な授業テクニックを伝える教師向けの書籍の出版は、陸続として途絶えることがありません。

もちろん本書の執筆者たちは、新しい教育のビジョンやその実現のための新しい制度設計の重要性や必然性を頭から否定しているわけではありません。また、数々の実践的困難を乗り切るための実践的なテクニックが必要だということも、否定するつもりはないのです。教員の多忙が問題視される現状において、その場を「しのぐ」技術のニーズが高まるのは、むしろ当然というべきかもしれません。しかし、それだけでいいのでしょうか。

必要なのは、そうした現実を生き抜くためのノウハウであると同時に、「生き抜く」という表現を使わざるを得ないような困難な現実そのものを深くかつ批判的に理解し、別様の未来へ向けて変えていくための見通しです。硬めの表現を使うなら「教育の理論」、平たく言うなら「教育のそもそも論」、ともかくそういった実践的な理論が、必ずしも現在のアカデミックな教育学が供給しえていないそんなタイプの知が、いまこそ求められているのではないかと思うのです。時代の「必要」に駆動される教育制度や実践の改革・改善の激流から一定程度距離をとり、その総体を捉え返し吟味するための――。しかしとはいえ、そんな教育の理論をゼロから作り上げようとするのは、無謀であると同時に非学問的でもあります。そこでこの本の執筆者たちは、戦後教育学という先人たちの蓄積に目を付けたということなのでした。先人たちの蓄積の可能性と限界の両方を見極め、そのうえに——未来永劫普遍的に価値ある、とは言わずとも——「歴史において最良」と言えるような新しい知見を積み上げたいと考えています。

改めてまとめるとこういうことです。現在進行形の教育改革のなかで「適応」を競うわたしたちは、むしろだからこそ、それらを問い返すための理論的足場を必要としている。そしてその理論的足場の可能性が、戦後教育学の蓄積にはある。だから、そうした教育の現在を考えるための足場を求めて、いまだ全容を概観することもままならない戦後教育学について、少しでも見通しをよくすること、そしてそのうえに、「歴史において最良」と言えるような新しい教育学を展望すること——、謙虚なようでいて、いささか尊大にも聞こえるような言い方になってしまいますが、これが本書の「めあて」です。

戦後教育学批判を超えて

以上のように本書は、戦後教育学を改めて吟味するということのうちに、学問的価値と実践的価値の双方を見込んだうえで編まれています。もちろんそれは、戦後教育学を必要以上に美化するということでないのは言うまでもありません。ちなみに、一九七〇年代後半から八〇年代はじめの生まれである本書の執筆者たちは、本書で取り上げる戦後教育学者たちから直接に大学院等で研究指導を受けてはいないのであって、そのようなことを行う理由も必然性もない世代にあたります。

むしろ、戦後教育学者たちから数えて、研究者として数世代後で研鑽を積んできた執筆者たちの学問形成期（二〇〇〇年代～二〇一〇年代）は、戦後教育学の否定的評価が「常識」となった後の時代でした。率直に言ってその否定的評価の一部に、冷戦体制の崩壊後に生じた「気分」としての反革新・反左翼、あるいはポストモダン思想の名を借りた単なる冷笑主義がなかったとは言えないと思います。そのような時代性を相対化するという意味で、また単に学問の正統的な進め方として、本書は、そのような学界の「常識」を疑おうとするものです。戦後教育学にまつわる「常識」の問い直し――、それは、戦後教育学批判の嵐がひと段落した現在において若手から中堅にさしかかったわれわれだからこそできることであり、やるべきことでもあると、われわれは考えています。自分たちの研究の新奇性を打ち立てるために戦後教育学という先達のしごとを過度に否定的に見る必要もない、むしろそれをいったん「歴史」として受け止め、そこから可能性をくみ出すことに特段の抵抗もない、その意味で戦後教育学を改めて吟味し語り直すのに適した世代がわれわれだ、ということです。

そんな問題意識のもとで着手された再検討の詳細は、当然各章において主題に即して論じられますので、屋上屋を架すことはやめておきましょう。ここでは、戦後教育学とその批判の総体に対して、本書執筆者の最大公約数的な立場を確認しておくにとどめたいと思います。すなわち、戦後教育学と呼ばれうる議論には、（批判も含めて）未だ光をあてられていない多くの蓄積があるのであって、だから拙速な評価よりも、その蓄積の正しい把握が先決である、という立場です。

このことの確からしさと必要性を強調するために、本書の先行研究にあたるものに一つだけ触れておきます。下司晶（二〇一六）『教育思想のポストモダン―戦後教育学を超えて』（勁草書房）は、そのタイトルからうかがえるように、戦後教育学にかかわる教育思想（史）研究の書物です。同書は、一九九〇年代以降の教育哲学会や近代教育思想史研究会（後の教育思想史学会）における戦後教育（学）批判の歴史を記述すると同時に、同書自体もまた戦後教育学批判の書となっています。少なくとも教育哲学・思想史的な戦後教育学批判の全貌をうかがい知るための、現時点での決定版のような書物と考えてよいでしょう。そして／しかし同書で言及されている戦後教育学者とは、せいぜい勝田守一と堀尾輝久の二人です。その他、対象の広がりという意味では宗像誠也、宮原誠一がごく限定的に言及されているに過ぎません。現時点での決定版と言える書物ですら、この状況であるということです。

もちろん、「ポストモダン」を冠した同書が描き出す一九九〇年代以降の教育哲学・思想史的な近代教育批判、そしてその必然的帰結としての戦後教育学批判のうちに、わたしたちが踏まえるべき重要な指摘が含まれていることを否定はできません。単なる冷笑主義ではない、正しく「批判（クリティーク）」と呼びうるものがそこには確かにありました。

例えば、権利論としての戦後教育学がその背後に想定していた人間観は、少なからず、フーコーやアリエス、あるいは当時の教育人間学が鋭く批判し相対化した理性中心主義的なそれでした。当時の議論に、例えばジェンダーやセクシュアリティ、あるいはエスニシティの次元における人間の多様なあり様についての繊細な感性があったか――、あったと強弁することはなかなか難しいように思います。また、一九八〇年代以降いじめや不登校などの現象が社会的に注目されたとき、ポストモダン思想は、学校そのものがそんな「病理」の原因であり、抑圧的な規律訓練装置であると喝破しました。そのことは、勝田や堀尾が強調した教育権・学習権の議論が、基本的には学校教育の普及拡大をもってその権利保障としていたことのナイーブさを、照らし出したと言ってもいいでしょう。それは結局、戦後教育学が「遺産」であるとして、しかし「遺産」とは「負債」を含んでいるのだ、ということにほかなりません。

とはいえ、ポストモダン的近代主義批判は、戦後教育学の課題を照らし出すものではあっても、その全面的な廃棄を説得できるものではないように思います(1)。繰り返しになりますが、そこでまともに言及されているのは、せいぜい勝田と堀尾だけ、しかも彼らの議論の一部だけなのです。もちろん、宗像や宮原、あるいは本書各章で実際に扱う戦後教育学者たちに言及の対象を広げさえすれば、先に触れた近代主義の問題を拭い去ることができるなどと楽観視するわけでありません。むしろ結論から言うならば、近代主義の刻印は、戦後教育学と呼ばれる一群の教育学に共通の理論的問題であると認めてしまうのもやぶさかではないくらいです。ですがそれでもなお、戦後教育学の全面的な廃棄に与することは、「たらいの水と一緒に赤子を流す」ことに他ならない。それを防ぐために本書は、分析対象の外延を広くとるとともに、意識して実践的に読み解くことで理論の可能性を引き出そうと試みました。

本書の構成について

本書は、全体として、勝田や堀尾らに局限することなく、広く戦後教育学の理論を渉猟しています。そのことによって、狭い視野のなかで対象を切り取って観察しないように努力しました。また分析に際しては、例えば近代主義か否かといった抽象的な単一の分析軸ではなく、現代日本の教育の錯綜した問題状況を重ねながら、それと響き合う戦後教育学の理論的可能性を引き出そうと試みました。理論（戦後教育学）に対して理論（ポストモダン思想）の格子を特権的にあてがうのではなく、理論（戦後教育学）と現実（実践）を対話させることにした、とも言えます。ちなみにこうした、理論と現実の対話のなかで問題をつかみ、そこに新しい教育のあり様を模索するというスタイルは、戦後教育学の、あるいは、そんなユニークな学のゆりかごであり、またそれがけん引す

（1） 少なくとも勝田の教育的価値論は、フーコー的な批判の手がかり、「統治されないための技術」としての意味を未だ保っていると考えられる。この点については神代（二〇一四）を参照。

る当の研究運動でもあった民間教育研究（団体）の伝統的なそれでもあるということは、ここで付記しておきたいと思います。そうした理論と現実の対話のなかで問題を把握するまさにそのことによって、本書は、もしも戦後教育学を全面廃棄するならば失われてしまうであろう点、いまこそわれわれが掘り起こし批判的に継承すべき諸点を明らかにしようとしています。このことは、本書の方法上の固有性として強調しておきましょう。もちろんその成否また是非は、読者の判断に委ねられるわけですが。

＊

「はじめに」にしては、いささか込み入った話になってしまいました。

ともあれ本書は、現代日本の教育が置かれている困難を正しくつかみ、教育学と教育実践に見通しを与えるために、敢えて古い教育学にこだわってみようというものです。そのために、各論に特有の時代がかった表現なども平たく言い換えたりしつつ、戦後教育学の可能性と限界を読みときたいと思います。

第1部は「「公」教育の理論――分断社会を超える」です。グローバリゼーション、そして一連の新自由主義改革は、人々の間に経済と、そして教育の格差を持ち込み、社会を分断しました。公共性という社会の基礎を掘り崩されたわたしたちは、政治に失望し、格差にあえぎ、またあいつぐ自然災害に翻弄されています。どうすればわたしたちは、そんな社会の危機において、分断に抗して、教育の公共性を語りうるでしょうか。そんな問いを胸に、第1部では、「国民の教育権」論、「私事の組織化」論、「地域と教育」論、公害教育論、青年期教育論といった、公共性を追い求めた戦後教育学の分厚い議論の蓄積をいまいちど丁寧に洗い直し、現代的状況と接続するかたちで議論しています。実際、これらの議論は、分断された社会の教育について、あるいはより広く射程をとるならば、あいつぐ自然災害が人と社会と教育にもたらすリスク、さらには、COVID-19（新型コロナウイルス）の流行によって一躍存在感を増した EdTech 産業の公教育部門への参入など教育とテクノロジーの問題を考えたときにも、なおさら重要な蓄積と言えるでしょう。なぜならそれらは、社会の問題やリスクに関わって教育の在り方を定める仕方をどう考えるのか、つまりは民主主義の問いを孕んでいるからです。教育は誰のものか、誰が教育について決めるのか、つまるところ、公教育の「公」とはいったい何なのか——、問われているのはそんな問いであり、だからこそ現在のわたしたちには、迂遠に思われようとも、そんな問いを適切に問うための理論が必要なのです。

そのような問題意識は、むろん第2部においても引き受けられているものです。ただし、「価値論の復権―原理の問いを取り戻す」と題された第2部は、第1部よりもさらに原理論的な性格を強めているという違いはあるかもしれません。ここでは、民主主義を下支えするとともに、その民主主義を多数者の圧政や行きすぎた消費者的欲望から区別するための「しるべ」となる諸価値について論じています。発達論、教育的価値論、民主教育論、障害児教育論——、これらはいずれも、ミクロな教育実践からマクロな教育システムまでを射程に含み、そのあるべき姿を導く価値のありようを模索していると言えます。結局、新自由主義あるいは市場原理主義の描く社会とは、あらゆるものが貨幣的価値に還元されて理解される社会にほかなりません。そういった思想、もっと言えばある種の「空気」は、表面的な合理性を押し立てて人間の共同性を毀損します。そして、そのことを直感的に批判するのは容易い。しかし、新しい教育と社会の構想のためには、そのような直感に留まらない、現実から距離をとって現実について考える、粘り強い批判的思考が求められます。平たく言えば、教育と社会の「よさ」についての「そもそも」論が必要なのです。第2部は、そのことを強く意識して編まれました。

＊

以上、こんな仕方で本書は、現代を生きるわたしたちのための、生きて働く教育学の理論を取り戻そうとするものです。それは第一義的には人を育てるための理論ですが、同時に、直接的あるいは間接的に、わたしたちの社会の民主主義を育てるしごとのための理論なのです。どうぞ最後まで、お付き合いください。

執筆者を代表して
神代　健彦

参照文献

神代健彦　二〇一四「勝田・フーコー・教育的価値―ポストモダン論と戦後教育学の距離について―」広田照幸・宮寺晃夫編『教育システムと社会―その理論的検討』世織書房

下司晶　二〇一六『教育思想のポストモダン―戦後教育学を超えて』勁草書房

民主主義の育てかた――現代の理論としての戦後教育学　もくじ

第1部 「公」教育の理論

――分断社会を超える

第1章　「国民の教育権」論
——教育の公共性を編み直す

杉浦由香里

はじめに

村にただ一つの立派な建物。それが学校であった。（中略）学校は村民が建てたもので、その教師は自分たちの税金で養われていた。だから、この立派な学校は、オレたち村民のものであるはずであった。しかし、オレたちのものが、どうしたわけか、オカミのものであるとされていた。自分たちの建てた学校に子どもを通わせていただくことを、オカミの御恩と感謝しつつ、オカミのお役にたつ子どもを育ててもらったのである。義務教育という名前で、自分の子どもを自分の思うとおりに育てることができない仕組みが公然と作られていたのである。（中略）どうして、オレたちの学校が、オカミのものとなり、子どもまでがオカミのものとなったのであろうか。教師と教育内容とをオカミが支配することによってである。また、一般国民についていえば、教育に対する発言権を封じ、教育についての無権利状態にしておくことによってである。教育委員が任命制となり、教師に勤務評定が実施され、指導要領の基準性が強化されるということは、オレたちの学校が、もう一度、オレたちのものでなくなる道を歩いているように思われる。もっとも、こんどの場合は、オレたちのものでなくなっても、天皇陛下のものになるのではないようである。これは注意しなければならない点である。

（城丸一九九二：四〇—四一）

戦後日本の公教育は、日本国憲法・教育基本法の理念にもとづき、平和と民主主義を旗印に再出発を果たしました。学校は「オカミのもの」ではなく、「オレたちのもの」になるはずでした。しかし、私たちは、いま自分の目の前にある学校を「オレたちのもの」と胸をはっていえるでしょうか。学校は、私たちにとって身近な存在であるはずなのに、ときに遠い存在のように感じるのはなぜでしょう。実際、現代日本では、学校を苦にして自ら命を絶つ子どもや学校に行けない・行かない子どもたちが増えています。一方、教師も長時間労働や多忙化のなかで心身ともに疲弊し、休職に追い込まれる者も少なくありません。学校は、子どもの学習の権利を保障する場であるにもかかわらず、他方では、子どもや教師の人間が疎外される場として機能しているのです。いったい、学校は誰のものなのでしょうか。

一般に、学校の主人公は子どもであると言われますが、現実には、公教育をめぐって、子どもまたは親、教師、国家の間には緊張関係が生じています。本章では真に「子どもの学習権」保障に立脚した公教育制度を構想するために、国家と教育ならびに教育の公共性の問題について考えていきたいと思います。具体的には、「今日における教育と国家の関係を律する法的規範として、最も構造的で、現憲法体制における最も有力な論理枠組みをもった到達点である」（佐貫二〇一八：一五八）と評される「国民の教育権」論の批判的検討を通じて、教育の公共性の問題に迫っていきます。

1．国家と教育

1―1．国民教育の二面性

まず、学校のもつ歴史的性格について考察していきましょう。一九世紀から二〇世紀にかけて発展してきた公教育制度は、国民国家の形成と分かち難く結びついてきました。国家は、「国民的一体性」の形成を目的とし、富国強兵の手段として国民教育制度を創出しました。とりわけ、一九世紀後半からの独占資本主義段階において、労働者の階級的自覚の高まりによる階級対立の激化とそれにともなう「二つの国民」への分断を恐れた支配階級は、国家の強力のもとにナショナリズムを主柱とする「教化」組織として国民教育制度を成立させたのです（堀尾一九七一：四四―四五）。すなわち、公教育制度は、階級闘争の激化と帝国主義戦争の危機の中で、「一つの国民」を演出することによって、社会的矛盾を隠蔽し、支配階級による体制維持を合理化するイデオロギー装置として機能していきます。

資本主義が立ち遅れた日本では、天皇制絶対主義権力のもとで近代公教育制度が成立しました。一八八九年の大日本帝国憲法の制定に続き、一八九〇年には「教育に関する勅語」（教育勅語）が公布され、天皇制国家を支える「臣民」の育成が教育の目的に据えられます。このように、戦前の日本では天皇制公教育制度として国民教育制度が組織され、国家が国民の道徳や価値観を規定し、教育の内容を決定するなど国家による教育支配が進められました。

とはいえ、戦前の国民教育制度が「国民大衆のすべてに教育への機会を開くという民主的な側面を含んで」（勝田一九七三a：一九五）いたことも事実です。また、日本においても資本主義が発達するにともなって天皇制国家体制の諸矛盾が表面化すると、資本主義体制下の教育の階級支配的性格を批判し、反軍国主義と天皇制教育批判を掲げる教育運動が芽生えていきます。これらは国家権力によってことごとく弾圧されましたが、労働者大衆の生活の現実に向き合いながら科学とヒューマニズムに依拠して教育を改造しようとする水面下の試みは、戦後、教育改革を下から支える動きとして浮上することとなります。

一九四六年の日本国憲法の公布により、戦後日本の教育は、平和と民主主義、国民主権を軸に再編されることになりました。翌年制定された教育基本法は、憲法理念を教育によって実現することを目指し、「人格の完成」と「平和的な国家及び社会の形成者」の育成を教育の目的に掲げました。憲法・教育基本法制にもとづいて、教育の民主化が理論的にも実践的にも模索されていきました。

しかし、一九五〇年の朝鮮戦争の勃発により、戦後日本の教育は早くもその方針の変容を迫られることになりました。さらに、翌年のサンフランシスコ平和条約(1)によって、日本は再軍備の道へと舵をきり、教育も日米安保体制(2)のもとに組み込まれていくことになったのです。教育の政治的中立に関する二法律の制定(3)、公選制教育委員会制度の廃止、教員勤務評定の実施、学習指導要領の告示化と法的拘束性の主張(4)、全国一斉学力

（1）第二次世界大戦を終結させ、国交を回復するため、サンフランシスコ講和会議において連合国四八カ国と日本の間で結ばれた平和条約。これにより日本は主権を回復したが、同時に締結された日米安全保障条約によって在日米軍による駐留が継続することになり、アメリカ合衆国に対する軍事的従属が確定した。
（2）日米安全保障条約に規定された日本とアメリカ合衆国との同盟関係。
（3）一九五四年に成立した「教育公務員特例法一部改正法」と「義務教育諸学校における教育の政治的中立の確保に関する臨時措置法」は教員の政治活動を制限することをねらいとした法律であった。
（4）一九五八年に学習指導要領を告示化して以降、文部省は学習指導要領の法的拘束力を主張するようになった。

調査の実施、教科書広域採択制度(5)の導入などといった教育の民主化に逆行する反動的な教育諸政策が展開され、国家権力が再び教育を支配するかのような事態が進行していきました。憲法・教育基本法制のもとで再出発を果たしたとはいえ、資本主義のもとにある限り、国家の本質は変わらないことが露わとなりました。

こうしたなかで、国家権力による教育支配に対抗し、〝国民の、国民による、国民のための〟教育の創造を目指す国民教育運動が繰り広げられるようになります。ここにおいて、国家の立場からの国民教育と国民の立場からの「国民教育」が鋭く対立することになったのです。

このように、一九五〇年代当時の日本の現実のなかから、国民一人ひとりの幸福につながる「国民のための教育」に対する自覚が深まり、「国民教育」概念のとらえなおしと再定義がはかられました。国民教育運動は、当時の広範な平和運動と結合し、大規模な教育闘争へと発展しました。また、国際的な教育労働運動と連帯しながら、「国民教育」の創造をめざす教育研究運動を展開していくなかで、「国家の教育権」に対峙する「国民の教育権」の確立が焦眉の課題であることが明らかにされていきました。

このような課題を自覚的に引き受けた戦後教育学は、現実の公教育制度が内包する矛盾、すなわち「階級的性格と同時に併せもつ公共的性格の二面性」(堀尾一九七一：一八五)をとらえ、それを「国民の権利としての教育」を保障する公教育制度へと組み替えるための理論構築を試みました。その結実が、「国民の教育権」論でした。

1-2.「国民の教育権」論

「国民の教育権」論は、国家による教育内容への介入を抑制しようとするねらいをもっていました。「国民の教育権」論は、宗像誠也(6)による「親の教育への発言権」に端を発しています(宗像一九五九)。すなわち、一九五八年の学習指導要領改訂において「道徳」が復活し、文部省が学習指導要領の法的拘束力を主張したことを受けて、宗像は「文部省という役所が、国民の良心や価値観にかかわることを決定してその拘束力に従え、ということが許されるか」（国民教育研究所一九七〇：二〇）ということを問題提起しました。

この宗像の問題提起をさらに発展させ、「国民の教育権」の理論的構築を行ったのが堀尾輝久(7)です。堀尾は、子どもの権利を中心に据えて「国民の教育権」の構造を総括的に提示しました（堀尾一九七一）。すなわち、憲法第二十六条の「教育を受ける権利」と「義務教育」の規定を「子どもの人権の中核をなす学習権の実定法的規定」ととらえ、「子どもの学習権」から親の教育権と「教師の教育権」をとらえ直しました（堀尾一九七一：三一一）。つまり、親の教育権（義務）は子どもの権利を充足させるためのものであり、親義務の委託または共同化（私事の組織化）として公教育を把握します。他方、教師は親義務の代行者として位置づけられます。教師は、親権の被委託者として、「子どもの学習権」を充足させる専門的力量が求められることになり、そのために「教師の教育権」の自律性および教育の自由が要請されると主張しました。

堀尾は、憲法第二十三条の学問の自由から無媒介に教育の自由を根拠づけるのではなく、教育の本質から、教

（5）一九六二年の「義務教育諸学校の教科用図書の無償に関する法律」ならびに翌年の「義務教育諸学校の教科用図書の無償措置に関する法律」によって義務教育諸学校の教科書は無償給与されることとなったが、これらの法律によって教科書採択権は所管の教育委員会にあるとされ、公立小中学校の場合は採択地区が設定されて、地区ごとに使用する教科書を単一採択することとなった。

（6）宗像誠也（むなかた・せいや、一九〇八―一九七〇）東京都生まれ。東京帝国大学文学部教育学科を卒業。戦前は教育科学研究会の結成に尽力した。戦後、一九四九年の東京大学教育学部設置とともに教授として着任、教育科学研究会の再建に携わり、憲法二十六条から出発する教育行政学を唱えて教育の「内外事項区分論」を提起した。

（7）堀尾輝久（ほりお・てるひさ）は一九三三年に福岡県に生まれた。一九五五年に東京大学法学部政治学科にて丸山真男に師事した後、同大学院人文科学研究科教育学専攻にて勝田守一に師事した。一九六二年から東京大学教育学部に勤務。教育思想を研究して「国民の教育権」論を提唱し、家永教科書裁判において理論的基礎を提供した。

育の自由を導きました。すなわち、「教育の内容は、科学性（真実性）に貫かれ、芸術性（人間性）にとんだものでなければならず、教育方法は、教材を媒介としての教師と子どもの人間的接触の過程で駆使される科学的方法によってのみその有効性が保障される。そして、内容の科学性や芸術性は、教科や教材の自由な研究の深まりを措いてなく、方法の科学性は、子どもの発達についての科学的認識を基礎とする以外にはありえない。そこから、教師は、科学的真実と芸術的価値にもとづく教育内容の研究者であり、子どもの発達についての専門的知識をもち、子どもの知性や感性の発達の順次性に即して教材を配列し、授業過程における教材と子どもの出合いのなかに、子どもの発達の新たな契機をさぐりあて、さらに新たに、適当な教材を準備することのできる専門家であることが要請されている」（堀尾一九七一：三二六―三二七）と述べています。

このように堀尾は、教師の研究と教授の自由は、科学的真実と芸術的価値と子どもの発達に関する専門的知見によって規定されると指摘するとともに、教師の教育権限は、教育課程の自主編成権、教材決定権、授業運営の自由、試験と評価などの教育の「内的事項」に及ぶとしました。さらに、教師の教育権限の独立の根拠を、教育基本法第十条に求め、国家の任務を学校の施設設備の設置や管理などの「外的事項」（条件整備）に限定したのです。

かくして、「国民の教育権」の理論は、「子どもの学習権と親の教育権（義務）、その共同化・社会化された義務の委託としての教師の研究と教育の自由、親の教育への積極的な発言権、さらに社会の、具体的には地方公共団体の教育機会配慮の義務と、教育内容への権力的不介入の原理を含む包括的な原理」（堀尾一九七一：三四三）として措定されました。

一九七〇年の家永教科書裁判における「杉本判決」が、「国家の教育権」を退け、「国民の教育権」を〝国民の教育の自由〟として位置づけたことより（永井一九七三：一三一―一四一）、教育法の解釈原理としての「国民の教育権」論の有効性が確認されました。すなわち、杉本判決は、「子どもの学習権」―「国民・親の教育義務と権利」―「親（国民）の教師への信託」―「教育的責務を果たすための教師の教育の自由・教育権限」という法的論理にもとづき、「国家の教育権」を否認したのです（今橋一九八三：一二七―一二八）。さらに、一九七六年の北海道旭川学力テスト最高裁判決においても、国民は「一個の人間として、また、一市民として、成長、発達し、自己の人格を完成、実現するために必要な学習をする固有の権利を有する」とされ、「子どもの教育は、教育を施す者の支配的権能ではなく、何よりもまず、子どもの学習をする権利に対応」するものとして、「子どもの学習権」が法的に確認されました。

このように、教育裁判闘争を通じて、憲法・教育基本法制の国民的法解釈論として「国民の教育権」論の精緻化がはかられていったのです。

2.「国民の教育権」論の歴史的限界

2−1.「国民の教育権」論に対する批判

ところが、一九八〇年代以降、「国民の教育権」論の理論的有効性を疑問視する批判的見解が広がっていきます。「子どもの学習権」論は、名目にとどまっており、「内実をもった学習権保障」に連動していないと批判されるようになったのです（今橋一九八三：七一）。実際、一九七〇年代以降、学校教育は管理主義と能力主義を深めていき、「子どもの学習権」論と乖離した実態が広がっていました。

今橋盛勝(8)は、「子どもの学習権」の抽象性・名目性・形式性は、「父母の教育権」の抽象性・名目性・形式性と不可分一体の関係にあったと指摘しています（今橋一九八三：七二）。すなわち、「国民の教育権」論における「父母の教育権」の法的位置や具体的権利性、権利行使の方法が明確でなく、「国民の教育権」論は「教師の教育の自由」を導き出す法解釈上の抽象的概念として「教師の教育権」を正当化するための名目にすぎないことが問題視されたのです（今橋一九八三：一二九）。

黒崎勲も、「国民の教育権」論は「教師の教育権と親の教育権との間の予定調和」を前提としており、両者の間に起こりうる対立や葛藤ないし矛盾への着目が弱い点を批判しました（黒崎一九九九：一〇四）。黒崎は「問題のある教師、教師の問題のある行為に対する親と子どもの側の無力状態」という事態が生じているなかで「教育を職業とする者の恣意に教育を放置することになるという危険を指摘せざるをえない」と断じています（黒崎一九九九：一一二―一一三）。

実際、残念なことに日本の学校における子どもの人権侵害や権利侵害の事例は枚挙にいとまがありません。「国民の教育権」論は、教師の専門性を媒介とする市民的公共性の形成を想定していましたが（高橋二〇〇五）、「教師の教育権」が、しばしば子どもの人権や学習権、「親の教育権」と対立あるいは侵害するものとして立ち現れている現実を前に、「国民の教育権」論が実質的には「教師の教育権」または「教師の教育の自由」にすぎず、専門職主義の閉鎖性と独善性がもたらす危険を孕んでいることが厳しく批判されたのです。

井深雄二は、宗像にせよ、堀尾にせよ、「子どもの学習権」を保障する親・住民の学校参加の位置づけが弱く、それらの教育意思の組織化の制度と手続きが不明確であったことが「国民の教育権」論の歴史的限界であったと総括しています（井深二〇一六：二一〇―二一一）。

2―2.「教師の教育権」が孕む矛盾

ところで、兼子仁(9)は、これまで「国民の教育権」と「国家の教育権」をともに「教育権」と一括りに称してきたことの誤りを指摘し、改めて両者を国民の「教育人権」と国家の「教育権力」に峻別して論じることの必要性を強調しました（兼子一九九八：二二一―二二二）。すなわち、兼子は「国民の人権と国家の権力とは本質的に異なり対抗関係にあるはずなので、国民の「教育人権」と国家の「教育権力」とを等しなみに「教育権」とよぶことに、根本の問題があった」と述べ、教師の教育活動に伏在する人権性と権力性の問題を指摘しました。

憲法・教育基本法制に立ち返れば、教師は憲法遵守義務を負った「全体の奉仕者」として位置づけられています。すなわち、憲法第九十九条は「天皇又は摂政及び国務大臣、国会議員、裁判官その他の公務員は、この憲法を尊重し擁護する義務を負ふ」と述べ、憲法第十五条第二項において「すべて公務員は、全体の奉仕者であつて、一部の奉仕者ではない」と規定しています。つまり、この国の憲法と国民は、教師に何よりも国民の権利の擁護者であることを要請しているのです。したがって、当為としての教師は、主権者である国民に先んじて憲法理念を体現すべき存在であり、国民の教育を受ける権利と学習権を保障する実践の担い手です。

しかし、現実の教師は、統治機構の末端に位置づく存在であり、公権力作用としての教育行政または教育活動・実践の担い手です。すでに述べたように、資本主義国家のもとでの公教育制度は、支配階級による体制維持を合理化するイデオロギー装置として機能しており、その基本的性格は変わっていません。近藤正春によれば、教育行政は「教育意思の社会的矛盾、対立を調整し、解決し、統合することによって、教育の組織を統一的に編成（再編成）し、運営しようとする権力の機関による教育意思の形成とその実現のための実践の総体である」（近藤

（8）今橋盛勝（いまはし・もりかつ）は一九四一年に茨城県に生まれた。茨城大学文理学部政経学科卒業後、早稲田大学大学院法学研究科に進学し、一九六七年に茨城大学人文学部に着任した。子どもの人権・学習権、父母の教育権、住民の教育権の法理を深化させ、「国民の教育権」論の再構築をはかった。

（9）兼子仁（かねこ・まさし）は一九三五年に東京に生まれた。一九五七年に東京大学法学部を卒業し、東京都立大学に着任した。教育裁判における実践的な教育条理解釈を通じて「国民の教育権」論の理論的深化に寄与するとともに、教育人権法体系としての教育法学の基盤を確立した。

一九八八：一一四）と定義づけられます。今日では強権的手段の代わりに自発的同意の調達が行われていますが、支配階級の利益への奉仕を目的とした統制が行われている点は変わりありません。

したがって、公教育制度における教育実践の担い手である教師は、当為としては、「国民の教育権」または「子どもの学習権」を保障する身でありながら、他方では国家権力の末端機関として国民を権力的に統制しなければならないという内在的矛盾を抱えるものとして存在しています。それゆえ、現実の教師は、子どもの人間的発達要求にもとづく学習・教育要求と支配階級の経済的・政治的要求を背景にした国家的な教育要求との狭間で苦しむことになるのです（持田一九七二：一五九―一六一）。

しかも、国民諸階層の教育要求は、被支配階級としての物質的生活と人間としての生存・発達に基礎を置く自らの学習・教育要求として派生するものの（岡本一九七六：二五―二六）、資本主義的生産様式と諸階層の社会的経済的文化的諸条件によって規定されるため、しばしば「真の利害と意識との間にずれ」（宗像一九六九：二〇四）や矛盾をつくりだし、子ども・親の教育要求そのものが体制内化している場合もあります（松田二〇一四：八五）。こうしたなかで、子ども・親の「教育人権」と教師の「教育人権」が複雑に対抗・対立するような事態が生じているのです（兼子一九九八：三三―三五）。

いずれにせよ、重要なことは、教師自身が、自らを人間的主体性に裏づけられた人権主体であると認識し、人権の自覚をもって教育活動・実践を展開できるか否かにかかっています（兼子一九九八：七一）。すなわち、教師自身が自らの存立基盤そのものに内在する矛盾を自覚することができるか否か、つまり公教育制度が内包する矛盾を認識し、子どもの人権・学習権保障の立場に立って自己の教育実践においてその矛盾を克服すべく働きかけられるか否かが問われているのです。

かつて、勝田守一が「教師の政治的無関心や機会主義は、権力の示す恐怖とともに増大しがちだし、またその結果がニヒリズムの支配を助力するようにはたらくことも事実である。国民教育が国民大衆に負う責任の遂行から、国家の名による権力への従順にますます傾いていくならば、それは、国家的な教育であっても国民のための国民教育の実質を失う」（勝田一九七三b：二〇九―二一〇）と指摘したように、教師による専門的指導性は、教師自身の主体的な自覚がなければ、いつでも教育の国家統制の手段に堕する危険性を有しています。

教師が、権利としての教育の擁護者として、国民大衆と結び合うためには、教育労働者としての自覚を深めることも重要です。小川太郎が「教育労働者としての意識を獲得することによって、教師は国民教育の教師としての人間的な資格を身につけるのである」（小川一九七九：五四）と指摘したように、教師は、自らの労働者性や人権主体性を自覚することなしに、子どもの人権や学習権を保障する教育はできないのです。

3．「国民の教育権」論の地平

3－1．今日における国家と教育の関係

「国民の教育権」論をめぐっては、「国家の教育権か国民（実質は教師）の教育権かという二者択一が迫られていたという問題状況に対応するためにのみ有効性をもちうる固有の理論的枠組み（二分法的な枠組み）」（黒崎一九九九：一〇六）であったとする否定的評価が定着してきました。確かに、「国民の教育権」論が歴史的限界を有していたことはすでに述べてきたとおりです。

しかし、翻ってみるに、今日における国家と教育との関係は、一体どのようなものでしょうか。二〇〇六年の教育基本法改定によって「教育の目標」（第二条）がこと細かに規定され、「あるべき国民像」が国家権力によって公定化されました。また、行政主導による教育の「スタンダード化」によって学校現場が萎縮し、教育の画一

化と硬直化が進行しています。さらに、二〇一八年には「道徳の時間」が「特別の教科道徳」となり、道徳の教科化が図られるなど、国民の思想や価値観に対して、国家権力による介入や統制が強まっているのが現状です。

堀尾は、「現代資本主義国家は、学校教育を含む巨大なマス・コミによる民衆の操作を通して、真理からの疎外による政治的文盲の大量生産と、〈大衆文化〉による感情的搾取を媒介として、経済的、実質的搾取の継続と、体制の維持が可能となる」(堀尾一九七一：一四三)と指摘しましたが、こうした状況は今日にも通底しています。むしろ、より一層強化されているといっても過言ではないでしょう。

さらに他方では、新自由主義改革による私事化の進行によって市民的公共性の解体と市場原理にもとづく再編が進んでいます(10)。新自由主義は、市場原理を用いて学校環境をより競争的なものに変容させ、教育への国家統制を強めています(佐貫・世取山二〇〇八)。新自由主義的教育政策によって、教育条件整備に関する社会的規制が緩和・撤廃され、これまで築き上げてきた教育の社会権的保障が後退や改廃を余儀なくされています(11)。公教育制度にも資本の論理が露骨にもたらされ、格差的教育制度が構築されつつあります。新自由主義政策のもとで社会はさまざまに分断され、社会的経済的格差が拡大し、希望格差が子ども・若者の未来を引き裂いています(山田二〇〇七)。

国民主権という建前があるとはいえ、階級社会における国家の本質が「暴力装置」であることに変わりありません(橋本二〇一三：一二〇)。国家権力が強制力を行使する以上、自由と人権は常に侵害される可能性を孕んでいます(成嶋二〇一八)。まして、民主主義が容易に独裁主義に転化することは、歴史が証明しているとおりであり、現代日本においても例外ではありません。

それゆえ、影山日出弥が「国家権力への対抗力として、同時にこの権力の限界確定力として、人権を二元論構成のもとで定立しなければならない」(影山一九七五：三二)と主張するように、国家権力に対抗するものとして人権原理を位置づけることは、今日においても重要な意味をもつといえます。その点において、国民の教育権論を「極めてナイーブな二元論的発想」（下司二〇一五：九二）とする批判自体こそ、「主権」（国家への権力集中）と人権の間に潜在する緊張関係（樋口一九九七：五五—五六）を等閑視するものとして批判されなくてはならないでしょう。

そもそも、国民の「教育を受ける権利」ましてや「子どもの学習権」は、社会権的側面と自由権的側面を併せもつものです（川口・古里・中山二〇二〇：二〇）。社会権的保障のためには一定の国家関与を必要とせざるをえないし、自由権的保障のためには教育の国家統制を抑制することが求められます。しかし、新自由主義的教育政策が展開される今日において、国家は社会権的保障に関する責任を放棄する一方で、自由権的保障に対する統制・干渉を強めています。こうしたジレンマのなかで、安易に国家的公共性に絡め取られることなく、市場原理による公共性の幻想に惑わされることなく、教育における公共性をいかに担保し、「子どもの学習権」保障を実質的に確立していくかが改めて問われています。

この難題を克服するための基本枠組みは、すでに「国民の教育権」論において示されてきました。すなわち、国家と教育の関係を律する論理として「国民の教育権」論が提起した教育の「内外事項区分論」は、国家権力の教育への介入を抑制し、教育の文化的自治において教育の公共性を構築するうえで不可欠の論理であり、「私事の組織化」論(12)は教育の公共性を担保しうる合意形成過程を創出するための論理として今日においても重要な

(10) 新自由主義改革による「民営化」は究極的には「企業による私物化」にすぎないことが暴かれつつある。市場原理による「選択」によって社会的弱者は淘汰され、徹底した「自己責任」によって切り捨てられる社会が出現している。

(11) 「社会保障と税の一体改革」によって、社会保障は「自助」を前提としつつ、国民相互の「共助」で支えるという基本方針がとられてきた。こうしたなかで、「自己責任」によって切り捨てられた人々を市民の善意による相互扶助によって救済する試みが生み出されてきたが、その試み自体が、国家や地方公共団体の責任放棄の口実に利用される現実が出現している。

意義をもっています（佐貫二〇〇七）。

以上をふまえると、「国民の教育権」論は、今日において必ずしもその有効性を失ってはいません。むしろ、目指されるべきは、「国民の教育権」論の発展的継承ではないでしょうか。

3－2．子どもの意見表明権と参加

ところで、一九八九年に子どもの権利条約が国連で採択されてから三〇年が経過しました。子どもの権利条約に象徴されるように、「国民の教育権」論が提唱された当時よりも子どもの権利論の内容は深化しつつあります。子どもの権利条約は、第十二条において「締約国は、自己の見解をまとめる力のある子どもに対して、その子どもに影響を与えるすべての事柄について自由に自己の意見を表明する権利を保障する。その際、子どもの見解が、その年齢および成熟に従い、正当に重視される」と規定し、子どもの意見表明権を保障しています。このように、今日では、子どもを権利行使の主体として位置づけ、子どもの「最善の利益」と意見表明権を尊重して、子ども参加の法制度的保障を目指すのが国際的潮流となっています。

しかし、日本では子どもの権利が浸透するどころか、未だに家庭においても学校においても子どもに対する人権侵害が平然とまかり通っています。家庭における体罰・虐待や「指導死」、「ブラック校則」問題などは最たる例です。

日本が一九九四年に子どもの権利条約を批准して以来、子どもの権利委員会（ＣＲＣ）は、日本における同条約の履行状況を定期的に審査してきました。二〇一七年に提出された政府報告書に対し、二〇一九年二月にＣＲＣの「総括所見」が示されています(13)。そこでは、従来同様、子どもの権利に対する日本政府の冷淡な対応を改めるよう多岐にわたる勧告がなされました。ＣＲＣは、以前より日本の学校の高度に競争主義的な性格が子ど

もの発達にゆがみをもたらしていることを懸念しており、今回の所見でも過度に競争主義的でストレスの多い学校環境から子どもを解放するための措置を講じるよう勧告しました。

とくに重く受け止めたい点は、子どもの意見表明権の正当な行使を保障することや、子どもの参加の促進が強調されている点です。すなわち、ＣＲＣは、「意見を形成することのできるいかなる子どもに対しても、年齢制限を設けることなく、その子どもに影響を与えるすべての事柄について自由に意見を表明する権利を保障し、かつ、子どもの意見が正当に重視されることを確保する」（傍点引用者、以下同じ）とともに、「すべての子どもが意味のある形でかつエンパワーされながら参加することを積極的に促進するよう、勧告する」と述べており、形式的ではない子どもの参加を実現するよう求めています。さらに、子どもの「最善の利益」評価が、「子ども本人の義務的参加を得て必ず行われるべきである」とも主張しています。

このように、子どもの「最善の利益」にもとづいて「子どもの学習権」を保障しようとするならば、子どもの参加は避けられないものとなっています。それゆえ、今日、「子どもの学習権」を保障するためには、親・住民の参加だけではなく、子どもの参加をも明確に位置づけた直接責任制の実現が必要になっているといえるでしょう。

3-3．直接責任制の再構築

先に述べたように、「国民の教育権」論の問題点は、親・国民による学校・教師への教育の信託論や教育の直

(12)「私事の組織化」論については、本書第2章を参照。
(13) 日本弁護士連合会「国連子どもの権利委員会総括所見（日本語訳）」(https://www.nichibenren.or.jp/library/ja/kokusai/humanrights_library/treaty/data/soukatsu_ja.pdf) 二〇二〇年九月一日確認。以下、引用は同資料による。

接責任性論にあるのではなく、その法理を実体化するための教育法制度が存在せず（今橋一九八三：一九〇）、一九五六年の公選制教育委員会制度の廃止以降、「国民全体の合理的教育意志」（大田一九八二：四一）を反映させる組織ないし制度機構が構想・確立されてこなかった点にあります。川口彰義は「九〇年代初頭においても教育法学通説は校長を含む職員会議を中心として、ＰＴＡなどを介した父母参加・生徒参加を説くに止まっていた」と批判しています（川口二〇〇〇：一〇）。

一九四八年に制定された公選制教育委員会制度は、憲法・教育基本法制が打ち出す教育行政の基本原理、すなわち教育行政の民主化・地方分権化・自主性確保の三原則を具体化するものでした。つまり、教育における国家統制を排し、専門的指導性にもとづく教育的自律の確保と、住民の教育意思を直接教育に反映させる民衆統制のもとで、国民の「教育を受ける権利」の保障を目指そうとしたのです。しかし、一九五六年の「地方教育行政の組織及び運営に関する法律」（地教行法）によって教育委員会制度は任命制となり、教育の直接責任制は大きく後退しました。

もっとも、公選制教育委員会制度に代わる直接責任制の具体化は、教育委員準公選制をはじめ学校づくり実践や子ども・親・教師および住民による三者（四者）協議会など民間教育運動を通じて多彩に模索され続けてきました。しかし、いずれも直接責任性を実現しうる教育法制度として確立されたものではありません。

加えて、遺憾にも二〇〇六年の教育基本法改定によって、教育基本法第十条が規定していた「教育は、不当な支配に服することなく、国民全体に対し直接に責任を負つて行われるべきものである」という直接責任性に関する文言が削除されてしまいました。さらに、二〇一四年の地教行法改正により、教育行政に対する首長権限が強化され、教育と教育行政の自律性は急速に失われつつあります（日本教育行政学会研究推進委員会二〇一四）。

とはいえ、教育は、本来人間の内面形成に関与する価値志向的な営みであり、「子どもの学習権」を保障するにあたっては、やはり国民の教育の自由が保障されなければならないし、教育の専門的自律性が要請されざるをえません。

こうしたなかで、公教育制度をどのように親・住民の「教育人権」や「子どもの学習権」に仕える手段として再興させていくかが問われています。たとえ、困難であろうとも、親・住民・子どもの直接参加のもとに、直接責任性を実現する教育法制度を改めて創造するほかに道はないように思うのです。

3－4．「国民の教育権」論の継承・発展を目指して

最後に、「国民の教育権」論を継承発展していく上でおさえておきたい観点を試みに整理したいと思います。「国民の教育権」論の創造的発展を目指すにあたり、第一に、子ども・親・住民の直接参加のもとに教育意思を組織化するための制度や手続きを具体的に構想していく必要があります。坪井由実によれば、世界的には「父母住民と教育（行政）専門職との共同統治をめざし、学校ごとに理事会や学校協議会を設置する改革」が進んでいます（坪井二〇〇五：四六）。日本においても二〇〇〇年以降、学校評議員制度(14)や学校運営協議会制度（コミュニティ・スクール）(15)、地域学校協働活動(16)が導入され、親や住民が学校運営や教育活動に関わる仕組みが構

(14)「学校教育法施行規則等の一部を改正する省令」にもとづき、二〇〇〇年四月より導入された。学校評議員は「校長の求めに応じ、学校運営に関し意見を述べることができる」とあるように校長による意見聴取にすぎず、当該学校の保護者の参加を保障するものとはなっていない（日本教育法学会二〇一四：一四四）。

(15)「地方教育行政の組織及び運営に関する法律」の一部改正により二〇〇四年に発足した。校長の作成する学校運営の基本方針を承認し、学校運営に意見を述べることができるが、当該学校の保護者を委員としたり、保護者全体の意見を集約・反映させたりするよう定められておらず、保護者の学校運営参加を保障するものではない（日本教育法学会二〇一四：一四四）。

(16)二〇一七年に社会教育法が改正され、市町村教育委員会の事務に「地域学校協働活動」が加えられ、「地域学校協働活動推進委員」が新設されて学校教育と社会教育が一体となった「学校を核とした地域づくり」が推進されることとなった。

築されつつあります。しかし、これらはいずれも管理職である校長のリーダーシップ強化を企図したものであり、現状においては同意調達のための動員にとどまっている点に注意が必要です。これらの制度を子どもや親・住民、教師などの直接参加のもとで、当事者による率直な話し合いにもとづく民主主義的な合意形成の場としていかに改編・機能させることができるか否かが問われています。

第二に、教育自治・学校自治を確立する上で、教師や親・住民、子どもが有する権限と責任を明確化していくことが求められています。従来、「内外事項区分論」においては、教育の外部的条件である外的事項に対して、教育内容や方法に関する内的事項を教師の専決事項とみなしてきました。しかし、学校運営を教育課程経営としてみれば、密接に関連する両事項を杓子定規的に区分することはそもそも困難です（石井二〇一〇：六五―七九）。重要なのは、教育課程経営を国家の教育政策レベルないし地方公共団体の教育施策レベルと学校レベル、そして教師の教育実践レベルからなる重層的構造において捉えると同時に、教育の内的事項を「教授＝学習過程」としてのみ想定するのではなく、「管理＝経営過程」との統一的把握のもとに、両事項の区別と関連を明らかにしていくことです。その際、教師の専門的指導性が内包する権力統制的側面に留意しつつ、教育の内外事項を包み込んだ教育課程経営の動態的把握において、「子どもの最善の利益」の観点から私事性との調整をはかっていくことが求められます。子ども・親や住民の教育要求に内在する矛盾と「教師の教育権」が孕む内在的矛盾は、公共の場における民主主義的な討議を通じて社会的整合性をもった公共の福祉へと止揚するほかありません。

第三に、「子どもの学習権」の社会権的保障として「学校制度的基準」(17)の精緻化をはかるとともに（髙橋二〇一九：二〇九―二一一）、その実現のための財政的裏付けを国民的運動によって獲得していくことです。子どもの人権・学習権を実現するためには、「新自由主義教育改革下の学校制度的基準の全体的融解状況」（世取山洋介・福祉国家構想研究会編二〇一二：一四）に歯止めをかけ、国家の責任のもとに学校制度整備義務を遂行するよう働きかけていくことが喫緊の課題となっています。すでに、福祉国家構想研究会が、公教育の無償性を実現するために、「教育的必要充足」と「公教育関係当事者による協働決定」の原則にもとづき、①「教育条件整備最低基準法」、②「学校運営費法」、③公立小中高等学校の学修費と授業料を不徴収とするための新教育基本法・学校教育法の改正および「学修費無償化法」を制定する必要性を提唱しています（世取山洋介・福祉国家構想研究会編二〇一二：四七八―四七九）。国民的運動によって、これらの法制化を実現しうるか否か、その成否は国民一人ひとりの双肩にかかっています。

おわりに

以上、本章では、国家と教育ならびに教育の公共性について論じてきました。二〇二〇年に、私たちは感染症の世界的流行を経験し、「社会なるものは存在しない」とする新自由主義の言説から目覚め、「確かに社会なるものは存在する」ことを再発見しました。個人と国家の間に介在する社会すなわち公共世界を復興することの重要性が再認識されつつあります（日本学術会議日本の展望委員会個人と国家分科会二〇一〇：六）。こうしたなかで、教育の世界においても、子どもや親・住民、教師による直接参加によって市民的公共性を再構築していくことが求められています。「子どもの学習権」の実質的保障のための展望は、教育における公共性を希求する理論と実践さらには国民的運動を通じて見出していくほかないのです。

（17）「学校制度的規準」とは、国民の教育を受ける権利を保障するために学校が備えるべき最低基準を「学校制度」の法定によって積極的に確保するとともに、教育内容への法制的関与の限界を示したものである。

参照文献

石井拓児　二〇一〇「地域教育経営における教育課程の位置と構造―内外事項区分論の教育経営論的発想―」日本教育経営学会『日本教育経営学会紀要』第五二号
井深雄二　二〇一六『戦後日本の教育学　史的唯物論と教育科学』勁草書房
今橋盛勝　一九八三『教育法と法社会学』三省堂
大田堯　一九八二「教科書裁判と教育学の発展」『教育』第三二巻第七号、国土社
岡本洋三　一九七六「教育運動史の方法論についての試論　宗像『教育政策・教育運動』論の展開をめざして」教育運動史研究会編集『教育運動研究』創刊号（七月）
小川太郎　一九七九「教育と陶冶の理論」『小川太郎教育学著作集』第一巻、青木書店
小川利夫　一九七三『社会教育と国民の学習権』勁草書房
影山日出弥　一九七五「今日における主権論争と主権論の再構成」『法律時報』第四八巻八号、日本評論社
勝田守一　一九七三ａ「戦後教育の問題点」『勝田守一著作集２　国民教育の課題』国土社（一九六二年初出）
勝田守一　一九七三ｂ「国民教育の課題」『勝田守一著作集２　国民教育の課題』国土社（一九五五年初出）
兼子仁　一九七八『教育法（新版）』有斐閣
兼子仁　一九九八　兼子仁・市川須美子編著『日本の自由教育法学』学陽書房
川口彰義　二〇〇〇「教育立法の動向と学校自治」日本教育法学会『日本教育法学会年報』第二九号
川口洋誉・古里貴士・中山弘之編著　二〇二〇『未来を創る教育制度論（新版）』北樹出版
黒崎勲　一九九九『教育行政学』岩波書店
下司晶　二〇一五「国民の教育権論をフーコーで組み替える―教育思想のポストモダン・序説（道徳教育篇）」教育思想史学会『近代教育フォーラム』第二四号
国民教育研究所　一九七〇『全書国民教育一　増補　国民と教師の教育権』明治図書
近藤正春　一九八八『科学としての教育行政学』教育史料出版会
佐貫浩　二〇〇七「政治世界の公共性と教育世界の公共性―その関係性についての考察―」日本教育学会『教育学研究』第七四巻第四号
佐貫浩　二〇一〇「堀尾輝久の「国民の教育権論をいかに継承するか―戦後教育学批判を巡って―」民主教育研究所『季刊人間と教育』第六八号、旬報社

佐貫浩　二〇一八「教育政策分析と教育の自由における国家権力認識」日本教育法学会『日本教育法学会年報』第四七号

佐貫浩・世取山洋介編　二〇〇八『新自由主義教育改革―その理論・実態と対抗軸』大月書店

城丸章夫　一九九二「現代日本教育論」城丸章夫著作集編集委員会編『城丸章夫著作集第1巻　現代日本教育論』青木書店（一九五九年初出）

髙橋哲　二〇〇五「教育の公共性と国家関与をめぐる争点と課題」日本教育学会『教育学研究』第七二巻第二号

髙橋哲　二〇一九「教育法学「防御の教育法学」から「攻めの教育法学」へ」下司晶・丸山英樹・青井栄一・濱中淳子・仁平典宏・石井英真・岩下誠編『教育学年報十一　教育研究の新章』世織書房

坪井由実　二〇〇五「「教育の地方自治」システムとその原理」日本教育行政学会『日本教育行政学会年報』第三一号

永井憲一　一九七三『国民の教育権』法律文化社

中嶋哲彦　二〇二〇『国家と教育―愛と怒りの人格形成』青土社

成嶋隆　二〇一八「国民主権原理と教育法」日本教育法学会『日本教育法学会年報』第四七号

日本学術会議日本の展望委員会個人と国家分科会　二〇一〇「現代における《私》と《公》、《個人》と《国家》―新たな公共性の創出」「日本の展望―学術からの提言二〇一〇」

日本教育行政学会研究推進委員会編　二〇一四『首長主導改革と教育委員会制度―現代日本における教育と政治』福村出版

日本教育法学会編　二〇一四『教育法の現代的争点』法律文化社

橋本伸也　二〇一三「近現代世界における国家・社会・教育―「福祉国家と教育」という観点から」広田照幸・橋本伸也・岩下誠編『福祉国家と教育―比較教育社会史の新たな展開に向けて』昭和堂

樋口陽一　一九九七『改訂　憲法入門』勁草書房

堀尾輝久　一九七一『現代教育の思想と構造』岩波書店

松田洋介　二〇一四「教科研は教育の平等をいかに追求してきたのか」教育科学研究会編『講座教育実践と教育学の再生　別巻　戦後日本の教育と教育学』かもがわ出版

宗像誠也　一九五九「教育行政権と国民の価値観―教育行政のオフ・リミッツについて」『世界』一一月号

宗像誠也　一九六九『教育行政学序説（増補版）』有斐閣

持田栄一　一九七二「教育権の理論―「国民の教育権論」批判」『季刊教育法』第六号、エイデル研究所

山田昌弘　二〇〇七『希望格差社会―「負け組」の絶望感が日本を引き裂く』ちくま文庫

世取山洋介・福祉国家構想研究会編　二〇一二『公教育の無償性を実現する　教育財政法の再構築』大月書店

第2章 「私事の組織化」論
――教師の仕事にとって保護者とは？

大日方真史

はじめに

「保護者なしに、教師の仕事は成り立たない。」――このように言うことはできるでしょうか。

教師の仕事を進めるうえで、保護者との関係のよしあしは大きな問題です。保護者とのトラブルのために思うように進められないこともあれば、保護者から理解やサポートをえることで進められることもあります。こうした意味で、保護者の理解・協力なしに、教師の仕事は成り立たないと言うことはできるでしょう。

それでは、このような、仕事を進めるための条件として保護者の支えが要るという意味ではなく、そもそも教師の仕事それ自体が保護者なしで成立しないとは、考えられるでしょうか。子ども（児童・生徒）なしでは教師の仕事が成り立たないとは、言えます。保護者については、どうでしょうか。

教師の地位の成り立ちは、保護者たちが、わが子の教育に関する自身の権利を、共同で教師に委託することに由来する—これが、本章で取り上げる「私事の組織化」論の中心にある考え方です。子どもたちをそれぞれに教育する権利をもつ保護者たちの存在がまずあって、その保護者たちの共同によって教師の仕事に位置づけが与えられる。はじめに保護者ありき。文字通り、「保護者なしに、教師の仕事は成り立たない」。これが「私事の組織化」論の採る考え方です。

こうした簡単な説明の時点で、疑問や違和感を抱かれるかもしれません。保護者間に共同関係がなくても、すでに教師は仕事をしてきているし、保護者が教師を信頼してわが子を託しているケースばかりではなかろうし、そもそも学校制度や教師の役割・地位については国が定めているのではないか、などと。しかし、「私事の組織化」論は、少なくとも一時期、一定の強さの影響力を形成するものでした。また一方で、数々の批判も受けてきました。

本章では、まず、この「私事の組織化」論が何を課題としており、どのような構成をもつかを確認します。続けて、この理論へ向けられた批判のうちで代表的なものを紹介します。そのうえで、批判もふまえてこの理論を展開させていく意義を探ります。その意義は、保護者との関係が教師の仕事の成立自体を揺るがしかねないような危険をはらんだ問題となっている現代においてこそ、探る値打ちが増すものです。「私事の組織化」論を今こそ再検討することによって見える道筋。これを探究しましょう。

1.「私事の組織化」論とは何か

1-1.「国民の教育権」論における位置づけと論の構成

「私事の組織化」論とは、「国民の教育権」論という一群の理論に位置づけられ、その一つの中核をなす理論です。「国民の教育権」論は、一九五〇年代からの教育内容に対する国家の介入という事態に直面して確立されてきた、教育権を国民が有するとする理論です。これは、教育権が国にあるとし、議会を通じて教育内容を国が決定しうるとする「国家の教育権」論と、一九六〇年代から七〇年代にかけて、教科書検定や学力テストに関する裁判も通じて、激しく対立してきました。「国民の教育権」論には、論者によってさまざまなバリエーションがありますが、概ね共有しているのは、次の点です。すなわち、教育に関する国の決定が及ぶ範囲は、教育の条件整備（外的事項）であり、教育内容に関しては、原則として、保護者と教師を中心とする国民が決定するという点です。

「国民の教育権」論は、教科書検定に関する裁判の判決（家永教科書裁判の一九七〇年の杉本判決（第二次訴訟第一審判決））に採用されるなど、重要な発言力を形成してきました。ただし、「国民の教育権」論と「国家の教育権」論とをいずれも極端な見解だと判断した旭川学テ最高裁判決（一九七六年）以降、教育権をめぐる議論の焦点は、教育権を各主体にいかに分配するか、各主体の権限の及ぶ範囲をどこに設定するかという点に移行したとされています。一九八〇年代以降、「国民の教育権」論は、その歴史的使命を終えているとの評価が下されることも多いのです。

この「国民の教育権」論に位置づけられる「私事の組織化」論は、堀尾輝久(1)によって提示された理論です。

国民を構成する主体としては、教師も、保護者も、子どももいます。これらの主体間の関係は、教育に関する権利をめぐって、どのように把握されればよいのでしょうか。堀尾の「私事の組織化」論は、近代教育の原則としての「私事性の原則」を基礎におき、つまり、家庭における子どもに対する「私事」としての教育を出発点にして、次のように構成されています（堀尾一九七一：一九九―二〇一、三三九―三四三）。

堀尾は、「子どもの発達の権利を保障する義務と権利（狭義の教育権）は第一次的に親にある」といいます。しかし、「子どもをその親の教育的配慮に委ねる」ということは、現実には、「子どもを非教育的環境に放置するに等しい」ため、「親義務の共同化したものとして学校を設け、教育条件を整え、専門の教師を雇」うという論理を形成します。この論理において、「親権の被委託者」、「共同化され社会化された親義務の代行者」としての教師の地位が規定される、というのです。これが、「親義務の委託ないしは共同化（私事の組織化）」としての公教育の構想です。

また、堀尾は、「教師の教育権限」の根拠は、「教師の専門的力倆に対する、社会的に組織され共同化された親義務の委託」にもとづいており、その根拠は、「教師がその専門性と指導性を十全に発揮することによって、すなわち子どもの学習権を充足させる専門的力倆をもつことによってはじめて」えられると指摘します。すなわち、教師の地位が教師の専門性を条件に成立するという関係性を指摘するのです。そして、教師の専門性の内実に関しては、「子どもの成長・および成長と学習の関係を十分理解しておく」こと、「「子ども」についての専門的知識」をもつこと、「真実を、子どもの発達に即してアレンジする」ことといった役割や、「子どもの発達、教育の内容、授業展開の法則等についての専門的知識」を要するといった事柄を挙げています。

（1）堀尾輝久（ほりお・てるひさ）は、一九三三年に福岡県に生まれた。東京大学名誉教授。日本教育学会会長、日本教育法学会会長などを歴任。教育科学研究会の常任委員をつとめる。本書第1章も参照のこと。

以上のようにその概要を示すことができる「私事の組織化」論ですが、その重要なモチーフは二つあると考えられます。第一に、保護者たちがそれぞれの親義務を共同化するという契機・過程です。第二に、その共同化（私事の組織化）によって教師の地位が確定されることです。

ここでは、第二のモチーフについて、教師の地位を確定させる事柄としての、共同化された親義務の委託が、子どもの成長と学習に関わる教師の専門性に対してなされると論じられている点を強調しておきたいと思います。というのも、第2節で後述する、この理論の現代的意義に関して、この点が重要になるからです。

第一のモチーフについては、次の1－2でその意義を詳しく確認することにしましょう。

1－2. 私的な事柄から公共的な事柄へ

教育は私事であるという確固とした始点をおきつつ、そこから公教育に連なる組織化・共同化を構想するという、「私事の組織化」論におけるダイナミックな論理は、いかなるものなのでしょうか。私的な事柄としてのわが子に対する教育と、公共的な事柄としての学校教育とは、どのような区別と連関において把握されるのでしょうか。

堀尾（と勝田）(2)は、「「私事」が組織されるということは、じつは、その本質である自由が、その意味を変化させるということであるし、「私事」がじつは単なる私事ではなくなることなのである」（堀尾一九七一：四一六）といいます（傍点原文）。ある保護者にとっての私事は、他の複数の私事と組織化されることによって、「単なる私事ではなくなる」というのです。これは、いったい、どういうことなのでしょうか。

これに関連する、堀尾（一九六一：二一八）による次の指摘も紹介しましょう。

私事の組織化、親義務の共同化（具体的には、学習の組織化・集団化、父母の教育要求の組織化）の中に、私事の変質と新しいパブリックの成立を予想するものであり、ここでは私事性は公事（ないしは共同利益）と対立するものとしてとらえられてはいないのです。

ここでも、私事の組織化が「私事の変質」への見通しを与えるものであるとの認識が示されています。さらには、「新しいパブリックの成立」の可能性にも言及されています。堀尾によれば、組織化の過程で、私事は公事とは対立しなくなるというのです。

堀尾のいうことの意義をどこにみるとよいのでしょうか。もう少し具体的な話として考えてみましょう。私事が「単なる私事」であれば、わが子に関する私的関心にそれぞれの保護者の意識が閉ざされるということになるでしょう。

そのことの問題性を堀尾（と勝田）は次のように言います。

教育の私事性の自覚が、単にそこにとどまるかぎり、そして父母の教育への私的関心が、本質的な意味での共通項の自覚を通じて連帯感を発展させえないかぎり、私事性の意識は、親のエゴイズムに堕落し、子どもたちの排他的出世主義を助長するだろう。

（堀尾一九七一：四四八）

（2）堀尾（一九七一）に付録として所収の勝田守一との共著論文からの引用であるため、このように表記（以下、同様）。

保護者たちの私事・私的関心がただいくつも集まるだけでは、相互作用も連帯も生じず、関心の変容は望めないでしょう。それでは、「エゴイズムへの堕落」など、ネガティブな事象すら生じかねません。私事の組織化とは、それとは異なる過程なのであり、保護者の関心がわが子以外にも広がっていくことを含むはずです。

堀尾（と勝田）の次の指摘を紹介しましょう。

> 教師と父母との緊張関係は、最終的に解消するというようなものではない。この緊張は、絶えず変化する教育的状況に応じて現象的な要求が教師に向けられるばかりでなく、父母の階層差にもとづくインタレストのちがいや意識の重層性にもとづくからである。この緊張関係を教師はその創造的活動への障害とするのではなく、公教育の組みかえのための必然的な課題として受けとり、これを解決するためには、父母の教育の場における関心を、自分の子どものそれから、それを媒介としながら、自分の子どもの成長のための学級、あるいは学校集団のそれへと拡大する努力が必要になる。それは、教師とともに父母に教育を自己のものとする意識が成長しそれが、自分たちのものへと発展し変化する過程である。
>
> （堀尾一九七一：四四九）

私事の組織化にあたっての教師の努力の必要を述べるという文脈ではありますが（そして、これに相当する教師の役割こそが、後述する「私事の組織化」論の現代的意義に関連して意義深いのですが）、ここでは、互いに相違する保護者の関心や要求が単純に束ねられ集計されることではなく、私的関心からの意識の拡大という、保護者の意識の内部における質的な変容が重要だと指摘されているのです(3)。

保護者の教育に関する関心・意識が、公共的な性質を帯びてきて、私的な性質のみでは特徴づけられなくなってくる。この変容が、私事の組織化において／によって生じるというのです。

2.「私事の組織化」論の現代的意義

2−1．批判とそれをふまえた展開—保護者参加の追求へ(4)

「私事の組織化」論に対する批判は、第一に、実態が伴わず、現実に即していないと指摘するものです。いわく、「あるべき姿」の説明や正当化のための「フィクション（作り話）」である（内野一九九四：六四）、または、「教育行政＝制度の理論としてはあまりに空想的」である（黒崎一九九九：四九）、など。

第二に、保護者のおかれた社会の現実をふまえると、保護者の要求における質的相違を当該理論が等閑視している点には問題があるとの批判です。後藤（一九八八：二一七）は、堀尾の理論においては、「能力主義競争を容認する構造」に対する把握が弱いと指摘しています。「権力によるおしつけがなければ、親と教師をふくめた国民は能力主義秩序をあらかじめ拒否する、ということはおよそ自明ではない」（後藤一九八八：二一六）というのです。つまり、「能力主義競争の激化は、子どもの社会的位置を学校を手段として改善あるいは維持しようとする親の強い志向」も背景にしていることや、「企業間・企業内での能力主義競争そのものの大規模な浸透」という状況にあって、親が「自分の子どもの競争のスタート・ラインの位置を、できるだけ高くしてやろうという要

（3）類似する議論は、ビースタ（二〇一六：一四五—一四九）によっても展開されている。すなわち、「「私的な困難」を「集団的な課題」へと翻訳した成果」としての民主的要求の意義、「私的なトラブル」を「共通の問題」に変換することを通して」「共通の利益」が産み出されることの意義、「共通の関心や公共善に向けたより広範な方向づけの光の下にそのような好み（消費者の好み：引用者）を変形させること」の意義、の指摘である。

（4）以下の２−１で示す内容は、より詳しくは、大日方（二〇一四）を参照。

求」をもつことをふまえなければならないとの指摘です（後藤一九八八：一九八—一九九）。社会的な背景を反映させた保護者の要求が「能力主義競争」を容認し、そこにおけるわが子の位置に強く関心を向けるものでありうることをふまえて、保護者の要求を質的に区別していかなければ、「私事の組織化」の成立が困難になるという批判です。

第三には、教師に対する保護者の「委託」によって教師の地位を定めるという論理が、保護者の権利に対する実質的抑圧として機能することを批判したものです。すなわち、「父母の教育権」が「教師の教育権」の導出と正当化のための「名目」にすぎなくなる点や、教師・学校へ「名目的な教育権を全面的に白紙委任した」ことになる点に対する批判です（今橋一九八三：一二八—一二九、一九〇）。

これらの批判に応えうる議論を展開して、「私事の組織化」論を軸に「国民の教育権」論の継承と再構成を試みるのが、佐貫浩です。佐貫（二〇〇七：六九—七一、二〇一〇：一一三—一一五）は、「私事の組織化」過程を解明することに課題を設定しています。そして、保護者参加の追求を通じて、この課題に取り組みます（佐貫二〇〇三：一五九—一六〇、佐貫二〇一二：一八一）。また、佐貫（二〇〇八：二三六）は、「私事の組織化」過程が、「異質な価値が出会い、争い、論争し、そういう中から合意が形成されていく民主主義的過程、コミュニケーション的合意形成の過程」だともいいます。佐貫は、民主主義的なコミュニケーションとしての私事の組織化の展開を保護者参加に焦点化して解明するという課題設定を試みるのです。

佐貫による、保護者参加に焦点化した課題の設定とその追求は、例えば、今日までに各所で進められてきている三者協議会などの学校参加の実際の仕組みや取り組みの蓄積(5)に基づいてなされるでしょう。そうであれば、上記三つの批判すべてに応えた展開が見出せるという意味で、妥当だと思われます。つまり、「私事の組織化」論は相当する現実を欠くとの第一の批判に対して、事実の提示を通じて応えうるでしょうし、保護者の要求に対する抑圧に関する第三の批判に対しても、保護者参加の実質化にこそチャレンジするのだと応答できます。また、保護者参加の民主主義的な質の探究こそが課題となるでしょうから、それは、第二の批判の論点に沿った課題になるはずだともいえるのです。

2-2.「教育の私事化」状況における私事の組織化の課題

すぐ前に、第二の批判の論点にも関連して、保護者参加の民主主義的な質の探究が課題になると述べましたが、この課題こそが実は難しいものです。とりわけ、今日の状況では厳しいはずです。その意味では、この第二の批判の論点は、今日的にも重大だといえます。では、その今日の状況における難しさは何に由来するのでしょうか。それは、保護者からの理不尽な要求に対して困難を抱える教師の問題に端的にみられるような、「教育の私事化」状況です。

油布（二〇〇七：七一―七二）は、「注文はするが協力はしない」、「情報収集型の活動や自分の子どもに直接かかわるような活動」には積極的だが、「全体にかかわり、労苦を強いられるような活動」には消極的であるような、「消費者としての保護者」との関係のなかで、教師が「保護者の要求にサービスする職業従事者」とされていると指摘しています。また、「消費者としての保護者」という現象は、「私事化（privatization）」の現われであるといいます。保護者の発する理不尽な要求について研究する小野田（二〇〇九：八八）は、「自子中心主義」という概念を用いて保護者の状況を捉えています。保護者が、わが子のみに意識を集中させ、私事として教育を捉える程度が強まっています。これが、「教育の私事化」という状況のひとつのあらわれです。

（5）本書第3章を参照。

保護者からの理不尽な要求が教師と保護者との関係にまつわる重大問題になっているということは、周知のとおりです。それでは、現代における私事の組織化（論）にとって、つまりは保護者参加を通じた私事の組織化の追求にとっては、同じ「私事」の語を共有する「教育の私事化」とは、いかなる問題なのでしょうか。

その大きな問題の一つは、私的関心に保護者の意識が集中している状況における、保護者間の抑圧・排除の危険性だといえます。広田（二〇〇九：二二〇―二二二）は、保護者参加には、「「多数派の専制」という形で、十分な発言力を持たない親や子どもを抑圧・排除する仕組みとして作動する可能性がある」点を問題視し、こうした抑圧・排除は、「「わが子」のみを考える親たちの私的関心」への対応が公教育に期待される状況にあって、「親の間で学校運営への参加の程度や様態に差がある」ことに由来する、といいます。広田は、「開かれた関心を持つ親が民主的な運営のもとで協議する理想状態」では、「多数派の専制」を回避できるものの、現実には、保護者における「「わが子」に関する排他的な関心」が問題となるという点を指摘するのです。

私的関心に閉ざされた保護者たちによる抑圧・排除が生じうるという点を考慮すると、「教育の私事化」状況は、保護者参加を通じた私事の組織化の追求に立ちふさがる大きな壁だということになるでしょう。

2―3．保護者における「共通関心」形成の意義

「私事の組織化」論においては、私的な事柄の公共的な事柄への変容（私的関心からの意識の拡大）に重要な意味があることを1―2で確認しました。ここでそれを想起しましょう。仮にそれが保護者の意識のうちに確認できれば、2―2でみたような保護者間の抑圧・排除の危険性を縮減させつつ、保護者参加（私事の組織化）を追求する可能性が見えてくるのではないでしょうか。圧倒的に大きな現実の壁（私事化状況）を前にした、可能性のカケラではあるかもしれませんが、そこに含まれる意味は決して小さくないと筆者は考えています。

以下、教師の教育実践を通じて、保護者において、わが子以外の子どもたちや、教室の様子へと向けられる関心（これを「共通関心」と呼ぶことにします）が形成されてくることを示したいと思います。

これまで、保護者の関心を拡張し、保護者間の関係を形成することを可能にするための方法が教師たちによって試みられてきていますが(6)、また、授業参観や保護者会・懇談会を通じた保護者における共通関心形成の可能性も十分にありますが、以下、筆者がこれまで明らかにしてきたことをもとに、教師の発行する学級通信を通じた保護者における共通関心の形成について、例として紹介することにしましょう（大日方二〇一五）。

保護者における共通関心の形成は、教室に生起した出来事や子どもたちの姿・声などといった「教室の事実」を知ることによって促されるものです。というのも、保護者はわが子を含む子どもたちの学校での日々の様子をほとんど知らないからです。まずは、それを知ることが条件になるのです。ですから、学級通信を介した共通関心の形成は、「教室の事実」が学級通信に記されて保護者たちに配布されることによってなされてきます（つまり、「教室の事実」が、授業参観や保護者会・懇談会、その他を通じて保護者たちに伝わりうるとすれば、学級通信以外でも共通関心の形成が可能になるともいえるでしょう）。

共通関心が形成されてきたことは、保護者たちが学級通信に言及しながら語る次のような言葉に確認することができます。すなわち、「他の子どもたちのことについても、なんだかよく知っているような気がする」とか、「ああ、こういう子がいるんだなっていうのをわかって」とか、「だいたいどんなお子さんかっていうのが思い浮かんだりするようになった」とかといった言葉です。「学校に行った気になって、なんだろう、安心しちゃう」とか、「みんなすごい、かわいいの」とかといった言葉も聞かれるため、共通関心の形成は、保護者にとって肯定的な

---

(6) 例えば、保護者たちの「飲み会」や保護者同士が交流する「回覧ノート」など（今関二〇〇九：八二—八九）。

経験でありうるともいえます。

学級通信を読んできた保護者たちの語りを分析すると、学級通信を通じた共通関心形成の条件として、例えば、次の三点をあげることができます。①日常的に発行された学級通信が日常的に読まれること、②個々の子どもに関する肯定的に評価される事柄が、その子どもの固有名とともに学級通信に示され、受容されていること、③特定の子どもだけではなく、満遍なく多様な子どもたちが登場すると感じられること、です。

ただし、共通関心形成という意識変容が確かに生じうるとはいっても、学級通信を読んだ全ての保護者に一度に生じるわけではありません。例えば、わが子の肯定的に評価される事柄が一度も登場しない学級通信は、安心ではなく、心配を招くものとなることもありえます。一方、自身の私的関心に対する応答が教師からえられたと感じることによって、共通関心の形成につながっていくともいえそうです。また、共通関心が形成された後も、私的関心は消滅するわけではなく保持され続けており、私的関心と共通関心とは保護者の意識の内に連関しながら保持されていくことになるようです。

教室に向けられる共通関心の形成と並行して、教室がいかなる場であるとよいのかということに関する認識（例えば、「多様な子どもが受け入れられる場であるとよい」）が保護者において深められることや、保護者の声が学級通信に掲載される場合に保護者同士が関心を向けあい、共通関心の範囲が保護者間に広がるということもありえます（大日方二〇〇八）。

また、いったん形成された共通関心は、例えば学年や学校段階があがると消滅するかというと、そうではなく、持続性をもちえます（大日方二〇一六）。例えば、わが子が小学生のときに形成された共通関心がわが子を含む子どもたちが中学校に入って以降も持続していることを、「この子今こういう役についてるんだ」とか、「いつまでも、私も残ってる分、身近に、感じる」といった保護者の言葉に確認できます。

このように、共通関心が保護者において形成されうるという事実が、単なる私事ではあらざるものへの変容の可能性、公共的な事柄の成立の可能性を示していることが重要であると強調しておきたいと思います。

今日、保護者たちはＬＩＮＥなどのＳＮＳを用いて学校の場とは別に、私的にグループを形成していることが少なくありません。それが、教師に対して敵対的であったり、「本質的な意味での共通項の自覚を通じて連帯感を発展させえない」状態であったりしないとはいえません。だからこそ、むしろ、教師発信の働きかけとして、共通関心形成の試みに現代的な意味があるのではないでしょうか。

加えて重要なのは、学級通信の発行やそれを通じた共通関心の形成は、特殊な実践に固有の特質ではなく、日本の教師たちの教育実践の連綿とした歴史に位置づいているという事実です（太郎良一九九二）。既に目の前にある実践の蓄積を、その現代的な意義を意識しつつ、これから先も発展させながら伝承すべきものとみなすことができるからです。

２―４．教師の専門性と地位に関する再構成

１―１では、「私事の組織化」論の第二の重要なモチーフとして、教師の専門性に対する保護者たちの共同の委託によって教師の地位が確定されることを示しておきました。また、そこで教師の専門性として想定されるのが、子どもに対する教育に関わるもの（「教室実践における教師の専門性」と呼ぶことにします）であることも確認しておきました。このことに関わって、ここでは、「私事の組織化」論の再構成を、二つのアプローチから試みることにしたいと思います。

第一に、右の２―３でみたような、保護者における共通関心の形成を促す教師の働きかけを含め、保護者参加にむけた教師の働きかけを、教師の専門的な役割に設定して当該理論に（明確に）位置づけることです（保護者

の関心の拡大に関する教師の努力の必要が既に堀尾（と勝田）によって指摘されていたことは、1－2で述べたとおりですが、それ自体が保護者から「委託」される専門性として想定されているわけではありません）。そうした役割は、「保護者との間の関係形成を方向づける教師の専門性」（あるいは「保護者参加における教師の専門性」）と呼ぶのにふさわしいものです。保護者たちとの間に位置づけられるこの専門性によって、「教育の私事化」状況にあっても、保護者たちの意識が私的関心に閉ざされずに、共通関心の形成を促される可能性があります。

第二に、「教室実践における教師の専門性」と「保護者との間の関係形成を方向づける教師の専門性」（「保護者参加における教師の専門性」）とが、いずれも保護者に対して示され、保護者たちに認識されるという契機・過程が、教師の地位（これを教師の「専門職性」と呼ぶこともできます）の確定につながる可能性の確認です。保護者は基本的に、「教室の事実」をその場で教師や子どもたちと共有しているわけではありません。教師の専門性が実際に発揮された場面に保護者が立ち会える機会は、年間数度の授業参観などに限られます。そうした条件下にあるからこそ、教師の専門性が保護者にどのように示され認識されるかを探ることに意味があるといえるでしょう。

筆者は既に、学級通信の発行によって（また授業参観等の機会を通じても）、両方の専門性を保護者に対して示しうること、保護者がそれらを肯定的に受容・認識しうることを明らかにしています（大日方二〇一七）。保護者たちは、例えば学級通信を通じて、教師によって示される「教室の事実」から、「教室実践における教師の専門性」に相当する事柄を見出すことができます。加えて、保護者たちは、そのように「教室の事実」を示すこととして保護者たちに働きかける教師の行為のうちに、「保護者との間の関係形成を方向づける教師の専門性」に相当する事柄を認識することもできます。「教室の事実」を示すこととして、「保護者との間の関係形成を方向づける教師の専門性」が構成され、これが保護者に認識され、示された「教室の事実」に即して「教室実践におる教師の専門性」が保護者たちに見出される、という二種の専門性の間の連関が成立しうるのです。これらの専門性が相まって保護者たちに肯定的に認識・受容されているという事実が確認されたため、この点に、教師の地位（専門職性）の確定の可能性を見てみたいと考えるのです(7)。

以上のように、「保護者との間の関係形成を方向づける教師の専門性」（「保護者参加における教師の専門性」）を理論に組み入れること、そして、その専門性と「教室実践における教師の専門性」とが保護者に示される契機も組み入れることは、「私事の組織化」論に対して、いかなる再構成を促すことになるのでしょうか。

第一に、保護者からの「委託」に教師の地位（専門職性）確定の根拠をおくという順序性（専門性に対する「委託」→地位確定）に必ずしもとらわれずに、教師の地位（専門職性）確定の根拠の一部を、教師の専門性が示されていく過程に委ねるという転換をもたらしうるでしょう。これにより、当該理論に対する、いったん「委任」の契機を経れば教育権は保護者の手を離れるとの解釈に基づく、教師への「白紙委任」との指摘を回避しつつ、教師の専門性に即した専門職性をより実質化する可能性が見出されるはずです。教師の専門性が認識される契機は、保護者との具体的で持続的な関係の中にあります。つまり、この場合、「はじめに保護者ありき」は、「はじめに、そして常に、重要な他者として保護者ありき」という意味になるでしょう。

第二に、教師の専門性提示の過程が、共通関心形成を含む保護者参加の過程でもありうるため、保護者における関心拡大（私事の変質）と、教師の地位（専門職性）の確定という「私事の組織化」論の二大モチーフが、保

(7)「専門家が専門家であるといえるのは、その主体が専門性を持っているという周囲の認識に基づいていると考えるほかない」（伊藤・内山二〇一二：七）との指摘を参照。類似する見方として、久冨（二〇〇八：七—八）は、教師の専門職性の問題は、教師の専門性に対する「社会的・文化的文脈」における社会的な認定の問題であるという見方を示している。また、ウィッティー（二〇〇四：九三）は、「ある特定の時期に人々が専門職だと考えるものが専門職であり」「我々がふだん教育専門職について語っているという事実によって教師は専門職であることになる」という見方を示している。

護者参加の追求によって成立する可能性を、教育実践の経験・分析をふまえ、より強く確認できるでしょう。保護者参加の追求をこのようにして中心的な課題に据えることで、「私事の組織化」論は、一段とダイナミックで、今日の教育をめぐる状況にも応じうる理論になるはずです。

3．理論の課題

本章では十分な議論を展開できませんでしたが、以下の諸点も、「私事の組織化」論の再構成にあたって検討を要する点だと考えられます。理論の今後をさらに展望するうえでの課題として、示しておくことにします。

3－1．保護者間の差異

近年、主に社会学領域における調査研究を通じて、それぞれの社会的属性（階級・階層）によって、保護者の子育て・教育に関する意識や学校への期待に、相違（格差、分断）があることが明らかになってきています（吉川二〇〇九、片岡二〇一八、など）。例えば、「学力競争」に肯定的であるかどうか、「学力を伸ばすこと」を学校に期待するかどうか、わが子の大学進学を（強く）望むかどうか、といった点における相違です。

こうした調査研究で対象とされる保護者の意識は、わが子の教育や学校に関する私的なものであることはおおむね前提だといえるでしょう。では、いかに、その私事を公共的な事柄へと橋渡ししつつ保護者参加（あるいは私事の組織化）を実現できるかと考えると、答えは容易に見つかりそうにありません。学校に求める事柄の根本の部分に関わるような相違を前にすると、それらを調整して公教育としての方向性を求めていくことには難しさを感じざるをえません。１－２で引用したように、堀尾（と勝田）は既に「父母の階層差にもとづくインタレストのちがいや意識の重層性」の問題に言及していたわけですが、これを、今日的な課題として改めて捉える必要があるということでしょう。

以上は、２－１でみた、社会的状況をふまえた議論が必要との、後藤の指摘する論点を引き継ぎつつ、現代的な文脈で再検討するという課題だともいえます。しかし、課題は、保護者のおかれた社会的状況に由来するものに限定されるわけではありません。少なくとももうひとつ、保護者間の差異の要因として注視すべきなのは、子どもの「特性」です。

例えば、既存の学校における生活や学習に適応しにくいような「特性」のある子どもたちがいます。そうした子どもの保護者がもつ学校への期待は、他の保護者たちと異なることが少なくないでしょう。わが子の「特性」に即した固有の配慮を学校に求めるといったように。そうした期待が、他の保護者たちの期待と適合しないことを意識した保護者が、自身の期待を表明することに躊躇したり悩んだりする、ということもあるかもしれません。また、そうした保護者における共通関心形成をめぐる困難も推測されます。つまり、わが子以外の子どもの姿が見聞きされるときに、わが子と他の子どもたちの優劣を比較するなどして、共通関心がすんなりとは形成されないということが起きうるでしょう。

以上のように、保護者たちのおかれた状況の差異も背景にして、保護者たちが学校へ向ける期待や要求が多様でありうるという状況をふまえたうえで、保護者参加（私事の組織化）を展望することが課題になります。

３－２．教室実践の位置

２－３で紹介したのは、保護者において、教室の子どもたちに向けられる共通関心が形成されることの意義でした。「私事の組織化」論再構成にあたっては、これに関してもさらに追求すべき課題があります。その課題は、どのような教室であることが、保護者における共通関心形成の条件になるのか、ということです。これは、2－4で触れた「教室実践における教師の専門性」の一つの内実を探るという課題にもなるでしょう。

2－3では「教室の事実」を知ることによって、保護者における共通関心形成が促されうると述べましたが、実際には、どのような教室のどのような「事実」でもよいということではないでしょう。教室で子どもたちが互いに関わりあうことがなかったり、特定の子どもの存在が無視されていたり、それぞれの子どもの「違い」が相互に受け止めあわれることがなかったりすれば（「違い」が攻撃や排除に結びついてしまえば）、多様な子どもたちの姿が教師によって捉えられ伝えられることは容易でないでしょうし、それらが保護者たちに肯定的に受けとめられることもほぼないと考えられます。

では、保護者がそこに生起する事実を知ることによって、共通関心の形成を促されるのは、どのような教室なのでしょうか。

筆者は、わが子がある「特性」のために学校への適応に困難を抱えているという保護者において、当の子どもが受容される場が教室にあるという条件のもとで共通関心形成の可能性があることを明らかにしています（大日方二〇一九a）。当の保護者にとっては、わが子が教室で見捨てられることなく受容・承認される様子を知り、そうした教室にいる他の子どもたちにも関心を広げていくということが起きうるということです。

このことと、2－3で紹介した研究を通じた経験とをふまえて筆者が推測するのは、学校への適応が困難であるような子どもたちを含めて、それぞれの子どもたちの声や思い・願いが交わされ、聴き取られるような受容的な教室が、保護者における共通関心形成の条件となるのではないかということです。しかし、これに関して十分な確証がえられているというわけではありません。

また、階級・階層の差異に由来する保護者間の意識の相違に対して（階級・階層の相違は子どもの学校での適応度合いに一定程度影響するはずですが）、受容的な教室が、あるいは何らかの特徴を備えた教室が、保護者の共通関心形成の条件となりうるのかということも、探ってみることができるかもしれません。

社会的属性や子どもの「特性」を背景にした保護者の意識は、容易に変わるものではないでしょう。しかし、いっさい不変であると判断して保護者参加を通じた公教育の展望を断念してしまうのは、早計ではないでしょうか。つまり、3－1で述べたような、保護者たちが学校に向ける多様な期待の調整という難題の前に立ち止まってしまうのではなく、教室実践を通じた共通関心形成という、保護者たちにおける意識変容の可能性の追求へと進み出てよいのではないでしょうか。この試みの余地が残されているという意味で、保護者参加に焦点化した「私事の組織化」論再構成にあたって、教室実践の位置づけは、十分に追求する価値のある課題だと考えられます。

おわりに

「私事の組織化」論の内容を構成するアイデアを聴き、それを現実離れした夢想だと思う人がいるかもしれません。筆者も、「教育の私事化」状況の浸透を見聞きするにつれ、「私事の組織化」論のリアリティに疑問を抱くこともありました。しかし、教師たちの営みをつぶさに見、保護者たちの声を聴くなかで、やがて、私事化状況にあるからこそ、むしろ、その状況を十分に認識しつつ、そこを起点にした「私事の組織化」論の再検討が必要かつ可能なのではないかと思い至りました(8)。

筆者が探究してきた過程にも沿いながら、本章では、「私事の組織化」論の現代的意義を発見・確認すること

（8）二〇二〇年の新型コロナウイルス感染拡大状況における休校期間には、保護者の多くがわが子の家庭学習に大きく関与することになった。これを、例えば、学校教育がより実質的に「私事」と化した事態だと捉えられるかもしれない。その点を含め、この期間以降の学校の機能や保護者の意識などを対象にして「私事の組織化」論の意義や課題を検討することにも意味があろう。

を試みてきました。焦点をあてたのは、保護者参加と、保護者における共通関心形成の可能性でした。

論じ尽くせていない意義や課題もありますが、そのうちの一点を最後に簡単に示しておきます。それは、本章では、主に個別の学級を単位にした保護者たちと教師との関係を取り上げてきましたが、「私事の組織化」論の射程は、本来この単位に留まるものではないという点です。学校へ、地域へなどといったように、より大きな単位での問題に広げたり、つなげたりする追求が必要になります。その際には、階級・階層によって子どもが通う学校が分かれているという事態にも直面するでしょう。学校単位を超えた保護者参加（あるいは私事の組織化）とは、（いかに）構想可能なのか。これもまた、挑戦しがいのある問題ではないでしょうか。

参照文献

伊藤武・内山融　二〇一二「専門性の政治学に向けて―デモクラシーと専門性の関係を軸に」内山融・伊藤武・岡山裕編著『専門性の政治学―デモクラシーとの相克と和解』ミネルヴァ書房

今関和子　二〇〇九『保護者と仲よくする5つの秘訣』高文研

今橋盛勝　一九八三『教育法と法社会学』三省堂

ウィッティー・G　二〇〇四『教育改革の社会学―市場、公教育、シティズンシップ』堀尾輝久・久冨善之監訳、東京大学出版会

内野正幸　一九九四『教育の権利と自由』有斐閣

小野田正利　二〇〇九「保護者と教師のコンフリクト―対等にモノが言える時代の中で」『日本教育行政学会年報』第三五号

大日方真史　二〇〇八「教師・保護者間対話の成立と公共性の再構築―学級通信の事例研究を通じて」『教育学研究』第七五巻第四号

大日方真史　二〇一四「保護者参加における教師の専門性に関する考察」『日本教師教育学会年報』第二三号

大日方真史　二〇一五「学校参加に向けた保護者意識の変容過程における教師の役割―教師と保護者に対するインタビュー調査をもとに」『三重大学教育学部研究紀要』第六六巻

大日方真史　二〇一六「学校に対する保護者の意識と関与―保護者に対するインタビュー調査をもとに」『三重大学教育学部研究紀要』第六七巻

大日方真史　二〇一七「保護者および同僚との関係における教師の専門性―インタビューに基づく事例研究」『三重大学教育学部研

究紀要』第六八巻
大日方真史　二〇一八「学級通信―私事（わたくしごと）をみんなのことへ」『教育』第八六七号
大日方真史　二〇一九a「困難な状況におかれた保護者の学校関与と意識変容―わが子の「特性」に困難を抱える母親へのインタビュー調査をもとに」『三重大学教育学部研究紀要』第七〇巻
大日方真史　二〇一九b「評価のまなざしから共感のまなざしへ」『教育』第八七九号
片岡栄美　二〇一八「教育格差とペアレントクラシー再考」日本教育社会学会・稲垣恭子・内田良編『教育社会学のフロンティア2　変容する社会と教育のゆくえ』岩波書店
吉川徹　二〇〇九『学歴分断社会』筑摩書房
久冨善之　二〇〇八「教師の専門的力量の発揮には、教職アイデンティティが関与する―現代日本の「教員制度改革」と「教師」論議とに寄せる課題提起として」久冨善之編著『教師の専門性とアイデンティティ―教育改革時代の国際比較調査と国際シンポジウムから』勁草書房
黒崎勲　一九九九『教育行政学』岩波書店
後藤道夫　一九八八「臨教審批判と国民の教育権論」吉田千秋ほか『競争の教育から共同の教育へ』青木書店
佐貫浩　二〇〇三『新自由主義と教育改革―なぜ、教育基本法「改正」なのか』旬報社
佐貫浩　二〇〇七「政治世界の公共性と教育世界の公共性―その関係性についての考察」『教育学研究』第七四巻第四号
佐貫浩　二〇〇八「教育の公共性論の再構成と「私事の組織化」論―堀尾教育権理論の継承のために」『民主教育研究所年報』第八号
佐貫浩　二〇一〇「堀尾輝久の「国民の教育権論」をいかに継承するか―戦後教育学批判を巡って」『人間と教育』第六八号
佐貫浩　二〇一二『危機のなかの教育―新自由主義をこえる』新日本出版社
太郎良信　一九九二「学級通信の歴史―その素描」『教育』第五五六号
広田照幸　二〇〇九「社会変動と「教育における自由」」広田照幸編『自由への問い5　教育―せめぎあう「教える」「学ぶ」「育てる」』岩波書店
ビースタ、G・J・J　二〇一六『よい教育とはなにか―倫理・政治・民主主義』藤井啓之・玉木博章訳、白澤社
堀尾輝久　一九六一「教育の私事性について」『教育』第一三五号
堀尾輝久　一九七一『現代教育の思想と構造』岩波書店
油布佐和子　二〇〇七「教師―地域・保護者の関係の現在と課題」油布佐和子編著『転換期の教師』放送大学教育振興会

第3章 「地域と教育」論

——コミュニティ・スクールは誰のために

三谷高史

はじめに

地域と学校の相互関係が教育政策上の主題として取りあげられるようになってしばらく経ちます。現在では「学校と地域は連携すべき」「学校は地域に開かれていなければならない」といった主張を真っ向から否定することは難しく、学校関係者だけでなく保護者を含めた地域住民にとって自明なものになっているといっても過言ではないでしょう。

地域と学校の相互関係が教育政策課題として浮上してきたのは、いわゆる新自由主義教育改革(1)の流れの中のことで、とりわけ二〇〇〇年代以降のことです。例えば、二〇〇六年に「改正」された教育基本法の第一三条には「学校、家庭及び地域住民その他の関係者は、教育におけるそれぞれの役割と責任を自覚するとともに、相互の連携及び協力に努めるものとする」とあり、それ以降はいっそう地域と学校との「相互の連携及び協力」が教育政策課題として議論されるようになりました。より近いところでは二〇一五年四月一四日、当時の下村博文文部科学大臣が中央教育審議会（中教審）に対して「新しい時代の教育や地方創生の実現に向けた学校と地域の連携・協働の在り方について」を諮問したのですが、その審議内容は「社会情勢の変化や教育改革の動向等を踏まえたコミュニティ・スクールの在り方や、今後全ての学校がコミュニティ・スクール化に取り組み、地域と相互に連携・協働した活動を展開するための総合的な方策、学校と地域をつなぐコーディネーターの配置のための方策、地域の人的ネットワークが地域課題解決や地域振興の主体となる仕組みづくり等について」（中央教育審議会二〇一五：一）でした。

この審議内容にあるコミュニティ・スクールは直訳すれば「地域社会学校」となりますが、日本の教育制度上は学校運営協議会（以下、協議会）という組織を設置している、地域住民や保護者が学校運営にかかわることができる公立学校を指します。このコミュニティ・スクール制度は二〇〇四年の「地方教育行政の組織及び運営に関する法律」（以下、地教行法）の改正をもってスタートし、指定校数(2)は二〇〇五年四月時点では一七校（六市区）でしたが、二〇二〇年七月一日時点の導入校数は九七八八校（八五〇市区町村、二九道府県）―内訳は、幼稚園二三七園、小学校五八八四校、中学校二七二一校、義務教育学校七六校、高等学校六六八校、中等教育学校三校、特別支援学校一九九校―となっています(3)。二〇一七年からは協議会の設置は学校設置主体の努力義

（1）これまで日本で推し進められてきた新自由主義教育改革は「学校教育のスリム化」、「学校の公共性の変容」、「学校運営のマネジメント化」、「サービスとしての教育」といった特徴を持っていたとされる（児美川二〇〇二：一六九―一七二）。

（2）二〇一六年度まで学校運営協議会は教育委員会による「設置指定制」であったが、二〇一七年四月施行の地教行法で条文から「指定」という文言がなくなり、現在は「導入」という言葉が用いられている。

（3）https://www.mext.go.jp/b_menu/houdou/31/10/1422294_0001.htm（二〇二一年五月一日最終閲覧）

務となり、コミュニティ・スクールは今後も全国で増えていくことが予想されています。

協議会の権限は地教行法第四七条の六第四~七項に定められていて、要約すれば、①校長が作成した学校運営の基本的方針（教育課程など）を承認する(4)、②学校運営に関する意見を教育委員会又は校長に述べることができる、③教職員の任用に関して、教育委員会規則に定める事項について、教育委員会に意見を述べることができる(5)、の三つになります。地教行法上の権限だけみると、保護者や地域住民が学校の教育課程や人事に関して意見を表明することができる制度、と理解できるでしょう(6)。

つぎに、協議会の構成員をみてみましょう。地教行法第四七条の六第二項によれば、協議会を構成する委員は「対象学校の所在する地域の住民」（地域住民）、「対象学校に在籍する生徒、児童又は幼児の保護者」（保護者）、「社会教育法第九条の七第一項に規定する地域学校協働活動推進員その他の対象学校の運営に資する活動を行う者」（地域学校協働活動推進員等）、「その他当該教育委員会が必要と認める者」（その他）の四つの選出区分からなっています。委員の任免の手続きや任期、その他学校運営協議会の運営にかかる具体的な規則は各自治体の教育委員会が定めることになっていて（地教行法第四七条の六第一〇項）、各地の規則をもとに文科省が作成した「学校運営協議会規則の例」(7)をみてみると、「その他」としては対象学校の校長や教職員、学識経験者、関係行政機関の職員などがあげられます。地域学校協同活動推進委員が委員として想定されていることからも、学校運営協議会には地教行法に規定されている権限の他に地域社会と学校の相互関係を推進する役割が期待されていると理解できます。

このようにコミュニティ・スクール制度は「保護者や地域住民の学校参加」、「地域社会と学校の相互関係の推進」を企図した制度であり、多くの教師、保護者を含めた地域住民が、直接的あるいは間接的に当事者になりうる制度となっています。

二〇〇〇年代以降、突如教育政策上の用語として登場したコミュニティ・スクールですが、実はこのコミュニティ・スクールという言葉や思想、実践が日本に紹介されたのは戦後直後のことで、その原型は一九三〇年代のアメリカにあります。アメリカのコミュニティ・スクールは戦後まもなくに宗像誠也（教育行政学）や大田堯（教育学）(8)といった、戦後教育学の基礎を築いた先達の研究や翻訳によって日本に紹介され、その思想の実現が試みられました。ここからスタートした実践や研究は後に「地域と教育」論という戦後教育学の一分野を形成していくことになります。

さて、ここでいったん立ち止まってみましょう。教育の分野に限定されることなく、二〇〇〇年以降の新自由主義的な構造改革は基本的に戦後体制の否定を意味していました。にもかかわらず、新自由主義教育改革は戦後教育学と同じ言葉を用いて地域と教育（学校教育・社会教育）との関係の重要性を謳っていることになります。わたしたちはこの状況をどう理解し、向き合えばよいのでしょうか。

（4）条文では「対象学校の校長は、当該対象学校の運営に関して、教育課程の編成その他教育委員会規則で定める事項について基本的な方針を作成し、当該対象学校の学校運営協議会の承認を得なければならない」（地教行政法第四七条の六第四項）となっており、学校側の義務として定められている。

（5）地教行法第四七条の六第八項には「対象学校の職員の任命権者は、当該職員の任用に当たつては、前項の規定により述べられた意見を尊重するものとする」と、任命権者は学校運営協議会の意見を尊重する必要を定めている。

（6）本稿で「コミュニティ・スクール制度」といった場合は地教行法と各教育委員会が定める学校運営議会規則を指す。

（7）https://manabi-mirai.mext.go.jp/torikumi/chiiki-gakko/cs.html（二〇一一年五月一日最終閲覧）

（8）大田堯（おおた・たかし、一九一八―二〇一八）、広島県豊田郡本郷町（現三原市出身。東京帝国大学文学部教育学科卒業。東京大学教育学部教授、学部長、都留文科大学学長、日本教育学会会長などを務める。専門は教育哲学、教育史。生活綴方、子育て習俗、発達論などその業績は非常に多岐にわたる。また家永教科書裁判支援、農村青年サークル支援などの社会活動を通して書かれたものも多数。それらの一部は『大田堯自撰集成』（全四巻＋補巻、藤原書店）に収録されている。

本章では、その見通しを立てるために戦後日本の「地域と教育」論を取りあげたいと思います。戦後の教育学説として一言で表現される「地域と教育」論ですが、その内容やアプローチの方法は時代や場所によっても異なっていて、多様で広範でした。残念ながらここでその蓄積すべてを詳細に検討することはかないません。次節ではまず戦後日本の「地域と教育」論の歴史的な展開を概観します（第1節）。その後、「教育と地域」関係の現代的な状況であるコミュニティ・スクール制度の現状と課題を整理し、「地域と教育」論の現代的意義について考えてみます（第2節）。

1．戦後「地域と教育」論とは

1－1．「地域と教育」論の原点

戦後日本の「地域と教育」論の展開について研究した朱浩東（教育史）は、地域を「一定の空間的圏域、およびそこに存在する制度とコミュニティによって形成される人間生活の営みの集合体」（朱二〇〇〇：三）と定義したうえで、「地域と教育」論を以下のように定義しました。

近現代日本の教育の支配的なあり方に対して、公教育制度の組織単位としての地域、学校づくりの土台としての地域、教育内容としての地域のいずれか、あるいはそれらの幾つかの視点に立脚して提出されたアンチテーゼであり、さらにそこから「公教育制度と地域」「学校と地域」「教育内容と地域」の関係を問うために展開された教育の学説である。

（朱二〇〇〇：二八）

この定義からも「地域と教育」論の射程が広範であることがうかがえます。広範がゆえに「地域と教育」論は日本の教育学研究の諸分野—教育哲学、教科教育論（主に社会科）、教育行政学、教育法学、社会教育学、教育社会学など—の中で個々に深められることになり、中には住民運動と不可分なもの、教育実践と不可分な実践的研究というべきものもありました。ここで朱は「地域と教育」論は「『公教育制度と地域』『学校と地域』『教育内容と地域』の関係を問うために展開された教育の学説」であると述べていますが、これは戦後にはじめてあらわれたものではなく、その原点は戦前の生活綴方運動の中にありました。以下ではこの原点について少し触れておきましょう。

一般的に日本の近代教育制度は一八七二年に発布された「学制」によってスタートしたといわれていますが、当時の教育にとって地域は現在のような連携や協働の対象などではありませんでした。「学制」の序文には「邑ニ不学ノ戸ナク家ニ不学ノ人ナカラシメンコトヲ期ス」とあり、ここでいう邑（ムラ）とはかつての地縁を中心とする地域共同体を指します。この地域共同体にも次世代形成の習俗が長く存在していたわけですが、「学制」はそれらを否定するものでした。「学制」とは「これまでの地域共同体に次世代形成をまかせていたのでは人びとはいつまでたっても学ばない（学がない）ままであり、国力は高まらず、先をいく欧米諸国には追いつけない。だからすべての子どもを『学校』に通わせ、学ばせることが必要だ！」という明治政府の企図にもとづく教育制度でした。次世代形成の事業を前近代的な各地域固有のやり方にまかせるのではなく、近代国家が設計した空間（学校）と人間関係（教師—生徒間関係）の中に編入させたわけです。このように、スタート時の日本の学校教育にとって地域は次世代形成の事業から切り離すべき対象でした。

「地域概念と教育概念が出会い、有機的な関連を見出していく」（宮﨑二〇一五：二七）のは、学制発布から約五〇年後の一九三〇年代、北方性教育運動(9)の中でのことです。日本の教育は一九三〇年代に入ると義務教育段階における就学率は男女とも一〇〇パーセントに近づき、中等教育（旧制中学校、高等女学校、実業学校など）、高等教育（帝国大学、官立大学など）の拡充も進みます。人びとの意識のレベルでも学校に通うことが当たり前になっていた時代といってよいでしょう。しかし、当時の学校教育は「一方では学力の剥落に、他方では地域の切り捨てに帰結」（宮﨑二〇一五：二八）したとも評価されていました。のちに北方性教育運動の担い手となる東北地方の一部の教師たちは、当時の学校教育を「できない子」には劣等感ときびしい環境の地域への「残留」を押し付け、「できる子」には地域を「捨てる」ことを意味する上級学校への進学をすすめてくるものとして捉えていました。

北方の教師たちはこうした当時の学校教育のあり方を問題視し、きびしい現実の生活に立脚して、そこから地域の新しい生活文化を創造していく主体を育てることを目標にすえた生活綴方(10)を実践していきます。これに対しては、生活上の課題を引き受けすぎているといった留岡清男（教育学）による批判もあり、留岡の所属していた民間教育研究団体の教育科学研究会（教科研）との論争（生活教育論争）へと発展します。ただ、両者は「生存権(11)の在り方を標準とする地域認識」において、さらにはその認識が「教育という仕事の内実を吟味する根本的に重要な尺度である」という思想においても共通していました（大田二〇一七b：二一四）。北方の教師たちも留岡も「地域や家庭での子どもの生活問題が学校教育以前の問題としてある」と考え、「生活綴方を通してその問題にも取り組むことを教師の本質的な仕事の一部」としてみなしていました（同上）。地域社会が子どもの生存権、学習権を保障できているかどうか、学校や教師がその地域社会のあり方にどのようにかかわることができるかを問題としていたのです。

その後、一九四〇年代の国民学校制度の成立と政府・軍からの激しい弾圧によって北方性教育運動は弱体化されてしまいますが、「生存権の在り方を標準とする地域認識が教育という仕事の内実を吟味する根本的に重要な尺度である」という思想は戦後に引き継がれていくことになります。

1-2. 戦後改革期：「地域と教育」関係の再構成

では、戦後に「生存権の在り方を標準とする地域認識が教育という仕事の内実を吟味する根本的に重要な尺度であるという考え方」がどのような実践や理論、運動として結実していったのかを大まかに確認していきましょう。まずいくつかの先行研究（鐘ヶ江一九八二、久冨一九九二、朱二〇〇〇、越川二〇一四など）にならって、戦後「地域と教育」論の展開を戦後改革期、高度経済成長期、ポスト高度成長期の三つに区切るかたちで整理しておきます（表1参照）。

歴史的にみると、終戦直後の日本社会の民主化・非軍事化、新しい教科である社会科の創設(12)といった社会的要請を背景として地域教育計画がいくつかの地域でつくられました。有名なものに埼玉県川口市の「川口プラ

(9) 秋田県に一九二九年に設立された北方教育社を出発点として、主に東北地方で展開された教育運動。
(10) 戦前の生活綴方の正確な定義は難しいとされるが、ここではさしあたって「生活者としての子どもが、見聞きし、感じたこと、考えたことを生活にそくしたことばで文章に表現すること、そしてそれを読み合う過程を通して、教師が生活を指導していく実践」と定義しておきたい。
(11) 大日本帝国憲法には生存権の規定がないため、戦後的な意味での生存権ということになる。さらに大田は二〇一二年のインタビューで「食べたり、空気を吸ったりするのと同じように、学習の過程も同じレベルで生存権の一部」（佐藤編二〇一三：一七）と語っていて、いわゆる学習権の一部もふくむものと理解するのが妥当だろう。
(12) 一九四五年一二月三一日、連合国軍最高司令部（GHQ）が「修身・日本歴史及ビ地理停止ニ関スル件」を発令したことにより、それまでの「修身」「歴史」「地理」に代わる新しい教科の設立が課題として浮上した。その翌年一九四六年三月三一日に発表された『米国教育使節団報告書』をうけて、文部省や民間教育研究団体は新しい教科「社会科」の創設に向けて活動し始めることになる。

表1：戦後「地域と教育」論・実践の諸相

時期区分	年代	名称	主な論者・実践者
戦後改革期	1945－49	地域教育計画論	海後宗臣、大田堯、山田清人など
		地域教育計画論	城戸幡太郎、宮原誠一、矢口新、石山脩平など
高度経済成長期	1950－60s	農民大学運動	宮原誠一、劔持清一、真壁仁など
		国民教育論（地域研究）	上原専祿（国民教育研究所）
ポスト高度経済成長期	1970－90s	地域教育運動論（公害反対運動）	藤岡貞彦、中内敏夫、海老原治善など
		地域に根ざした（根ざす）教育	石田和男、鈴木正氣など
		地域教育のシステム論	松原治郎、矢野峻、など
		子ども・保護者・地域住民の学校参加論（地域に開かれた学校づくり）	浦野東洋一、勝野正章、中田康彦、宮下与兵衛など

ン」、広島県豊田郡本郷町（現・三原市）の「本郷プラン」などがあります。前者の「川口プラン」は川口市社会科委員会と海後宗臣が代表をつとめた中央教育研究所が中心となって編成した「川口市社会科学習課題表」と、それに基づいた教育実践を指します。後者の「本郷プラン」は、大田堯が故郷の本郷町で行政や地域住民とともに実践したもので、社会科のカリキュラムが「本郷小學校學習課題表」として、教師、行政、地域住民らの手によって編成されました。先述した通り、大田は終戦後まもなくアメリカのコミュニティ・スクール運動の研究を発表しています。世界恐慌を経験した一九三〇年代後半のアメリカでは、さまざまな社会改良（社会改造）の取り組みがなされました。コミュニティ・スクール運動はそうした社会改良運動の一つであり、その先導者の一人であったエドワード・G・オルセン（Edward G. Olsen）は既存の学校教育の役割を超えた新しい学校＝コミュニ

ティ・スクール像を次のように主張しています（Olsen 1945：17-19）。

①学校は成人のための教育センターとして機能すべきである。
②学校は従来型の教育プログラムを活性化させるために、コミュニティ資源を活用すべきである。
③学校はコミュニティの構造・過程・問題の学習をカリキュラムの中心に据えるべきである。
④学校は地域活動に参加することによってコミュニティを改善すべきである。
⑤学校はコミュニティの教育的諸活動を率先してコーディネイトするべきである。

このような地域と学校との支え合う相互関係に可能性を感じた大田は、戦後まもなくの日本でも「われわれの生活全体とともに、教育もまたわれわれのものではなかったという民衆の歴史的自覚に立って、われわれの社会的生産性と福祉とを高めるための実質的な教育の作り上げ作業」としての地域教育計画を、地域住民の手でつくりあげる必要性を主張し、「本郷プラン」の策定に着手します（大田二〇一七a：二六―二七）。この「本郷プラン」策定のプロセスでは、まず大田は地域住民とともに、①地域の課題把握のための実態調査（社会調査、自然環境調査）をし、②その課題を議論するための組織（教育懇話会）をつくり、③教育懇話会の学習のための成人教育計画をくみたて、その後、④「生産的課題の解決の一環として」学校の教育課程全体を編成しました。そして最終的には、⑤地域教育計画の広域化が想定されていました（大田二〇一七a：二八―四二）。代表的な二つの地域教育計画だけでなく、その他の地域教育計画いずれも(13)、研究者、教師、行政、地域住民らによる綿密な地域調査をベースに、地域の生産・生活上の課題を出発点として、社会教育や学校教育のカリキュラムを編成・実践しようとするものでした。子どもたちが育ち・暮らしていく「社会的胎盤」（大田二〇一七c：三七〇）としての地域社会の再建と、戦前の反省に立つ学校教育の再建という仕事を不可分のものとして考える地域教育計画論は、「生存権の在り方を標準とする地域認識が教育という仕事の内実を吟味する根本的に重要な尺度である」という思想の戦後における発露だったといえるでしょう。

戦後改革期は民主化・非軍事化という日本全体で取り組むべき課題があった、教育行政が手探り状態だったなどの歴史的文脈があったわけですが、この時代には生活綴方の流れから国分一太郎の『新しい綴方教室』（一九五一年）や無着成恭の『山びこ学校』（一九五一年）が出版され、戦前の生活綴方を批判的、発展的に継承しようという動きが盛んになります。戦後改革期、この時代は地域教育計画論や生活綴方の再評価を通して研究者や教師が地域と教育の相互関係にあらためて関心を寄せていった時代でした。

1-3. 高度経済成長期：地域教育計画論の衰退

ところが、一九五〇年代に入ると日本社会全体が民主化・非軍事化の路線から、徐々に「反共の砦」路線へと転換していき、いわゆる戦後「逆コース」の色合いが強まっていきます。教育の分野も例外ではなく一九五〇年代は教育制度の非民主的、中央集権的性格が強化された時代でした。例えば、文部省が戦後発行していた『あたらしい憲法のはなし』の教科書から副読本への格下げ（一九五〇年）、後の発行停止（一九五二年）、文部大臣の教科書検定の権限強化（一九五三年）、教育委員の公選制廃止・任命制移行（一九五六年）、教職員の勤務評定制度の導入（一九五七年）、法的拘束力を持った学習指導要領の告示と「道徳の時間」設置（一九五八年）などがあげられ、こうした動きは「教育反動化」などと表現されました。教科研も一九五〇年代はこの「教育反動化」に抗うために「教育の中立性（自律性）の確立」「教育の科学的研究」や「子どもの発達に焦点をあわせた教科研究」などを活動の中心に据えるようになり、戦後改革期の「地域と教育」論の批判的、発展的継承は後景に退くことになります（朱二〇〇〇：一四八—一四九）。もちろんこの時代においても全く研究、実践がなかったわけではなく、宮原誠一（社会教育学）らがかかわった群馬県佐波郡島村（現、伊勢崎市）の「島村総合教育計画」、国立教育研究所の矢口新らがかかわった「富山県総合教育計画」などの地域教育計画が策定され、実践されていました。

一九五〇年代以降、日本の社会構造はそれ以前と大きく様変わりしていきます。一九五〇年代後半からはじまる高度経済成長期では、日本全土で産業化（工業化）、都市化が急速に進み、都市部に人口や資本が集中するようになります。とりわけ産炭地、開拓地、農山魚村の非内発的な変化は顕著で、そういった地域では「それまで多少なりともあった学校と地域社会との結びつき」も「ほぼ完全に消失した」と評価されるほどでした（鐘ヶ江一九八三：一一）。さらに、一九六〇年代に入ると当時の池田勇人内閣のもとでの「所得倍増計画」の一環として、文部省は教育白書『日本の成長と教育：教育の発展と経済の発達』（一九六二年）を発表し、「現代的」な教育計画の必要性を主張しました。その教育計画の考え方は長期総合教育計画と呼ばれたもので、産業化がすすむ日本社会を支える技術人材（マンパワー）の供給を目的とし、当時世界でひろがりつつあった教育投資(14)の考え方に基づくものでした。長期総合教育計画の理論的指導者だった清水義弘（教育社会学）は、教育計画を「量的に表現された教育政策の目標を達成するための手続きの総体」（清水一九六七：二一三）と定義し、その策定・実践の主体は教師や地域住民ではなく、「国・地方自治体、さらに一定の国家群（たとえばＥＥＣ、ＯＥＣＤなど）

(13) 例えば、国立教育研究所の山田清人（一九〇六—一九七九、第4章注（3）を参照）らが静岡県庵原郡庵原村（現、静岡市）で取り組んだ生産教育を中心に据えた「全村学校」や、一九四八年に設立されたコア・カリキュラム連盟（現、日本生活教育連盟）で重要な役割を果たした石山脩平（一八九九—一九六〇）が神奈川県足柄上郡福沢村（現、南足柄市）で取り組んだ「福沢プラン」などがある。

(14) 教育の公的支出の成果を主に教育を受けた個人や国家の労働生産力に求め、量的に計測しようとする立場、理論を指す。

に限定される」（同上）と述べ、戦後改革期の地域計画教育論を真っ向から否定しました。

このように高度経済成長期はそれまでの学校教育における「地域と教育」論にとっては逆風となったわけですが、その一方で、社会教育の分野が注目されることになります。具体的には、長野県駒ヶ根市の信濃生産大学（一九六〇〜一九六七年）をさきがけとして全国にひろがった農民大学運動です。高度経済成長期の開発政策は農業の近代化（数値目標の導入、大規模化、集団化など）も押し進めました。その結果、中には解体に等しいほど疲弊する農村があらわれるようになり、農村の再建とその担い手の育成が喫緊の課題となっている地域が全国に存在しました。駒ヶ根市は行政と住民（主に農村青年）、研究者が協力して学習を組織し、学習の範囲や組織は地域社会を超え、市町村から県へと広がっていきました。信濃生産大学の総主事をつとめた宮原誠一は信濃生産大学の成果として、「地域→市郡→全県」という三重構造の学習運動組織の確立、生産学習と政治学習の統一などをあげています（宮原一九七六：三六七―三六八）。この信濃生産大学は「生存権の在り方を標準とする地域認識が教育という仕事の内実を吟味する根本的に重要な尺度である」という思想にもとづいて、学校や教師ではなく農村青年が、自治体や研究者の力を借りながら、自分たちの生きる地域社会のために学習を組織し実践したものだったといえるでしょう。

1―4．ポスト高度経済成長期：地域社会の危機に抗う教育の登場

一九六〇年代後半になると好調だった日本経済に暗雲が立ち込め、大手製造業の倒産や大手証券会社の赤字が問題となります。加えて、一九五〇年代には既に発生していた公害被害が全国的に知られるようになり、各地で訴訟がおきました。さらに、一九六九年には公害被害者全国大会が開催され、訴訟や開発問題に抗う住民運動は全国へと広がっていきました。

そして、高度経済成長期の「長期総合教育計画」にもとづいた教育政策は高校や大学の進学率向上を実現しましたが、その一方で過度な受験競争や「おちこぼれ（おちこぼし）」現象などが問題化しました。一九六〇年代半ばから一九七〇年代にかけて、こうした人の育ちにかかわる諸問題に対して、教師や保護者、地域住民は自発的に対抗的な運動を組織します。具体的には保育所や学童クラブ、児童館の設置・増設運動、開発から教育環境を守る運動（三島・沼津のコンビナート闘争など）、教育の住民自治を求める運動（東京都中野区教育委員会の準公選制など）などで、それらは保護者や住民の「教育権の民衆的自覚」による「地域教育運動」と呼ばれていました。

先述したように高度経済成長期は教科研においても「地域と教育」論は後景に退いていましたが、主に関西の会員たちの提唱によって一九六五年夏の全国研究大会から「地域と教育」分科会が設置され、研究テーマの一つとして位置づけられるようになります。設置の背景には同和教育問題があり、一九六〇年代は「単に学校と地域のおとなたちとの予定調和的な提携といったきれいごとや、およそ地域社会のなかにおこるあれこれのできごとをただ　さまざまに議論してみるというようなことでは、とてもすまない」（大田二〇一七b：二一二）ような切実な状況があり、学校教育が地域を正面からとりあげざるをえなくなった時代でした。

一九七〇年代になると岐阜県恵那地域の教師たちを中心として「地域に根ざした教育（実践）」や「地域に根ざした学校づくり」といったスローガン、概念が使われるようになり、全国の研究者や教師のあいだに定着していきます。恵那の教師たちは一九五〇年代の勤務評定制度の導入に対して、保護者や教育委員会もまきこんだ恵那教育会議（一九五八―一九六二）を組織しました。その後、一九六五年に岐阜県教組東濃支部で結成された「東濃民主教育研究会」を中心としてよりいっそう教育研究運動は盛んになり、一九七四年には「中津川教育市民会議」が結成されます。この会議は議長を市教育委員長、副議長を教育次長や連合ＰＴＡ会長などが担当するなど、教師・保護者・行政といった多様なアクターが参加していました。そこでは教育への保護者をふくむ地域住民参加が議論され、調査され、学習され、会議の決定は実際に市の教育行政の中に実現されていきました（佐貫一九八〇：三六）。

また、この時代には、松原治郎（教育社会学）らによる「地域社会の教育システム論」も展開されていました。この学説の特徴は「学校を地域に開くことで、学校の閉鎖性に衝撃を与え、かつ学校教育機能の地域社会内での再配分・再位置づけを通して・地域社会そのものの教育的活性化を図ろうとした」（久冨一九九二：八一）点にありました。松原はアメリカ・ミシガン州フリント市のコミュニティ・エデュケーションの事例研究や長野県上田市の地域総合調査をベースとして、地域社会全体を教育システムとして再編する地域教育計画論を構想します。その骨組みは、①「地域生涯学習社会」の提起、②「地域に根ざす学校」、③地域教育全体の統合と住民主体の計画化、の三点を軸とするものでした。松原の共同研究者であった久冨善之（教育社会学）は松原の理論について「生活と地域の立場から、教育計画に関わる諸アクターをあまさず組み込む」（久冨一九八五：一七七）理論枠組みであり、「生活者がその活動や学習を通じて教育計画をわがものにする地域形成論」（同上）であったと評価する一方で、「地域教育計画はだれのためか」「それは、いかなる主体の下に、どの様な社会力の組織化の下に可能となるのか」という課題が残されていたと述べています（久冨一九八五：一八一）。同様に藤岡貞彦（社会教育学）も松原のいう「地域生涯学習社会」はだれがどのようにしてシステム化するのか、地域・自治体・国といった各レベルの主体はどうなるのか、といった主体にかかわる抽象性についての批判を展開していました（藤岡一九七七：二五〇—二五二）。

戦後改革期の地域教育計画論が一九五〇年以降に国家による教育への影響力が強化されていく中で力を失ったという事実を踏まえ、地域教育計画をつくり、実行する主体（組織）には理論だけでなく、制度的な実効性も必要であるということを久冨や藤岡は主張したわけです。

恵那の「地域に根ざした学校づくり」などは、市町村レベルではありますが、この久冨や藤岡が指摘したような制度的な実効性を得つつ展開されたものだと理解できるでしょう。そしてその後、全国レベルで制度的な実行性を得つつ、それでいて制度にすべて身を預けるのではなく、抵抗的かつ民主的に――まさにアンチテーゼとして――「地域と教育」の関係を紡ぎ、大きくしようとする実践、研究が登場することになります。それは一九八〇年代にはじまった「開かれた学校づくり」や「学校参加論」と呼ばれるものです。

次節ではこの「開かれた学校づくり」「学校参加論」を検討する中で、それ自体に寄せられている批判と応答を整理し、「地域と教育」論の現代的意義について考えてみたいと思います。

2.「地域と教育」論の現代的意義

2-1. 子ども・保護者・地域住民の「学校参加論」

一九七〇年代後半から一九八〇年前半にかけて学校内でのいじめや暴力、いわゆる「荒れる学校」が社会問題化しました。この「荒れ」に対して校則の肥大化、管理教育の徹底、時には体罰の行使をもいとわない態度でのぞむ学校も少なくありませんでした。この時代の子どもたちの人権は、世代内でのいじめや暴力、学校からの管理や体罰によって危機にさらされていたともいえます。そうした中で注目されることになったのが「親の教育権」あるいは「父母の教育権」です。戦後に「国民の教育権」論が論じられながらも、教育や学校の運営に対して保護者が直接的には無権利状態であったことを批判的に吟味する中で「親の教育権」が議論され、その内容が整理されるようになります。「親の教育権」の中の一つとして注目されたのが、保護者の学校参加でした。一九八〇年代に入るとフランス、イギリス、アメリカなどの事例が日本に紹介され、国内でも具体化に向けて草の根の運動が展開されます(15)。教育にかぎらず、社会制度によって保障されていない権利行使を可能にしようとする場合、その営みは理論的抽象性をもったり、運動性をもったりするものです。この年代の学校参加の主張は、そうした性格を嫌う教育行政や学校の関係者の強い懸念もあり、全国レベルでの制度的な実効性を得るまでにはいたりませんでした（小川二〇〇八：九〇）。

しかし、そんな中でも地域独自に、学校独自に保護者や地域住民の学校参加を保障する取り組みがなされてきました。先述した一九七〇年代の恵那「中津川市民教育会議」も該当しますが、現在も継続している事例として、長野県立辰野高校の「辰高フォーラム」「三者協議会」をあげたいと思います。

辰野高校は一九八〇～九〇年代にかけて生徒数が急増していく中で、地域住民から生徒に対する苦情を寄せられるようになり、地域における学校の評判は下がっていきました。学校は地域住民の声を聞くことで学校をより良くしようと、一九九四年に地域住民との懇談会を開始しますが、懇談会は一方的に学校が非難される場となってしまいました。そこで学校は、一九九七年に懇親会を「辰高フォーラム」に名称を変更し、①学校の取組（授業や生徒指導）をオープンにする、②学校・ＰＴＡ・同窓会の共催とする、③生徒会執行部を中心に生徒も参加する、といった改革を実行します（宮下ら二〇〇八：四二）。さらに同年、生徒・保護者・教職員の三者による学校教育目標づくりとして「わたしたちの学校づくり宣言」が作成されます。この宣言にもとづいて生徒代表九名、保護者代表五名、教職員代表三名で構成される「三者協議会」がスタートしました。「三者協議会」では校則改訂や授業改善、学校環境改善などが議論され、その決定は実際の学校運営に反映されてきました（宮下二〇〇八：四八―六二）。辰野高校は生徒やその保護者、教師、さらには地域住民のニーズを、議論を通じて公的なものに練り上げ、実際の運営に反映させる回路を学校内部につくりあげたのです。

そして、この辰野高校の一連の学校改革とほぼ同時期に、保護者の学校参加は「地域に開かれた学校づくり」という政策的方針のもと、学校評議員制度というかたちをとって制度的にも実現することになります。この動きのはじまりは一九八六年の臨時教育審議会の第二次答申とされますが、より具体的には一九九八年の中教審の答申「今後の地方教育行政のあり方について」を待ちます。この答申には「公立学校が地域の専門的教育機関として、保護者や地域住民の信頼を確保していくためには、学校が保護者や地域社会に対してより一層開かれたものとなることが重要」（はじめに六（一））とあり、それを受けて一九九八年（小・中学校）一九九九年（高等学校）に告示された学習指導要領の総則において、保護者や地域住民の学校運営への参加が成文化されます(16)。さらに具体化を進める政策として、二〇〇〇年には学校教育法施行規則の一部が改正され、学校現場に学校評議員制度が導入されました。ただ、この学校評議員の権限は非常に限られていて、学校運営について校長に意見を述べることと以上のことはできず、この改正では学校現場における意思決定は校長が担うこと、さらに職員会議が校長の補助機関であることが謳われていました。つまり、学校評議員制度は、管理職への権限集中とトップダウンによる意思決定という「効率的」かつ「専制的」な「学校のマネジメント化」の一環であったといえます（児美川二〇〇二：一七一）。またアクターとして想定されているのは校長と保護者、地域住民のみで、教師や子どもの参加は制度的には担保されていなかった点も特徴的です。

二〇〇〇年代に入ると辰野高校のような草の根の子ども・保護者・地域住民の学校参加の取り組みと、文科省

(15) 全国規模のものとしては、保護者、市民、教師、弁護士、研究者などの個人参加による全国規模の組織で「父母の教育権とPTA」研究会（一九八八～九七年）がある。

(16) 具体的には「開かれた学校づくりを進めるため、地域や学校の実態に応じ、家庭や地域の人々の協力を得るなど家庭や地域社会との連携を深めること」と定められた。

によるトップダウンの開かれた学校づくり（学校評議員制度）が併存する状況が生まれることになります。当時「開かれた学校づくり」という言葉そのものは政策用語として認知されていたのですが、二〇〇〇年一二月には草の根の取り組みを続けてきた地域や学校、それを支援してきた研究者などが呼びかけ人となって「開かれた学校づくり全国交流集会」（二〇〇〇―）が開催されます。交流集会の呼びかけ人の一人である浦野東洋一（教育行政学）は、文科省などが押し進めようとする開かれた学校づくりを子ども不在の「学校参加論」と断じた上で、「学校参加論」の肝は「教育を受ける権利の主体（憲法）として、また意見表明権をはじめとする諸々の権利の主体（子どもの権利条約）として子どもを認識し、そのように位置づけ遇しているかどうか」（浦野二〇一〇：一三）にあると述べています。この全国交流集会では毎年、学校評議員制度ではアクターとしてみなされなかった子どもや教師をふくめた学校参加の取り組みが報告され、議論が積み重ねられてきました。一定の成果（実践の成熟や「学校参加論」の価値についての議論の深まり等）とともに、①地域や学校の実情の多様性にどう向き合うか、②学校参加における教師の役割をどう考えるか、③学校参加から社会参加への回路をどう担保するか、といった課題も提起されています（中田二〇一〇：一七九―一八五）。

このように一九九〇年代以降の「学校参加論」は、学校評議員制度の成立により制度的な実効性を得たわけですが、それでいて制度にすべて身を預けるのではなく、抵抗的かつ民主的に、アンチテーゼとして「地域と教育」の関係を紡ぎ、大きくしようとする実践、研究だったといえるでしょう。

そして既にみてきたとおり、コミュニティ・スクール制度は、学校評議員制度と同じ政治的文脈の上に位置している制度です。次節以降ではもう一度コミュニティ・スクール制度に話題を戻し、その現状と課題を整理する中で「地域と教育」論の現代的意義を解説したいと思います。

2−2．コミュニティ・スクール制度の現状と課題

制度がスタートして一六年が経過し、導入校も増え、それだけ事例も積み重ねられてきました。そして同時に実証的な調査や研究も進んできました。

コミュニティ・スクール制度はどのような結果をもたらしているのでしょうか。まず成果について確認してみましょう。佐藤晴雄（学校経営学）は導入校の校長を対象に、コミュニティ・スクールへの期待と実際の成果について質問紙調査を実施しています(17)。佐藤は得られた結果から、導入校の学校長が持つコミュニティ・スクールに対する期待を、①「学校経営（校内経営）」（教員の意識の変化、学校の活性化など）、②「学校経営（対外経営）」（地域や保護者が学校に協力的になるなど）、③「教育指導」（児童生徒の学習意欲や学力の向上など）、④「校外環境」（地域や家庭の教育力の向上）に分類しています。その中でも、②「学校経営（対外経営）」、すなわち「学校が保護者や地域などと外部連携を図り、その協力を得るなどの渉外を中心とする対外的な経営行為」のへの期待がもっとも高く、成果においても最も高くなっています。逆に期待と成果ともにもっとも低かったのは「適切な教員人事がなされた」という項目で、地教行法上に規定されているコミュニティ・スクールの権限が十分には行使されていない状況が明らかにされています（佐藤二〇一〇：三九—五四）。コミュニティ・スクールの実際においては学校の支援活動が主となっている学校が多く、岩永定（教育行政学）がそうした学校を「学校支援型」と分類しています（岩永二〇一一）。この「学校支援型」が多くを占めているという状況は、地域・保護者が学校を支援するという構図（学校優位性）の存在を意味することにもなります。岩永はそのような学校優位性を前提とした「学校支援型」はあくまで通過点であり、わたしたちは学校と保護者・地域住民が対等な立場で

(17) 対象は二〇〇七年七月一日時点での全指定校二一三校。回答校数は一八五校（回収率八六・九パーセント）で、内訳は幼稚園二、小学校一三〇、中学校四五、高校三、特別支援学校四、無回答一。

意見を交わし、意思決定をする「参加・共同決定型」コミュニティ・スクールを目指すべきだと主張しています（岩永二〇一一：五二）。

しかしながら、この「参加・共同決定型」コミュニティ・スクールの実現には「学校参加論」がもつ原理的な問題について考える必要があるように思います。広田照幸（教育社会学）は「学校参加は、官僚制的な学校組織に対する対抗的なビジョンではある」としつつも、学校参加が新自由主義的教育改革の一環である学校選択制と親和性を持つこと、さらに参加の当事者である「個人」の多様性に由来する集合的な意思決定の難しさがあることを指摘しています（広田二〇〇四：六七—六九）。前者は原理的に新自由主義教育改革と「学校参加論」とは矛盾しないという指摘で、「はじめに」で述べたような二〇〇〇年以降の状況の背景を説明したものになっています。後者の問題は現代における参加民主主義がもつ問題点の指摘であり、「学校参加論」にとっては非常に大きいものです。「学校参加論」において、参加者による協議や合意形成は非常に重要な意味を持ちます。しかし、現代では地域差はあるものの学校当事者の社会的属性や背景は多様になっていて、協議や合意形成の場に参加することできる「代表者」にその社会背景的な多様性を反映させることは難しいというのです。にもかかわらず「代表者」らによる決定が「みんなで決めたこと」という正当性を持つことで、マイノリティや社会的弱者に位置する当事者の考えや要求を封じ込めてしまう可能性があることを広田は指摘しています。

2－3．批判への応答

広田による原理的な問題の指摘に対して、一九九〇年代以降の学校参加の実践にかかわり、研究に従事してきた勝野正章（教育行政学）は「参加論にあってはしばしば参加者の対等性と単一の包括的な公共性（合意への到達）が想定されているが、階層、人種、民族、ジェンダーなどをめぐる不平等が存在する社会においては、こうした想定と現実の間には大きな乖離があることが認められなくてはならない」とし、「多様性や差異に対して開かれた参加民主主義の理論と実践の模索」の必要性を主張しました（勝野二〇〇八）。さらに勝野はナンシー・フレイザー（政治哲学）による参加民主主義の批判的修正やケネス・ハウ（教育政策学）による教育機会の平等に関する参加論的解釈を手がかりにして次のように述べています。

学級や学年あるいは地域などを単位として、多元的・多層的な参加の場を設けて、それらの相互の連携をはかることが、マイノリティや社会的弱者に属する親の考えや要求を封じ込める効果を縮減することになる。さらに、フォーマルな参加様式だけでなく、インフォーマルな参加を尊重することや、自分の子どもの教育に関わる「私的」な関心をも参加の場における協議から公式主義的に排除しないことが求められる。

（勝野二〇〇八：二二一—二二二）

広田に対するこの勝野の応答は、いくつかのケーススタディを通して実際に取り組まれ始めています。例えば仲田康一（教育行政学）は現在多く見られる「学校支援型」のコミュニティ・スクールが、①学校に対する支援活動を保護者に求め、保護者を対象にした啓発的活動を展開する場合があること、②さらにそれが特定の保護者像の規範化を生み出し、学校運営協議会の中で葛藤や格差を発生させること、③その結果特定属性の委員（女性保護者委員）の劣位性が生まれることなど―広田の指摘する問題が実際に起こり得ること―を明らかにしています（仲田二〇一五）。その上で仲田は「コミュニティ・スクールの在り方のオルタナティブ」として「医療や福祉の専門職（スクールソーシャルワーカーや児童相談所相談員など）との連携を含めて保護者を支援するネットワーク形成の場として学校運営協議会を組み替えること」の必要性を主張しています（仲田二〇一五：二六六）。

また、武井哲郎（教育行政学）は「学校支援型」のコミュニティ・スクールでよく見られるような保護者や地域住民がボランティアとして教育活動にかかわるケースを分析し、ボランティアの役割が教師の指導の補助的役割として「制約」されたままだと、学習や生活から排除されがちな子どもたちへのスティグマ（他者から付与される負の属性とそれに基づく偏見）を強化してしまう場合があることなどを明らかにしています（武井二〇一七）。その上で武井はボランティアに教師の補助的役割だけでなく、裁量を持って子どもへの直接的な支援を可能にする役割と「アドボカシー」（その必要のある子どもを適切に擁護し、代弁すること）の権限を与えることよって、「差別や排除を生み出す学びの場の構造を転換する」ことの必要性を主張しています（武井二〇一七：二六四―二六六）。

2―4．子どものためのコミュニティ・スクールを

このように一九九〇年代以降の「学校参加論」に対しては原理的な批判がなされ、コミュニティ・スクールのケーススタディを通して実際にその問題が起こりえることも明らかになっています。そして、それへの対策も提案されています。わたしたちはここまで現代的な状況を含め、戦後教育学における「地域と教育」論の展開を概観してきましたが、この作業を通してコミュニティ・スクールのあり方に何を提示することができるのでしょうか。

それは、大きく分けると以下の二点になると思われます。

（1）価値としての社会的包摂

まず確認しておくべきは、戦後の「地域と教育」論は「地域や家庭での子どもの生活問題が学校教育以前の問

題としてある」状態の克服のため、いいかえれば、子どもの生存権や学習権を保障することを目的にスタートした実践、学説だった、ということです。もちろん戦後直後の地域教育計画論が問題にしたような「子どもの生活問題」と、高度経済成長期の「子どもの生活問題」はことなるでしょうし、同時代でみても地域によってことなるでしょう。ただ、どの時代も相対的にみて「不利」な状況に置かれていた地域―例えば都市部から離れた地域や公害被害地域、被差別部落地域など―で主に実践が積み重ねられてきた事実は看過してはなりません。戦後「地域と教育」論の蓄積は、地域と学校の相互関係の推進を掲げるコミュニティ・スクールのめざすべき価値を、制度設計時には想定されていない「社会的包摂のための学校と地域の相互関係づくり」に求めうる可能性を示しています。

現在、学校当事者の多様性に対しては学校内外でさまざまな取り組みがなされています。例えば、社会的包摂を目指した「ケアする学校づくり」（柏木二〇二〇など）や、移民の視点から多文化共生を目指した子どもの教育環境づくり（額賀ら二〇一九など）などがあげられます。仲田（二〇一五）のケーススタディを経た提案と同じ方向性ではありますが、歴史的にみてもコミュニティ・スクールはこうした取り組みと接続しうるものといえるでしょう。

（2）参加主体としての子ども

次に、子ども（児童・生徒）も学校参加の主体たりえるということです。かつて大田は自身がかかわった本郷プランを「〝砂上の楼閣〟というほかない」と振り返ったのですが、その理由の一つに「一人ひとりの子どもというものが、主人公として登場してこない」こと、つまり学校当事者の中心であるはずの子どもを置き去りにしてしまったことをあげています（大田一九八三：五四）。コミュニティ・スクール制度においても学校当事者の中心である子どもはフォーマルな参加者として想定されていません。しかし、辰野高校のように「生徒やその保護者、教師、さらには地域住民のニーズを、協議を通じて公的なものに練り上げ、実際の運営に反映させる回路」を独自につくりあげた事実と、その実践の蓄積はコミュニティ・スクール制度の運用レベルにおいて参照されるべきものなのではないでしょうか(18)。

もちろん、児童・生徒が委員(「その他」の区分委員)として学校運営協議会に参加することのみが唯一の方法というわけではありません。協議や意思決定の場への委員としての直接的な参加(=フォーマルな参加)は高校や中学ではありえても、小学校で実施することは難しい場合もあります(19)。学校運営協議会を児童会や生徒会のような既存の学校の仕組みと接合させるなどして、学校運営協議会へのインフォーマルな参加を担保する方向性が考えられます。

また、学校の仕組みを直接には通さないような間接的な方法で子どもの発言権を担保することも重要になると思います。例えば、日々の学級通信のようなメディアを介した「私事の組織化」の取り組み(20)と接合させたりすることなどを通して、なるべく多くの、とりわけ相対的にみて「不利」な立場にいる子どもとその保護者が「私的」な関心を公式主義的に排除されることなく、教育の機会を通して分配される「財について協議し、自分自身のニーズを明示するための実質的な発言権」(ハウ二〇〇四:二一〇)を持てるような努力が、わたしたちには求められます。

3.「地域と教育」論のこれからのために

3－1.「公」の責任を問う

本章では戦後の「地域と教育」論の現代的意義を「学校参加論」にみてきました。それは地域と教育との相互関係づくりの現代的場面であるコミュニティ・スクール制度がもつ危うさを、運用レベルで回避するようなオルタナティブを提示するためでした。この作業自体も不十分であることは認めつつ、本節では今後の課題について大きく二つ述べておきたいと思います。

まず、近年の公教育再編の動向にかかわる課題です。近年は戦後教育学が前提としてきた日本型公教育――一条校を核として、全国共通の教育を保障する仕組み――のあり方が問われ続けています。これまで公教育の第一義的な責任、とりわけ教育の条件整備の責任は国家、地方公共団体にあるとされてきました。しかし、コミュニティ・スクールが制度化されることによって、責任主体としての学校の重要度は高まり、さらに保護者や地域住民もそこに組み込まれることになります。「地域社会との連携なくして学校教育は成り立たない」といったように、学校教育の前提として学校と地域社会との連携が当然視されていくことにもなります。そうなれば、学校と地域社

(18) 二〇二〇年で二〇回目を迎えた開かれた学校づくり全国交流集会（高知県）では、高知県立丸の内高校、私立学校の太平洋学園高校（高知）、大東学園高校（東京）の三者協議会の取り組みが報告された。
(19) 埼玉県鶴ヶ島市では高校・中学校だけでなく小学校でも「学校協議会」を設置し、委員として子どもが参加する仕組みをつくっていた例があるが、設置が始まった一九九九年以降、小学校の設置校数は徐々に減少していった（堀井二〇〇四）。
(20) 本書第2章を参照。

会との連携の程度や質、さらにはその連携を基礎とする学校教育の「成果」においても、保護者や地域住民の「自己責任」が問われるようになる可能性も否定できません（柴田二〇一九）。

また、二〇一七年の地教行法改正で複数の学校で一つの協議会を設置することが可能になりました。これにより協議会が学校統廃合の当事者の「合意」を事前に調達する機関、あるいは学校統廃合がトップダウンで決定された後の「スムーズな移行」をうながす機関として設置されるケースも想定されます（安井二〇一六）。

前節でみたような「運用レベルで回避するようなオルタナティブ」だけではやはり不十分で、多くの学校当事者が直接的・間接的に参加できるコミュニティ・スクールのあり方、そしてそのための条件を整備する「公」の責任を問うていくこと（明らかにすること）は実践レベルでも研究レベルでも重要な課題です。

3‐2．学校から地域への参加

次に、「学校の地域参加をどう進めるか」というもので、勝野（二〇〇八）のいう「学級や学年あるいは地域などを単位として、多元的・多層的な参加の場を設けて、それらの相互の連携をはかること」が、当然ながら学校内部のみで完結するものではないという点にかかわります。岩永（二〇一一）のいうように「学校支援型」から「参加・共同決定型」にコミュニティ・スクールのあり方が変化したとしても、そこにあるのは〈地域→学校〉方向の参加・共同決定にとどまるでしょう。なぜなら、コミュニティ・スクール制度において〈学校→地域〉方向は学校運営にかかわる情報の公開（説明責任）に限定されているからです。

現在、学校の地域参加、とりわけ子ども・若者の地域参加は地域のお祭りへの参加やボランティアに限定されがちで、協議・意志決定の主体としてみなされないことが少なくありません。しかし、これまで辰野高校や他のいくつかの高校で三者協議会や地域住民を踏まえたフォーラムでの協議・意思決定が地域の実態調査、まちづくりシンポジウムの開催へとつながり、そしてコミュニティカフェの経営、地域企業支援運動へと発展した事例があります（宮下二〇一四）。制度的な限界を超えて〈学校→地域〉ベクトルの参加・共同決定を可能にするためには、こうした実践に学びつつ都市計画学やまちづくりにおける住民参加や子ども・若者の社会参加研究との対話を進めていくことも課題だといえるでしょう。詳細を述べる紙幅はありませんが、例えば、世界中の子ども・若者の社会参加（参画）を分析したロジャー・ハート（環境心理学）は、子ども・若者が動員されるのではなく、真に社会に参加する――必要な情報と支援があり、決定にかかわることができる――ことは、校庭や地域の緑地、公園といった身近な環境の管理からはじまると指摘しています。同時にハートは参加を支援する学校外部の施設と組織――博物館や美術館、環境情報センター等――の存在の重要性もあわせて指摘しています（ハート二〇〇〇）。

こうした学校外の施設・組織との連携によって地域参加を進める意義は別のところにもあります。二〇〇〇年前後からは格差の固定化、都市空間の再編などによって社会階層ごとの居住分化が指摘されています（宮澤・阿部二〇〇五など）。それは、学校や教室内部の社会階層的な同質化が進んでいる可能性も意味します。学校外部の施設や組織との連携による地域参加は、住み慣れたはずの地域とわたしたちが出会いなおす契機になりえます。「地域にある足を踏み入れたことのない場所、地域に埋め込まれた歴史や構造」（金南二〇一九：一一四）といった地域の「見えない」領域に意識を向けることは、社会的包摂を価値とするコミュニティ・スクールの実現にとって不可欠です。

おわりに

日本の近代学校は次世代形成の営みを地域社会から強引に切り離すかたちで誕生しました。戦後の「地域と教育」論は、そんな近代学校を地域社会に埋め戻そうとすることによって生まれるさまざまな――衝突や葛藤を含む

――事象をあつかってきた学説であったともいえるでしょう。

二〇〇〇年以降は制度的な実効性を得て、この「埋め戻し」の動きは活発になっています。学校と地域社会の連携をナイーブに「良きもの」として捉えるのではなく、場合によっては学校と地域社会との間、教師と保護者・地域住民との間に衝突や葛藤を生み出す可能性があるもの、さらに当事者としての子ども・若者を取り残してしまう可能性すらあるものとして捉える。ここからコミュニティ・スクールをはじめることが重要なポイントとなるでしょう。

参照文献

岩永定　二〇一一「分権改革下におけるコミュニティ・スクールの特徴の変容」日本教育行政学会編『日本教育行政学会年報』第三七号

浦野東洋一　二〇一〇「『開かれた学校づくり』全国交流集会の一〇年を振り返って」浦野東洋一・神山正弘・三上昭彦編著『開かれた学校づくりの実践と理論：全国交流集会一〇年の歩みをふりかえる』同時代社

大田堯　一九八三『教育とは何かを問いつづけて』岩波書店

大田堯　二〇一七a「地域社会の教育計画」『大田堯自撰集成・補巻：地域の中で教育を問う（新版）』藤原書店（一九四九年初出）

大田堯　二〇一七b「地域社会の教育原理を探求する」（原題「教育と社会」）『大田堯自撰集成・補巻：地域の中で教育を問う（新版）』藤原書店（一九六四年初出）

大田堯　二〇一七c「地域からの教育改革を」『大田堯自撰集成・補巻：地域の中で教育を問う（新版）』藤原書店（一九八六年初出）

小川正人　二〇〇八「公立学校改革の動向と課題」、小川正人・勝野正章編著『新版教育経営論』放送大学教育振興会

柏木智子　二〇二〇『子どもの貧困と「ケアする学校」づくり：カリキュラム・学習環境・地域との連携から考える』明石書店

勝野正章　二〇〇八「開かれた学校づくり」、小川正人・勝野正章編著『新版教育経営論』放送大学教育振興会

金南咲季　二〇一九「地域：見慣れた風景と出会いなおす」額賀美紗子・芝野淳一・三浦綾希子編著『移民から教育を考える：子どもたちを取り巻くグローバル時代の課題』ナカニシヤ書店

久冨善之　一九八五「社会計画と人間主体」国民教育研究所環境と教育研究会編『地域開発と教育の理論』大明堂

久冨善之　一九九二「地域と教育」日本教育社会学会編『教育社会学研究』第五〇集

窪田眞二　二〇〇四「学校運営協議会における教職員、子どもの参加」『季刊教育法』第一四二号、エイデル研究所

越川求　二〇一四『戦後日本における地域教育計画論の研究』すずさわ書房

児美川孝一郎　二〇〇二「抗いがたき〝磁場〟としての新自由主義教育改革」『現代思想』四月号、青土社

佐藤一子　二〇一三『戦後教育思想における「地域と教育」への問い：大田堯氏・北田耕也氏・藤岡貞彦氏インタビュー記録集』科学研究基盤研究C「ソーシャルキャピタルの再生に向けた地域学習の展開と地元学の想造に関する研究」中間報告書

佐藤晴雄　二〇一〇『コミュニティ・クスールの研究：学校運営協議会の成果と課題』風間書房

佐貫浩　一九八〇「教育への親住民参加における共同学習運動の意義について：岐阜県恵那地域の教育運動に即して」『教育学研究』第四七巻第一号、日本教育学会

柴田聡史　二〇一九「学校教育の担い手としての保護者・住民」大桃敏行・背戸博史編『日本型公教育の再検討：自由、保障、責任から考える』岩波書店

清水義弘　一九六七「教育計画」日本教育社会学会編『教育社会学事典』東洋館出版社

朱浩東　二〇〇〇『戦後日本の「地域と教育」論』亜紀書房

武井哲郎　二〇一七『「開かれた学校」の功罪：ボランティアの参入と子どもの排除／包摂』明石書房

中央教育審議会　二〇一五『新しい時代の教育や地方創生の実現に向けた学校と地域の連携・協働の在り方と今後の推進方策について』(http://www.mext.go.jp/b_menu/shingi/chukyo/chukyo0/toushin/__icsFiles/afieldfile/2016/01/05/1365791_1.pdf［二〇二〇年一〇月一〇日最終閲覧］)

仲田康一　二〇一五『コミュニティ・スクールのポリティクス：学校運営協議会における保護者の位置』勁草書房

中田康彦　二〇一〇「解説：諸レポートから学ぶ」浦野東洋一・神山正弘・三上昭彦編著『開かれた学校づくりの実践と理論：全国交流集会一〇年の歩みをふりかえる』同時代社

ハート、ロジャー　二〇〇〇　木下勇・田中治彦・南博文訳『子どもの参画：コミュニティづくりと身近な環境ケアへの参画のための理論と実際』萌文社

ハウ、ケネス　二〇〇四　大桃敏行・中村雅子・後藤武俊訳『教育の平等と正義』東信堂

広田照幸　二〇〇四『思考のフロンティア　教育』岩波書店

藤岡貞彦　一九七七『教育の計画化：教育計画論研究所説』総合労働研究所

堀井雅道　二〇〇四「埼玉県鶴ヶ島市の学校改革と『学校協議会』」喜多明人編著『現代学校改革と子どもの参加の権利』学文社
宮﨑隆志　二〇一五「地域教育運動における地域学習論の構築：北方性教育運動に即して」佐藤一子編『地域学習の創造：地域再生への学びを拓く』東京大学出版会
宮澤仁・阿部隆　二〇〇五「一九九〇年代後半の東京都心部における人口回復と住民構成の変化」『地理学評論』七八巻一三号
宮下与兵衛　二〇〇八「長野県辰野高校の『フォーラム』『三者協議会』と授業改善」宮下与兵衛・濱田郁夫・草川剛人『参加と共同の学校づくり：「開かれた学校づくり」と授業改革の取り組み』草土文化
宮下与兵衛　二〇一四「学校フォーラムと地域活動によって育まれる力：学力とシチズンシップ」宮下与兵衛編『地域を変える高校生たち：市民とのフォーラムから、ボランティア、まちづくりへ』かもがわ出版
宮原誠一　一九七六「主権者としての農民、そのための学習を」『宮原誠一教育論集　第二巻　社会教育論』国土社（一九六二年初出）
安井智恵　二〇一六「学校統廃合の円滑な実施に対するコミュニティ・スクール制度導入の成果：伝統校統合の事例から」『岐阜女子大学紀要』第四五号
Olsen, Edward G. (1945) School and Community: The Philosophy, Procedures, and Problems of Community Study and Service Through Schools and Colleges, Prentice-Hall Inc.（宗像誠也・渡辺誠・片山清一訳『学校と地域社会：学校教育を通した地域社会研究と奉仕の哲学・方法・問題』小学館、一九五〇年）

第4章　公害教育論
――生存権・環境権からのアプローチ

古里貴士

はじめに――なぜ「公害と教育」をいま問うのか

靴を履いて外を歩く経験もままならないままに、新しい靴がサイズアウトしてしまいます。探索活動をしながら自分で歩きたいけれど、転んだら手に砂がついてしまうので、大人は手を離せませんでした。砂にはセシウムを多く吸収するから触らせたくないという保護者の方はおおいのです。

これは、東日本大震災から一年たった二〇一二年、福島県保育連絡会が発行した保育白書『福島の保育』第一三集の中で紹介されている、0歳児担当保育士による文章です。ほかにも、「散歩に行こう」と声をかけても、それが「ごっこ遊び」であるとわかっているため、玄関に駆け寄る子どもがいなくなった（2歳児担当保育士）、「砂はあそべるもの」という認識がないせいか、子どもたちを外遊びに連れて行っても砂いじりをしようとしない（2歳児担当保育士）などのエピソードが、この白書では紹介されています（福島県保育連絡会「福島の保育」づくり実行委員会二〇一二）。

これらの出来事は、当たり前であるが故に、見過ごしてしまいがちな事実を私たちに教えてくれています。私たちをとりまく自然環境が人間の活動により破壊されることで、子どもたちの生命や健康が脅かされてしまう可能性があること。子どもたちの成長と発達のためには、豊かな自然環境が必要であること。たとえ自然環境が破壊されたとしても、子どもたちはその再生を待ってはくれないこと。そして、いったん自然環境が破壊されてしまうと、大人たちは、環境破壊によって脅かされた子どもたちの生命と健康を守りつつも、その中で子どもたちの成長と発達を最大限保障するという困難な現実と向き合わざるを得なくなることです。

児童憲章（一九五一年制定）に「児童は、よい環境の中で育てられる」とうたわれているように、子どもたちの成長と発達の保障のためには、さらには子どもたちが生きていくためには、それを支える豊かな環境が維持されなければならないことを、福島原発事故は私たちに示しています。そして、福島原発事故によって、私たちが直面せざるを得なかった問題、すなわち自然環境の破壊の中で、子どもたちをはじめとするあらゆる人びとの生命や健康、成長、発達をいかに保障するのかという問題と向き合う中から生成されてきたのが、公害教育論です。

ところで、「公害」という言葉は、もともとは「公益を害する」という意味をつづめたもので、一九世紀の後半ごろから、環境破壊にとどまらず、広く公衆に迷惑をかけることを意味する言葉として用いられていました。それが、「工場公害問題」といったように、主として産業活動に伴う環境汚染問題に限定して、内務省社会局あたりで用いられるようになったのは、一九二〇年代ごろのことです（小田一九八三）。「公害」という言葉が「自然環境の破壊」という意味を含む言葉として限定されて用いられるようになって、すでに一〇〇年ほどの歴史を持つということになります。しかし、「公害」を「教育」が向き合うべき課題としてとらえ、「公害」と「教育」を結びつけて研究を蓄積し始めるようになったのは、もっと後の時代、具体的には日本が未曾有の高度経済成長を迎えていた一九六〇年代半ば以降のことでした。公害教育研究を当初からけん引してきた藤岡貞彦(1)によれば、「わが国において、環境学習は環境破壊に抵抗する教育、すなわち公害教育として出発した。それは、一九六〇年代半ばのことであった」（藤岡一九八五：一三三）とされます。一九六〇年代半ばから公害教育の実践が取り組まれ、それを跡付ける形で公害教育論は生成されます。

今では「公害教育」や「公害学習」という言葉がよく使われますが、当初よく用いられていたのは「公害と教育」という言葉でした(2)。藤岡は、「公害学習」と「「公害と教育」問題」を、厳密に区別しています。藤岡によれば、「公害学習」という言葉が「主として教授学習活動をともなう教室を場とした教育実践」を指すものであるのに対し、「「公害と教育」問題」は「子どもの身心発達における疎外の基本的要因たる環境破壊の諸相を教育問題としてとらえなおしその解決をもとめる社会的実践の対象」であると説明しています（藤岡一九七五ａ：三〇―三一）。すなわち、「公害学習」が教育実践そのものを意味しているのに対し、「「公害と教育」問題」は、

（1）藤岡貞彦（ふじおか・さだひこ）、一九三五年に東京市本郷区にて生まれる。一九五九年東京大学教育学部を卒業、一九六五年東京大学大学院教育学研究科単位取得退学、同年東京大学教育学部助手。一九七〇年一橋大学に助教授として着任。一九七八年一橋大学教授、一九九八年一橋大学定年退職。現在は一橋大学名誉教授。一九六六年八月、宮原誠一とともに、住民運動によって石油化学コンビナート建設を中止に追い込んだ沼津市を訪問し、これを契機として公害教育研究を開始、研究をけん引した。著書に『社会教育実践と民衆意識』一九七七年、『教育の計画化』一九七七年、編著に『〈環境と開発〉の教育学』一九九八年など。

（2）例えば、一九七〇年に国民教育研究所編『公害と教育』（明治図書）が刊行され、その後、一九七一年には日本教職員組合・日本高等学校教職員組合の教育研究全国集会に「公害と教育」分科会を設置、また「公害と教育」研究会が設立された。

環境破壊が子どもの心とからだの発達に対して与える負の影響を解決すべき教育上の問題としてとらえなおしたものであり、「「公害と教育」問題」という言葉が、より広い意味で用いられていることがわかります。

本稿では、藤岡によるこの説明をふまえて、環境破壊によって子どもを含むあらゆる人びとの生命や健康、成長、発達、生活が脅かされる問題を教育に関わる問題（すなわち「公害と教育」問題）としてとらえなおし、その問題解決を目指して生成された教育理論の総体を、公害教育論としたいと思います。公害教育論の生成に中心的な役割を果たしたのは、藤岡や山田清人、福島達夫、中内敏夫らの国民教育研究所「地域と教育」研究委員会のメンバーでした。本章では、彼らが蓄積してきた公害教育論の到達点を明らかにしつつ、公害教育論の蓄積に何を学ぶべきかについて考えたいと思います。

1．公害教育論は何を論じてきたのか

1－1．公害教育論が生成してくるまで―その若干の前史

公害教育論の説明に入る前に、公害教育論がどのような状況で生成してきたのかを明確にするために、その生成の前史について少しふりかえっておきたいと思います。

冒頭で、児童憲章（一九五一年）の中の一節である「児童は、よい環境の中で育てられる」という言葉を紹介しました。児童憲章は「すべての児童の幸福をはかる」ことを目的に制定されたもので、この一節は、「児童は、人として尊ばれる」「児童は、社会の一員として重んぜられる」と並んで、児童憲章の総則部分に示されています。児童憲章には、総則部分に続いて、一二の個別的な条文が並んでいますが、その中で、子どもと自然の関係を取り上げているのは、第五条の「すべての児童は、自然を愛し、科学と芸術を尊ぶように、みちびかれ、また、道

徳的心情がつちかわれる」です。ここでは、子どもが愛すべき対象として、自然は位置づけられており、子どもの生命や健康、成長、発達を保障する上での自然環境の重要性については、触れられてはいません。

しかし、児童憲章がつくられていた当時、子どもの生命や健康、成長、発達を保障する上で自然環境が重要であることが全く認識されていなかったかというと、そうではありませんでした。例えば、児童憲章制定の際のたたき台であった、中央児童福祉審議会試案（一九五〇年）には、次のような条文を盛り込むことが提案されていました。

（五）すべての児童に、日光と新鮮な空気が恵まれ、また、充分な栄養と休養が与えられなければならない

この条文には、「これは、子供に、自然環境として、最も大切な日光、新鮮な空気、栄養に富んだ食物が与えられることを要求したものである。一般家庭における子供部屋、児童福祉施設、学校等は、採光、通風に気をつけ、また、児童に戸外生活が充分楽しめるようにしたいものである」（中央児童福祉審議会『児童憲章制定のために』一九五一年一月）との解説が付されています。この解説からは、子どもたちが生活を送るためには、自然環境がきちんと守られる必要があるということが、児童憲章制定の時点で、すでに理解されていたことがわかります。

その後、この条文は他の条文と整理されて、「8．すべての児童は、日光と新鮮な空気が恵まれ、また十分な栄養と休養とが与えられるばかりでなく、適切な遊び場と健全な娯楽とが用意されなければならない」と書き換えられました。それに対して、「『日光と新鮮な空気』というのは文学的表現で一般にわからない（「児童憲章に対する文部省社会教育審議会の見解」一九五一年四月）といった意見や、「…私の体験上、労働者の実体生活は布団がなく綿のうえに寝ている人もある位で、八条の『日光と新鮮な空気が恵まれ』等は、これらの人には問題になら

ない」（第一回児童憲章草案準備会会議録、一九五一年四月一一日）といった意見が出され、日光や新鮮な空気といった自然環境を子どもたちに保障する必要性があることをうたった文言は、児童憲章制定の過程で削除されてしまいました。

このように、児童憲章として成文化されるまでにはいたらなかったものの、一九五〇年代初頭には、すでに子どもが生きていく上で、自然環境が重要な役割を果たすことは理解されていました。しかし、一方で、児童憲章草案準備会での委員の発言のような、貧困の解消と自然環境の保障を対立させてとらえ、前者を優先させる発想もこの時期には見られました。これはその後、環境問題の解決を図るにあたって、経済と環境との対立をどのように克服していくのかということが常に重要な課題とされたことを考えると、非常に示唆的なものでした。

1-2. 学校をとりまく公害問題

子どもの生命や健康、成長、発達、生活を保障する自然環境の意義について児童憲章では成文化されませんでしたが、一九五〇年代末頃には、子どもの成長・発達が公害によって阻害されるということが問題となってきていました。そのことが、文部省調査局企画課がまとめた冊子『学校環境の諸問題』（一九五九年）からわかります。この冊子は、一九五八年に実施された学校環境調査を基にまとめられたものでしたが、そこでは騒音、安全、保健衛生、風紀の四つが学校環境の問題としてとりあげられていました。このうち、公害と関連していたのは、騒音と保健衛生（大気汚染と水質汚濁）です。全国の公立小中学校について実施されたこの調査では、騒音が問題となっている学校が八七五校、また学校周辺の施設等から児童生徒が保健衛生上の著しい悪影響を受けている学校として報告されたのは二六五校にのぼっていました。特に、保健衛生上の問題では、工場からの煤煙による被害を訴える学校が五五校と目立っており、「目に入る」「衣服等がよごれる」「教室の窓があけられない」「空気が濁る」「校庭が使えない」「植物さえも生育しない」「結核性疾患が多発する」といった被害がうったえられていました。

この結果をふまえて、冊子の「むすび」では、「周辺の環境によって生ずる騒音や保健衛生上の公害のために授業に多大の支障を来たし学習能率が上らず、学力の低下を見るに至った事例や生徒児童の身心の成長発達を助成すべき学校において、これらの被害のために、それが阻害されているという事例が相当存在することが明らかになった」と、結論づけられています（文部省調査局企画課一九五九：二一〇）。

このように、一九五〇年代末には教育上の問題として認識されはじめていた公害でしたが、一九六〇年代になると日本全国で公害による被害が多発し、公害は大きく社会問題化します。例えば、公害の深刻さを広く社会に知らせるきっかけとなった庄司光・宮本憲一『恐るべき公害』（一九六四年）に収録された「公害日記」には、一九六一年一一月から一九六二年一〇月の一年間に、各都道府県（沖縄を除く）の地方紙四六紙に掲載された公害に関する記事が都道府県別にまとめられています。そこには、学校に関わるものだけでも、騒音によって勉強や授業に支障をきたした事例（北海道札幌市、山梨県甲府市、岐阜県岐阜市、高知県南国市、福岡県福岡市など）や、大気汚染によって授業が妨害されたり、子どもに被害が出たりした事例（埼玉県越谷市、兵庫県、和歌山県和歌山市など）、プールの水源が農薬により汚染された事例（京都府舞鶴市）などが紹介されています。文部大臣の諮問機関である保健体育審議会が三年間の審議をもとに「学校環境衛生の基準について」の答申をまとめ、騒音や教室の空気の管理、水道水の管理に関する基準がつくられたのも、『恐るべき公害』が刊行されたのと同じ一九六四年のことでした。

その後も、公害は収束することなく、大気汚染が深刻であった四日市市では、学校そのものを移転する「公害疎開」が行われるまでになります。

一九六九年に、静岡県富士市を訪れた山田清人(3)は、この時の様子をふりかえり、次のように記しています（山田一九八二：一八六）。

丘の上からながめる富士市の空は、工場のばい煙でかすんでいた。前夜見た夜景はものすごかった。どの煙突からも火炎が噴き出して、夜空を真赤に染めていた。岸壁に立って田子の浦港のヘドロというものを初めて見て、全く驚いた。これが大海につながる海水なのだろうか。地元の小学生は海を描くのに青いクレヨンは使わないそうだ。町は悪臭に満ちていた。枯木が目立つ。さびた交通標識も多い。ある中学生の工場街の写生画に、「緑がほしい、明るい太陽がほしい」と添え書きしてあったという。

この頃には、夏の暑さの中にもかかわらず、空気が汚くて教室の窓を開けることができなかったり、外での活動ができなかったりといったように、教育活動を行うのに十分な環境が整わないことが全国で起きていました。それだけでなく、大気汚染によるぜんそく発作のため、十分に学校に通うことができないというような、子どもたちの生命や健康までもが著しく阻害され、それによって子どもたちが学校に通って学ぶ機会が奪われてしまうといったことも発生していました。青く見えない海。かすんで見える太陽。そうした破壊された自然環境が、子どもたちの生活を不便にするというだけにとどまらず、子どもたちの生命と健康を脅かすまでになっていたのです。

当時、公害によって子どもたちの生活環境がいかに損なわれていたのかが、わかるのではないかと思います。まさに、「公害によって、自然が荒廃し、生活が破壊され、人間の命が脅される、ということは、人間の成長が阻害され、教育の基盤が崩れていくことを意味」（山田一九七〇：一六）していたのでした。

1―3．「地域・自治体をつくること」と「教育をつくること」―その結節点としての教師

こうした「公害と教育」問題に向き合う中から、公害教育論は、特に一九七〇年代に集中的に生成しました。安藤聡彦によれば、「この時期の公害教育研究の特徴は、社会教育学、教育課程論、地理教育論など、教育研究の諸領域に属する研究者たちが「公害と教育」問題にそれぞれ独自の視角からアプローチし、その問題性を論究したところにある」（安藤聡彦二〇一七：四）とされています。そのため、前の章で取り上げられた「私事の組織化」論や「国民の教育権」論で「私事の組織化」や「国民の教育権」といった言葉（概念）を用いて理論が生成・蓄積されたのとは異なり、「公害教育」という言葉（概念）を用いて一つの体系だった理論が生成・蓄積されたのではありませんでした。むしろ、多様な領域の教育研究者それぞれが、「公害と教育」問題という共通する問題に対し問題意識を持って研究に取り組み、「公害と教育」問題に向き合う実践事例を分析することを通じて、さまざまな理論を生成・蓄積しています。

「公害と教育」問題に向き合う実践事例を対象とするにあたって、公害教育論の生成に関わった研究者たちは、二つのことに注目しました。一つは、公害による被害や公害の発生が懸念されるような地域開発のあり方を告発し、異議を唱える人びとによって住民運動（公害反対運動）が行われていることです。本来ならば、地域開発は、人びとの生活を豊かなものにしなければなりません。にもかかわらず、国や自治体が主導して計画・実施する地域開発によって、自然環境が破壊され、人びとの生命・健康、成長・発達そして生活が脅かされるという矛盾が

（3）山田清人（やまだ・きよと）一九〇六年に広島県佐伯郡五日市町で生まれる。一九三九年に教育科学研究会結成に参加。一九四六年に文部省教育研修所（のちの国立政策研究所）の所員となる。一九五一年、日本教職員組合の教研集会発足に協力、「教育科学研究会綱領草案」の起草にも参加する。一九六八年に国立教育研究所を退職、国民教育研究所所員と京浜女子大学（現在の鎌倉女子大学）教授を兼任。一九六九年の富士市訪問をきっかけに「公害と教育」問題への関心を深め、一九七一年には「公害と教育」研究会を設立し、代表となる。一九七九年逝去。著書に『全村学校』一九五五年、『教育科学運動史』一九六八年など。

生じるとき、あるいはそうした矛盾が生じることが予見されるときに、住民運動が生まれます。例えば、藤岡は、そうした住民運動を、「開発の矛盾を解決する主体の形成」として、あるいは「地域・自治体の主権者としての自覚」の芽生えとしてとらえました（藤岡一九七七ａ：二五九）。この当時、こうした地域・自治体のあり方をつくりかえようとする住民運動を、「地域実践」とも呼んでいました。

もう一つは、公害によって生命や健康、成長、発達、生活が破壊されるという現実が、それまでの教材や教育内容の見直しの契機となり、自主的で創意的な教材づくりや教育内容編成へ展開していくことへの注目です。また、地域の現実を深く掘り下げることで、子どもたちの認識が地域にとどまらず、日本の認識や世界認識、資本主義の認識へと広がっていくような授業が可能となることにも注目しています。

これは、公害をめぐる「地域実践と教育実践」（例えば、藤岡一九七〇）への注目でした。公害教育論の特徴は、「教育」を学校の内側の行為として狭くとらえるのではなく、公害によって子どもを含むあらゆる人びとの生命や健康、成長、発達、生活が破壊されるという地域の現実や、そうした問題の解決を目指す住民運動（公害反対運動）による公害予防・解決の過程に注目し、そうした地域実践と教育実践を結び付けてとらえようとした点にありました。これを「地域実践と教育実践の統一」と呼んでいます。

特に、公害教育論が光を当てたのが、「地域実践と教育実践の統一」の結節点に存在する「教師」でした。地域実践（住民運動）が、地域の中で発生している問題の状況を明らかにし、告発し、その解決を求めようとする過程には、住民の学習が必要不可欠でした。藤岡は、それを「住民運動の教育的意義」あるいは「住民運動の教育的側面」と呼んでいます（例えば、藤岡一九七七ｂ：一五二）。そして、地域実践（住民運動）に参加し、「住民運動の教育的側面」を支える役割を果していたのが、教師たちでした。

公害教育論が注目した実践には、教師が学校や教室から地域へと飛び出し、住民運動（公害反対運動）に参加し、住民運動の過程で行われる住民の学習活動を支えているものが多く見られました。「地域住民の科学要求と科学をつなぐパイプ」（福島一九六八：二二六）や「地域の護民官としての教師集団」（藤岡一九七七b：一四九）といった表現は、いずれも住民運動の中で展開される学習活動において、教師が重大な役割を果たしていることを表現したものです。公害教育論は、こうした「住民運動の教育的側面」を支える教師たちに注目して、分析の対象としました。

1-4．公害を生存権の問題としてとらえる――教師の公害認識

それでは、「地域実践と教育実践」の結節点に位置する教師たちに光を当てることで、公害教育論が明らかにしたことは何だったのでしょうか。その一つが、教師たちが公害をどのようにとらえているのかということでした。これを藤岡は、「教師の公害認識」と呼び、「公害学習の出発点は、いうまでもなく教師の公害認識にある」としています（藤岡一九七五a：一七）。藤岡は「教師の公害認識」について、次のように説明しています（藤岡一九七五a：一六―一七）。

> 公害問題は、教師の公害認識をくぐらせることによって「公害と教育」問題に転化した。客観的に存在する環境破壊の現実は、地域に責任をもとうとする教師集団の主体的把握によって「公害と教育」問題としてとらえかえされ、それが教育実践としての公害学習にたかめられていったのである。

藤岡が、「公害と教育」問題を「子どもの身心発達における疎外の基本的要因たる環境破壊の諸相を教育問題としてとらえなおしその解決をもとめる社会的実践の対象」と定義していることはさきほど説明しました。これ

は、環境破壊の現実を、教師が教育に関わる問題としてとらえなおす（認識する）ということを意味しています。何かが起こるということは、何かを問題ととらえるということとイコールではありません。そのため、まずは環境破壊の現実を、教師が問題としてとらえることを公害学習の出発点として位置づけたのでした。

ただし、ここで重要なのは、藤岡が「教師の公害認識」という場合、それは単に、周囲で公害が起きていることや、子どもが被害にあっていることを教師たちが事実として知っている（認識している）ということにとどまってはいないということです。藤岡は、さらに次のような説明を加えています（藤岡一九七五ａ：一七）。

> それ（「教師の公害認識」のこと―引用者）は、子どもの生存権保障の立場にたって、環境破壊から子どもを守り学校を守り地域を守ろうとする社会認識・自然認識の総体の謂である（傍点―引用者）

つまり、「教師の公害認識」とは、教師が客観的に存在する環境破壊の現実を教育に関わる解決すべき問題（「公害と教育」問題）としてとらえかえす際に、「子どもの生存権保障の立場にたつ」ことを含んでいました。藤岡は、子どもの生存権を環境破壊から擁護することは、教育の専門家であり、地域の科学の専門家でもある教師の責務とも指摘しています（藤岡一九七五ａ：三二）。このように、あくなき経済成長に価値を置き、経済活動によって自然環境が破壊され、それにより子どもたちの生活、成長・発達さらには生命・健康までが脅かされるという現実を直視し、それに対して子どもたちの生存権保障を求めること。そして、「公害」と「教育」という一見すると関わりのない両者を、子どもの生存権保障という視点からからむすぶこと。そうした「教師の公害認識」を「公害学習の出発点」として、公害教育論は位置づけたのでした。

1―5．参加する・記録する・発明する――住民運動と教材づくり

また、公害教育論は「地域実践と教育実践の統一」の結節点としての教師たちが、地域の調査に積極的に取り組んでいることに注目しました。藤岡は、「教師の任務が、まず何よりも、社会科学・自然科学の方法をもって住民とともに地域現実と地域課題をあきらかにしていく調査活動の実践であ」り、「調査によって明らかとなる住民のねがいや要求と現実とのあまりのへだたりこそ教材自主編成の土台」になると指摘しています（藤岡一九七二：四三）。

そして、こうした住民運動（公害反対運動）に参加する教師たちに光を当てることを通して、教材づくりや教育課程づくりのあり方を追究したのが、中内敏夫(4)でした。中内は、教育科学の研究方法を、人格の発達を手段としてではなく目的としてとりくむような「すぐれた教育実践の一般化」（中内一九七八：六二）としました。中内は「すぐれた実践」を、「現代の環境の変化に対応し、これを子どもの人権の確立をふくむ文化像へと再構成していく教育実践の現代的形態」（中内一九七八：七六）と説明しています。そして、その「すぐれた教育実践」を、住民運動（公害反対運動）に参加する教師たちの教育実践の中に見出したのでした。中内は、次のように記しています（中内一九七八：八二）。

巨大科学と工業を動員する地域開発が、「思想信条の違いをのり越え」いのちとくらしを守るの一点で結ばれる住民団体によって否定的に――生存権によって――媒介され発展させられる事態がおこってきたということ、しかも、これに教師が参加しはじめた、ということの意味するものを重視したい。というのも、このことは、巨大科学・工業と公

(4) 中内については、第8章注(3)を参照。

教育を人権概念抜きにブリッジしたところにうまれた「教育の荒廃」を、両者の結びつきを断つことによってではなく、生存権の概念を入れて否定的につなぐ（真につなぐといってもよいが）ことによって克服しようとする教育実践と教育学（その一領域としての教材つくり）創造の基盤が現実の側からさし出されてきたことを意味するからである

中内が「教育の荒廃」と呼んでいるのは、全国的に巨大開発と工業化が国家主導で進められ、それを支える人的能力開発が公教育に求められ、その結果として生じている孤立したエリート候補と落ちこぼしを生むような選抜体制と乱塾ブーム、青少年非行と家庭の解体、子どもの自殺といった現実のことです。これは言い換えれば、人格の発達を「手段」としている現実でもありました。それに対し、中内は、いのちとくらしを守ることで結びついている住民運動（公害反対運動）を、中央から持ち込まれる巨大開発・巨大科学への地域住民の生存権の対峙ととらえました。そして、教師が住民運動（公害反対運動）に参加することによって、巨大科学・工業と公教育（学校教育）を一直線につなぐのではなく、生存権を媒介として否定的につなぐことのなかに、「教育の荒廃」を克服する教育実践と教育学を創造する基盤を見出そうとしたのでした。

特に、中内が注目したのが、教材づくりの手順でした。中内は住民運動（公害反対運動）に参加する教師たちの教材づくりのステップを、「参加する」「記録する」「発明する」の三つのステップに整理しています（中内一九七八：八九―九六）。

まず、「参加する」は、教師が住民運動（公害反対運動）へ参加することです。「わずかな異常に敏感に反応する教師のフレッシュで柔軟な心の能力」が「参加の能力」であり、教師が住民運動（公害反対運動）に参加することを抜きにして、公害学習はなりたたないとしています。

次に「記録する」は、「住民運動に支えられ、かつ住民運動を支える調査と記録」（傍点―原文）に取り組むこ

とを意味しています。住民運動に参加した教師たちが、住民とともに、地域の自然を調査したり、地域内部に埋もれている知恵を聞き取りによって明らかにしたりするというステップです。この過程は「既成の科学にたいする、既成科学の解きえない公害のなぞを解きうる新しい科学の創造というサイクル」であるとされ、また一方で、この段階に入るにつれて、教師の「既成の文化、既成の検定教科書からの教材ばなれとなって進行する」と、中内は指摘しています。つまり、教師たちが、住民とともに地域を調査し、記録することで、新たな科学的知見を獲得し、それが既成の教科書の内容の見直しへとつながるということです。

そして、最後に「発明する」です。これは、記録したことを子どもに伝え、かえしていくための狭い意味での教材づくりのステップとされます。このことに関わって、中内は、熊本の中学校で水俣病の授業に先駆的に取り組んだ田中裕一が示した一〇点の「公害授業構成の要点」（田中一九七三：一〇二）のうち、教材づくりに関わるものとして次の六点を取り出しています（中内一九七八：九三―九四）。

（1）典型の中で、地域、日本、世界に共通する課題を追求すること

（2）感動的素材の中で本質が追求できるものを求めること

（3）現在入手できる最高の学問的成果に基づいて授業構成すること

（4）その最高の学問、思想、芸術などの成果を、極度に単純化して与えること（これは濃縮であって、決して稀しゃくではない）

（5）いたずらに政治的配慮などせずに、教師としての存在理由をたえず良心に問い続けること

（6）感動や怒りをぶっつ《ママ》けるのではなく、冷静にそれをおさえ、精緻な認識の再編成の結果として、生徒に高い認識を感動をもって喚び起こすこと

そして、「すべてに「共通する」もの、「本質」的なもの、「最高の学問成果に基づく」ものをとらえて、これを「稀釈」ではなく「濃縮」として「極度に単純化して与えること」、これが、公害学習の教材つくりの構造である」と指摘しています。

このように、巨大開発・巨大科学に対して生存権の保障を求めて対峙する住民運動（公害反対運動）に参加する教師の教材づくりのプロセスを分析することで、参加する・記録する・発明するという三つのステップによって教材づくりが行なわれることを、中内は指摘しました。そして、こうした教材づくりを伴う教育実践の中に、巨大開発・巨大科学と公教育（学校教育）を直接的につなぐことをから生じる「教育の荒廃」を克服する展望を見出そうとしたのでした。

1－6．環境権的視座から地域の再建と教育の再建をとらえる

1－3で、藤岡が、住民運動を「開発の矛盾を解決する主体の形成」として、あるいは「地域・自治体の主権者としての自覚」の芽生えとしてとらえたことを紹介しました。藤岡は、大田堯による「子育てと世なおし」の視点、すなわち、子どもを育てることを中心にした新しい社会を構想するという提起に学びながら、その一つの手がかりを、住民の環境権の思想の形成に求めました。例えば、次のような指摘です（藤岡一九七五b：四一）。

七四年夏民研集会第六分科会の主題は〈地域の再建と教育の再建〉にあったし、今後もありつづけるであろう。そのなかでの私の視角は、おのずから大田教育学のゆびさす「発達環境としての地域」論にむかざるをえず、その一つの手がかりとして、近年の住民の地域観の結晶である環境権思想の形成が教育権論にいかなるインパクトをあたえる

かの解明にむかわずにはいられない。

環境権の考え方は、一九七〇年に開催された国際社会科学評議会・環境破壊常置委員会主催の国際シンポジウムでまとめられた「東京宣言」を契機に日本に広がりました。「東京宣言」では、「環境権」を「人たるもの誰もが健康や福祉を侵す要因にわざわいされない環境を享受する権利と将来の世代へ現在の世代が残すべき遺産であるところの自然美を含めた自然資源にあずかる権利」（淡路ほか二〇〇六：一〇〇）と説明しています。

その後、環境権の「環境」は、自然的環境に限定されるのか、それとも社会的・文化的環境まで含むのかといったことが論点となります。例えば、大阪弁護士会環境権研究会は、環境権を「よき環境を享受し、かつこれを支配しうる権利である。それは、人間が健康な生活を維持し、快適な生活を求めるための権利である」とした上で、社会的な諸施設（例えば、道路や公園、教育施設、医療施設、電気、ガス、水道など）を私たちの生活をとりまく社会的環境として、環境権の対象の一つとすべきとしています。社会的環境を環境権の対象とすることは、「積極的な施策を求める権利としての環境権」を考える上で重要だと考えたからでした（大阪弁護士会環境権研究会一九七三：八五―八七）。このことは、「東京宣言」が環境権を「健康や福祉を侵す要因にわざわいされない環境を享受する権利」と消極的に定義したのに対して、「よき環境」を求める積極的な権利として、一歩踏み込んだとらえ方をしていることを意味しています(5)。

こうした議論を踏まえつつ、藤岡は、住民運動の先進地で都市計画の中心に教育計画をすえる要求が提起されつつあるという現実に注目します。例えば、神奈川県川崎市の「教育環境をよくする川崎北部市民協議会」は、

(5) 環境権の考え方が広がったのが一九七〇年以降であるため、日本国憲法には環境権に関する条文が存在しない。しかし、生存権について定めた二五条と幸福追求権について定めた一三条によって環境権は構成しうると考えられている。

高校不足や受験競争の問題を話し合っていた母親たちと、緑を守り住民自治でのまちづくりの活動を行う環境保全市民会議が合わさる形で結成されたものでした。藤岡は、地域教育運動と環境運動が結びつき、「教育環境」という共通の思想をもった運動として展開されるようになったことに注目し、それを「環境権と教育権の統一の萌芽」ととらえ（藤岡一九七七b：一八一）、次のように指摘をします（藤岡一九七七b：二〇八）。

環境権と教育権のふかい内的結合の一端は、このような教育環境への住民の権利、教育計画への住民の発言にみられるのではないかとおもう。教育環境権とでも形容すべき思想が、過疎・過密地域で、住民運動の場で、公害の場で、子どもを守る立場から主張されている。公害が（たとえば大気汚染ひとつとってみても）まずだれよりも成長期にある子どものうえに被害をおよぼすという一事をみれば、地域破壊の極限状況からこそ、環境権と教育権をひとつのものとしてとらえる志向がめばえる必然性が了解されるのである。

まずは、環境破壊が子どもの生命や健康、成長、発達にもたらす被害から子どもたちが守られなければなりません。そのことを基礎としながらも、そこから一歩踏み込み、子どもたちの成長・発達を土台としたよりよい環境を求める積極的な権利として環境権をとらえた上で、公害という地域破壊の極限の中で展開される「教育環境」を求める住民運動を「環境権と教育権」を一体のものする志向としてとらえること。そして、そうした環境権的視角から「地域の再建と教育の再建」の関連を考察すること。このように藤岡は、一九七〇年以降深められてきた環境権論を教育学の蓄積に接続させるとともに、「環境権と教育権」の関連を問うという理論的課題を提起したのでした。藤岡は、その後、公害・環境教育実践の分析を深め、日本の環境学習は公害教育として成立し、それが「教育目標として〈環境権〉の認識をかかげる教育実践」（藤岡一九九五：八〇）として成立したものであることを指摘しています。

以上のように、環境破壊によって子どもを含むあらゆる人びとの生命や健康、成長、発達、生活が脅かされる問題＝「公害と教育」問題を克服しようとして蓄積された公害教育論の特徴を、もう一度整理し直すと、次のようにまとめることができます。

（1）住民運動（公害反対運動）に注目し、〈地域実践と教育実践の統一〉というかたちで、地域を再建することと教育を再建することをつなげてとらえる視座にたったこと

（2）その際、「子どもの生存権保障」という「教師の公害認識」を明らかにするとともに、その立場にたった理論形成の方向性を見定めたこと

（3）地域実践と教育実践の結節点としての教師に注目し、「教育の荒廃」を乗り越える教育の方向性として、参加・記録・発明というプロセスでの教材づくりを提起したこと

（4）子どもたちの成長・発達を土台としたよりよい環境を求める積極的な権利として環境権をとらえた上で環境権論を教育論に接合し、教育環境論、教育計画論として位置づけ、「環境権と教育権の統一」というかたちで理論的な課題を明示したこと

（5）公害教育として成立した環境学習の教育目標を環境権認識としたこと

言い換えれば、公害教育論とは、子どもの生存権保障の立場に立ち、地域調査を中核とした「実生活と科学の結合」を目指す教育実践を志向し、環境権認識の形成を目指す教育理論といえるでしょう。

2. 公害教育論の現代的意義とは何か

2−1.「環境教育の連続・非連続」問題

ところで、現在では公害教育という言葉よりも、環境教育という言葉の方が一般的です。環境教育について解説しているテキストなどを見てみても、公害教育は環境教育の前史や源流として位置づけられ、解説されています。それでは、上で見てきたような公害教育論もまた、現在の環境教育論に引き継がれているのでしょうか。結論を言うと、残念ながら、公害教育論の蓄積してきたものが、いまの環境教育論に十分に引き継がれてきたとはいいがたい状況にあります。

例えば、一九九〇年に日本環境教育学会が設立されましたが、朝岡幸彦によれば、すでに一九九〇年代の日本環境教育学会では、公害教育は関心の対象とされていなかったとされています。学会の会員が、公害教育を否定していたわけではないものの、日本環境教育学会における公害教育の研究は少なく、二〇〇九年の時点でわずか二本の論文しか、学会誌に掲載されていませんでした（朝岡二〇〇九：八二―八三）。

降旗信一によれば、日本環境教育学会の設立時には、教育学研究者がほとんど学会に参加しておらず、学会創設メンバーと教育学研究者の間には、意識上の一定の距離感があったと推察されるといいます(6)。そのため、「環境教育学の体系化」が「教育学の体系化」の延長線上に位置づかず、日本環境教育学会の設立時から「環境教育と教育の連続・非連続」問題が発生していたとみることができるとしています。そして、その具体例の一つとして、「環境教育と公害教育の連続・非連続」という問題が、環境教育研究史上で発生していることを、降旗は指摘しています（降旗二〇一〇：八五―八六）。また、この「環境教育と公害教育の連続・非連続」問題という指摘をふまえて、安藤聡彦は、公害研究を環境教育研究の歴史にどう位置づけるのかを問うとき、「環境教育研究の歴史」を有していないことに気づくことを指摘しています（安藤二〇一五：八）。それでは、現在の環境教育論の形成に必ずしも十分なかたちで継承されてこなかった公害教育論がもっている現代的意義とは、どのようなものなのでしょうか。

2－2．生存権・環境権という視座からのアプローチ

ひとつは、生存権や環境権といった「権利」という視座からアプローチしている点です。

1－1で記したように、環境問題の解決を図るにあたって、経済と環境との対立をどのように克服していくのかということが、常に重要な課題とされてきました。それを象徴しているのが、「持続可能な発展（開発）」という言葉の登場です。「持続可能な発展」や「持続可能な開発」は、いずれもSustainable Developmentの略語で、この言葉が世界中に広がるきっかけとなったのは、一九八七年に「環境と開発に関する世界委員会」（通称：ブルントラント委員会）の報告書『地球の未来を守るために』（原題はOur Common Future）でした。この報告書では、「持続可能な発展（開発）」という言葉を、「将来の世代の欲求を充たしつつ、現在の世代の欲求も満足させるような開発」（環境と開発に関する世界委員会一九八七：六六）と定義しています。それは世界の貧しい人びとにとっての「必要物」の概念と現在と将来世代の人びとの欲求を充たせるだけの「環境の能力の限界」という二つの概

（6）もともと「公害教育」の研究者の中には、「環境教育」という用語を批判的にとらえる見方が存在していました。現在私たちが使用している意味での「環境教育」という用語は、一九七〇年九月一四日付日本経済新聞の『進む米の〝環境教育〟』という記事あたりからと考えてよいとされています（市川・今村二〇〇二：二八）。この記事はアメリカの『公害教書』について紹介したものでしたが、この「環境教育」という用語に対して、山田清人は「「環境教育」といういい方では、公害の加害者がぼけてくる」として、「環境教育」を「公害教育」とは異質な内容を持つものとしています（山田一九七一：七）。

念によって構成されたもので、一九七〇年代の南北問題を背景とする経済成長と環境保全の対立の中から生まれたものでした。

そうした経済成長と環境保全の対立をいかに克服するのかという課題に向き合おうとするとき、いったいどこに軸足を置いて、社会のあり方を構想するのかということが、常に問われます。例えば、一九六七年に、公害対策の総合的推進を図り、国民の健康を保護することと生活環境を保全することを目的として、公害対策基本法が制定されました。これは、各国に先がけてつくられた公害対策に関する法律で、外国の法制や経験をもとに法制や対策を策定する日本政府の伝統からいうと「異例」（宮本二〇一四：一八五）だったとされています。しかしながら、公害対策基本法には、「生活環境の保全については、経済の健全な発展との調和が図られるようにする」というこいわゆる「調和条項」が盛り込まれていました。これは、企業の利益が保持される範囲でのみ、環境を保全するという「調和論」の立場にたつことを意味していました。調和条項自体は、一九七〇年の公害対策基本法改正時に削除されましたが、一九七〇年代末には、不況からの脱却のために廃棄したはずの「調和論」を復活させており（宮本二〇一四：五二二）、現在でもこうした「調和論」の発想は、克服されてはいません。

それに対し、公害教育論がもつ権利論的な視座、すなわち、子どもを含むあらゆる人びとの生命、健康、成長、発達が権利として保障され、また健康な生活を維持し、快適な生活を求めることが権利として保障されることに基本的な価値を置き、そこから社会と教育のあり方を展望することは、重要な意味を持っています。二〇一五年に国連で採択されて以降、日本においても広く紹介されてきている「持続可能な開発目標」（ＳＤＧｓ）に関わる重要なフレーズ「誰一人取り残さない」（leave no one behind）の実現を図るとき、経済成長と環境保全を天秤にかけて、企業の利益が保持される範囲でのみ、環境を保全するのではなく、あらゆる人びとの生存権・環境権の保障という立場にたつことが、有効な視点を与えてくれるのです。

2−3．「調査」を中心とする実践としての科学

公害教育論のもつ現代的意義の二つ目は、「地域実践と教育実践の統一」の結節点としての教師たちが、地域の調査に積極的に取り組んでいることに注目し、そうした実践的な活動と科学的にものごとをとらえることを結び付けて論じている点です。

最近、ハンス・ロスリング、オーラ・ロスリング、アンナ・ロスリング・ロンランド著（上杉周作、関美和訳）『FACT FULNESS』（日経BP社、二〇一九年）が大ヒットしました。二〇一八年四月の発売と同時に反響を呼んで、全世界で一〇〇万部を超えるベストセラーとなり、日本でも二〇一九年一月の刊行からすぐに、書店でよく見かける本となりました。この本は、副題が「10の思い込みを乗り越え、データを基に世界を正しく見る習慣」となっているように、人びとが思い込みや先入観によらず世界を正しく理解するためにファクトを示すこと、どうして誤ったイメージを抱いてしまうのかを平易に解説することが目指されています。こうした書籍が刊行される背景には、「Post-truth（ポスト・トゥルース）」や「Alternative facts（オルタナティブ・ファクト）」といった言葉に象徴されるように、インターネット上を中心に事実に基づかないフェイクニュースが拡散され、しかもそれが人びとの感情を強く揺さぶり、事実よりも感情への訴えかけが政治において優先される状況の拡がりがあります。

必ずしも科学的な根拠のない情報が、科学的な装いのもとに広がり、それが真実を見づらくさせるということは、今にはじまったことではありません。公害教育論が生成・蓄積されてきた一九七〇年代には、すでに起こっていたことでした。水俣病問題の解決に取り組んだ宇井純は、公害には、公害発生→原因究明→反論提出→中和という「起承転結」があることを指摘しています。すなわち、長い苦心のすえに原因がはっきりしたとしても、必ず発生源や第三者と称する人びとから、反論が出され、その反論の数が多く、しかも繰り返して唱えられるた

め、多数の反論と真実とが並べられたときに、どれが真実なのかがわからなくなるという段階をたどるというのです。これを宇井純は、「正論と反論が中和して真実がわからなくなる過程」と表現しています（宇井一九六八：一四六）。

こうした「中和」と呼ばれる問題は、公害に限ったことではありません。例えば、地球温暖化問題については、「気候変動に関する政府間パネル」（ＩＰＣＣ）が二〇一八年に公表した『１・５℃特別報告書』によれば、世界の平均気温は、一八世紀後半に始まった産業革命以前と比べて約１℃上昇していて、地球が温暖化していることは疑いようがなく、地球温暖化は人間活動の影響が主な原因である「可能性が極めて高い（九五％以上）」と結論づけています。一方で、地球温暖化懐疑論と呼ばれるとらえ方が、陰謀論のようなものも含めて、インターネット上で多く紹介され、また本も多数出版されていることから、地球温暖化という一つをとっても、一体何を信じてよいのかがわからなくなってしまうのです。こうしたことは、二〇一一年の東日本大震災で起きた福島第一原発事故後の被曝をめぐっても、あるいは新型コロナウイルスが広がったときにも、同様のことが発生しています。

公害教育論が注目してきたのは、すでにある科学的な知見を獲得することに力点があったのではなく、教師とともに住民自らが、地域を調査し、新たな科学的な知見を獲得する学習でした。さきほど紹介したように、中内敏夫は、そこから参加・記録・発明という教材づくりの三つのステップを明らかにしているのですが、同時に中内は、それが「学習過程における子どもの活動として」同じ三つのステップを含んで成立しているとも指摘しています（中内一九七八：九八）科学は以前より複雑化、高度化しており、だからこそ科学論争のような装いを帯びたとき、一体何を信じればよいのかがわからなくなるのですが、そうであるからこそ、人びとが自ら調査し、事実を明らかにすることを通して学習することに価値を見出した公害教育論の知見に学ぶところは多いのです。

参照文献

朝岡幸彦　二〇〇九「公害教育と地域づくり・まちづくり学習」『環境教育』第一九巻一号、日本環境教育学会

淡路剛久・川本隆史・植田和弘・長谷川公一編　二〇〇六『リーディングス環境第2巻　権利と価値』有斐閣

安藤聡彦　二〇一五「公害教育を問うことの意味」『環境教育』第二五巻一号、日本環境教育学会

安藤聡彦　二〇一七「公害教育運動の再審」『環境教育学研究』二六号、東京学芸大学環境教育研究センター

市川智史・今村光章　二〇〇二「環境教育の歴史」川島宗継・市川智史・今村光章編著『環境教育への招待』ミネルヴァ書房

宇井純　一九六八『公害の政治学　水俣病を追って』三省堂

大阪弁護士会環境権研究会　一九七三『環境権』日本評論社

小田康徳　一九八三『近代日本の公害問題―史的形成過程の研究』世界思想社

環境と開発に関する世界委員会（大来佐武郎監修）一九八七『地球の未来を守るために』福武書店

庄司光・宮本憲一　一九六四『恐るべき公害』岩波書店

田中裕一　一九七三「公害をいかに授業構成するか―とくに水俣病をめぐって―」山田清人・藤岡貞彦・福島達夫編『公害と教育研究資料2　水俣病の教材化と授業』明治図書

中内敏夫　一九七八『教材と教具の理論』有斐閣

福島県保育連絡会「福島の保育」づくり実行委員会編　二〇一二『福島の保育』13集、福島県保育連絡会

福島達夫　一九六八『地域開発闘争と教師』明治図書

藤岡貞彦　一九七〇「公害をめぐる地域実践と教育実践」国民教育研究所編『全書国民教育6　公害と教育』明治図書

藤岡貞彦　一九七二「公害と教師　第21次全国教研集会「公害と教育」分科会の討議から」『公害研究』第一巻四号、岩波書店

藤岡貞彦　一九七五a「公害学習の成立」国民教育研究所編『公害学習の展開』草土文化

藤岡貞彦　一九七五b「環境権と教育権」国民教育研究所編『国民教育』二三号、労働旬報社

藤岡貞彦　一九七七a『社会教育実践と民衆意識』草土文化

藤岡貞彦　一九七七b『教育の計画化　教育計画論研究序説』総合労働研究所

藤岡貞彦　一九八五「日本における環境学習の成立と展開」福島要一編『環境教育の理論と実践』あゆみ出版

藤岡貞彦　一九九五「〈環境と開発〉の教育学―教育的価値の社会的規定性をめぐって―」教育科学研究会編『教育』一九九五年一二月号、国土社

降旗信一　二〇一〇「環境教育研究の到達点と課題」『環境教育』第一九巻三号、日本環境教育学会
宮本憲一　二〇一四『戦後日本公害史論』岩波書店
文部省調査局企画課　一九五九『学校環境の諸問題―学校をとりまく騒音・安全・保健衛生・風紀の諸問題―』文部省調査局企画課
山田清人　一九七〇「序説」国民教育研究所編『全書国民教育6　公害と教育』明治図書
山田清人　一九七一「公害と教育」国民教育研究所編『教育の国民とともに 一九七〇年度民研レポート』鳩の森書房
山田清人　一九八二『教育研究運動の証言』労働旬報社

第5章　青年期教育論

――「大人になること」をめぐる問い

南出吉祥

はじめに

そんな教育したって、現実社会に適応できなくなるだけなんじゃないの？
こんなこと学んで、ホントに将来役に立つの？
おかしいとは思うけど、生きていく上では仕方ないよね…。

教育のあるべき姿について語ろうとすると、いつもついて回るのが、「現実主義」「適応主義」という名のブレーキです。もちろん、現実を一顧だにしない理想主義というものは、少なくとも現実に向き合う実践としてある教育（学）としてはお粗末なものになってしまいますが、現実主義／適応主義というスタンスは、現状肯定・追認の役目をはたし、教育を単なる「（既存の）社会の再生産のための道具」に落とし込めてしまうという問題性があります。

ただ、こうした批判への対処の難しさは、単に大人たちがアレコレ言ってくるというだけにとどまらず、当の子ども・若者側からも突き付けられる問いになってくるという部分です。「現行社会に対する問いを深めていくこと」と「現実に生活していくこと」との間のジレンマ。こうした問いに、わたしたちはどう応えていったらいいのでしょうか？

この問題は、年齢段階や機関の種別を問わず、あらゆるところで生じてくるものですが、とりわけ強くこのことが問われてくるのが、学校生活と職業生活との接点に位置づく学校教育の最終段階です。しかし、この「最終段階」というのはいったいどこになるのか？　義務教育として設定されている中学校生活を終え、多くの子どもたちは高校へと進学していきますが、未進学のままであったり、高校を中退していく子どもたちもいます。そして高校卒業と同時に働き始める子たちもいれば、専門学校・大学へと進学していく子たちもいます。さらに、学校教育にとどまらず、社会教育や労働学校、若者支援の現場など、若者に対する教育は多様なかたちで展開されていたりもします。

こうした中学卒業後のさまざまな進路分岐が、その後の社会生活全体に対して大きな影響をもたらしてくるという現実があります。その多様性に対し、「いろいろだよね」で終わらせず、現実問題としての内容・方法の違いはありながらも、そこに共通する教育課題および価値はどこにあるのか？　それを社会的に保障しうる仕組みはどのように構想されるべきか？　こうした問いを探っていくためのカギとなるのが、戦後教育学のなかで生み出されてきた「青年期教育」という概念です。

「子どもから大人への過渡期・移行期」としての青年期は、「大人になること」に向けた試行錯誤と模索の時期に相当します。後に見るように、そもそも「大人」ということ自体が揺らぎ、変容を迎えている社会状況もあるなかで、子どもと大人の狭間に置かれた青年期は、いっそう不可視化・不安定化し、長期化しています。

そんな状況だからこそ、冒頭に示した適応主義の声はいっそう強まり、若者たち自身のうちにある学習ニーズの声はかき消されがちになっています。しかしいつの時代にあっても、社会の新参者としての若者のうちには、当該社会のありように対する素朴な疑問や違和感が生じてきます。「世の中そんなもの」という多数派支配の風潮に潰されることなく、若者のニーズに即した教育実践をいかに構築しうるのか。そのことが今、切実に求められています。

今ではほとんど耳にすることなく、死語になりかけている「青年期教育」ではありますが、後に見るように、「青年期教育」が強く求められていた時期と現在の状況は、時代が一周回って近似的な様相を呈してもいます。そこで本章では、そんな「青年期教育」をキーワードにしつつ、子どもと大人の境目・過渡期に置かれた若者たちに対する教育課題を探ってみたいと思います。

1.「青年期教育」とは何か――分断される青年期を超えて

あるときは「まだ子どもだから」と子ども扱いをされる一方、「もう大人なんだから」と勝手に大人扱いをされることもあるという、非常に曖昧かつ不安定な状態に置かれてしまうのが、子どもと大人の中間地点にある青年期という時期です。子どもから大人への移行がどのように果たされていくのかという問いは、教育という観点だけで語れるものではなく、労働や福祉・社会保障など、社会生活をかたちづくるさまざまな領域にまたがる複合的な課題になります。その意味で、青年期における教育のあり方は、その時代ごとの社会状況によって大きく左右されますし、各自が置かれた生活環境によっても異なってきます。たとえば、中卒で労働者になっていくのがごくありふれていた時代と、高校進学・卒業が「あたりまえ」だとされる時代では、「高校」の社会的位置づけも大きく異なってきます。「高校の学費は親からの借金」だと言われアルバイト漬けで高校生活を送る子と、「高校は大学進学のためのステップ」だと言われ受験勉強に追われる高校生活を送る子とでは、同じ「高校」とはいえその意味内容はだいぶ違ってくるでしょう。その隔たりの大きさゆえ、なかなか統一的に捉えていくことが難しくなるのが青年期における教育の特質ですが、社会環境・形態の別を超えて、「大人になること」という課題に向き合っていくための視座が、「青年期教育」というキーワードです。

1－1．「二つの青年期」問題

こうした、複雑多岐にわたる青年期の教育課題に対し、「青年期教育」という統一的把握が必要だとされてきた経緯には、「大人になること」をめぐって生じていた青年たちの分断状況がありました。この語が積極的な意味をもって語られていた一九六〇年代には、「青年という猶予を与えられず、早期に大人にされていく」中卒労働者と、「労働の責務から猶予され、さらなる学びを得る環境が保障されている（引き延ばされ、子ども扱いされ続ける）」高校生という分断状況の解決が課題とされていました。この分岐は、単に学校の進路保障というだけにとどまらず、学卒後の生涯にわたる社会生活（とりわけ職業生活）全般における格差としても機能してくるという側面もあり、そうした格差をどのように超え出ていけるかということが、教育課題としても問われていました。

当初は、中卒労働者と高校生との間に引かれていたこの分断線ですが、そこに問題意識を持った人びとによる「高校全入運動」などにより、ひとまず「高校進学」という入口段階での分断はだいぶ緩和されていきました。しかし、高校内部での序列や高卒後進路という段階での分断が新たに生じてくるようになり、その課題は現在でも引き継がれています。「大学全入時代」と言われたりすることもありますが、現状でも同年齢人口比ベースでの大学進学者の割合（一般的に言われる「大学進学率」は、高卒者の内訳であり、中卒・中退者は母数から除かれています）は五割を少し超えた程度に過ぎません。そして「全入」というのはあくまで試験に合格できるかどうかという意味でしかなく、実際に進学できるかどうかは、「学費が捻出でき、二～四年間通うことができる」という前提条件が重くのしかかってきます。

また現在では、雇用の非正規化が進み、労働者になった後の育ちの環境に大きな分断線が引かれているという側面もあります。高卒進路の分岐とも密接にかかわってきますが、正規雇用で採用され、研修を通して徐々に働くことを学んでいける環境にある労働者と、不安定雇用である意味「即戦力」として扱われ、必要なくなったら切られてしまい職場を転々とせざるを得ない労働者との分断です。教育学では、公教育としての学校における実践をどうしていくかという部分に焦点が当てられがちですが、社会生活と密接にかかわる青年期教育においては、公教育の外側におかれた「企業内教育」のありようもまた、（それ自体の是非も含めて）重要な検討課題となってきます。

このように、現実に現れてくる実態や直面している課題こそ違えども、青年期における分断状況をどのように乗り越え、内実を伴った教育実践をどのように保障しうるかという問いは、時代を超えて探求され続けています。

1-2. 戦後教育学における「青年期教育」の提唱

青年期教育は、用語としては高校進学率が急上昇してきた一九六〇年代に提唱され、さまざまな場面で言及されるようになっていったものですが、青年期の分断状況を乗り越えていくという課題意識は既に戦前からの蓄積があります。そもそも、子どもでも大人でもない「青年期」という時期は、「職業選択の自由」などに象徴されるように、産業の発展とともに生じてきた新たな発達段階です。その青年期において取り組まれる教育としては、初等教育終了後の上級学校として据えられたエリート向けの「中等教育」と、学校教育を終え働きに出る労働者青年向けの「青年教育」とに二分されていました。この両者を統一的に把握するとともに、権利保障を制度として実質化していくという明確な意図をもって用いられたのが、この「青年期教育」でした（宮原一九六八）。

高校全入運動が広がっていた一九六〇年代には、文部省の側も「すべての者に後期中等教育を」と打ち出すようになり、運動の焦点および論点は単なる量的拡充のみならず、拡充される高校の質的内容を問うものとなってきました。産業界による労働者の能力主義的再編の意向もあり、政府の側は職業訓練や各種学校なども含め、学校教育に限定しない形で後期中等教育を把握し展開していくべきだというスタンスが取られていました。それに対し、運動の側は「すべての者に完全な中等教育を」というスローガンを対置し、青年期教育内部での分断・劣等処遇を超え出ていくことが必要だという提起をしています（小川一九七八）。

他方で、青年期教育の意義・必要性は、それまでエリートにしか開かれていなかった後期中等教育をすべての者に拡張していく「学校の拡張」という側面だけでなく、制度としての学校の外側で、乏しい環境資源の下で実施されてきた青年教育の蓄積・意義を公的に保障していくという側面も持っていました。学校制度の外部に置かれ、きわめて乏しい条件下ではありましたが、中卒青年たちも学習の機会から疎外されていたわけではなく、生活に根ざした学習要求に基づく学習サークル活動が各地で展開されていました（宮原編一九六〇）。それは青年団など制度外での自主的な活動に基づくものもあれば、公民館などを拠点にした公的社会教育の活動として展開されたものもあり、「国策」としての統制の論理と学習要求に基づく権利保障とのせめぎ合いが繰り返されたりもしてきましたが、学習指導要領による国家的縛りのある高校教育に比べ、教育内容における自由度は高く、日常生活に即した学習者主体の教育実践が豊かに形成されてもいました。その意味で、制度的な権利保障の観点からは高校への進学保障が求められる一方、教育内容としてはむしろ学習サークルや社会教育のなかにこそ、青年期教育の原点および可能性が見出されていたと捉えることも可能でしょう。

しかし、現実問題としてその後の青年期教育がたどった経緯は、高校への進学それ自体の量的拡大はおおむね達成されたものの、内実としては受験学力に基づく序列化された高校教育となり、青年の学習要求からはいっそう隔てられた教育内容が展開されていきました。さらに都市化や消費社会化の流れのなかで、青年層を対象にした各種社会教育は徐々に衰退を余儀なくされ、学校外での青年の学習権保障はきわめて乏しい状況に置かれることになっていきました。一九八〇年代以降の青年期教育の課題は、大衆化した高校教育のあり方・内実をめぐる問題に注力していくこととなり、「高校再編」「多様化」など各種の高校教育政策と対峙していくための理論的研鑽が積み重ねられていきましたが、学校化状況の進展も伴うなか、制度内外の教育実践を包含する射程を宿した青年期教育の本領は抑え込まれた状態が続いていきました。

1－3．青年期における発達課題

このように、社会全体の動向（とりわけ卒業後進路としての産業社会との関係）に左右されるなかで模索が進められてきた青年期教育ですが、その理論的支柱になるとともに、戦後教育学のなかで「教育の論理」と「社会の論理」のせめぎあいを最も真摯に問い続けてきたのが、宮原誠一(1)です。宮原は、社会生活そのものにより人間形成が果たされていく過程としての「形成」と、それに対する目的意識的な働きかけとしての「教育」を峻別し、生活現実に根ざした形成の作用を無視した教育（学）のありかたを批判するとともに、後者の教育実践により、社会に規定され翻弄されるだけの存在を超え出て、社会に対して主体的に働きかけていける人間を育てられるとしています（宮原一九六〇）。そういったかたちで、政治や経済に従属するものではない営みとして「教育」が位置付けられますが、それは社会の動向から完全に切り離されて存立しうるものではないという部分も見据えられています。宮原は、「教育」を「政治」や「経済」など他の社会的機能と並立するシステムではなく、社会全体の既存のシステムを人間化し、主体の側に引き戻していく役割を担うものだと規定する「教育の再分肢論」を唱えています。政治にせよ経済にせよ、現実社会に現れる現実態はたえず変動しており、それを担う主体もたえず入れ替わっているという実態に即しつつ、社会の諸機能を内側から更新していく上で必要なのが、教育実践であるという規定です。

こうした捉え方を用いることで、教育を政治や経済の論理とは峻別しつつも、相互に密接にかかわる社会的営みとして位置付けることが可能となり、とりわけ両者のせめぎあいや葛藤が大きくなる青年期の教育のあり方を考えていくことができるようになっていきます。この「形成」と「教育」との間のせめぎあいを、ごく表層的なレベルで示すとすれば、本稿冒頭で示した「社会的現実」と「教育的価値」との間の関係として捉えることも可能でしょう。あるいは、「社会化」と「主体化」という対比としてみてもいいかもしれません。そこに生じてくる葛藤は、教育を担う実践者のみならず、青年自身にも迫ってきます。進学する・しない、どういった職業に就いていくか、はては「何を大事にして生きていくべきか」など、青年期には「教育」の論理だけにとどまらないさまざまな人生選択の機会が待ち構えてきます。その際には、本人が望むあり方に対し、環境条件が制約となり、「理想と現実とのあいだのジレンマ」が突きつけられることもあります。そこでどういう選択を取るにせよ、当人なりの主体的な判断によって選び取り、当人が置かれた環境条件自体の改変も含め、状況を切り抜いていける主体を育てていくことが青年期教育の課題であるとされています。

ただ、「自己選択・自己責任」の論理が広く行きわたっている現代社会の文脈を踏まえると、この青年期課題には相当な注意が必要になります。今日的な文脈で用いられる「自己選択」の論理には、人間は社会的・共同的な存在であるという基礎理解が捨象されており、抽象的な存在としての「個人」(の判断)に矮小化されています。選択に至るまでの他者との共同や試行錯誤、その選択肢が置かれた社会に対する歴史認識との格闘まで含んで、はじめて主体的な選択となりうるにもかかわらず、社会の側の不作為を正当化するための装置として「自己選択」が用いられてくるという構図です。

「社会的存在としての自己」という観点について、乾は青年期の発達課題としての「アイデンティティ確立」に対する考察を通して論じています(乾一九八〇)。そこでは、心理的にのみ捉えられがちなアイデンティティ論に対し、社会的現実との相互作用の部分が強調され、アイデンティティは職業生活をはじめとする社会的諸関係との接合やイデオロギー(人びとの間で共有される世界像・世界観)との格闘の結果得られていくものだとされています。そして、現代社会の歴史的性格と、個々人の成育史とを結び付けていくことがアイデンティティ形成であるとされ、社会と人格との緊張関係のなかにこそ、人間的価値実現の方向性があることを見出しています。

(1) 宮原誠一(みやはら・せいいち:一九〇九―一九七八)東京帝国大学卒業後、法政大学、文部省社会教育局、東京大学などに勤める。戦後は勝田守一らとともに、教育科学研究会の再建にかかわり戦後教育学を主導してきた一方、社会教育学においても理論的支柱となり、その発展に大きく寄与してきた。青年期教育を軸としつつ、学校教育と社会教育の結びつきや、生産労働と教育実践とのかかわりなど、「社会と教育」の関係について、理論的・実証的な探究を続けてきた。本章で紹介した文献の他に、ジョン・デューイの『学校と社会』(春秋社、一九五二=岩波文庫、一九五七)の翻訳者としても有名。『宮原誠一教育論集』全七巻(国土社、一九七六―一九七七)。

社会現実に規定され振り回されるだけではなく、かといって社会現実と切り離された「意識」のみで選択が迫られるのでもなく、両者のせめぎあいを十全に保障していくこと。ここにこそ、上述の宮原の問題意識とも連なる、青年期教育の発達課題が据えられていると言えるでしょう。

なお、アイデンティティ論はともすると「確立」という部分にばかり焦点が当てられがちですが、エリクソンの発達論に照らせば、むしろ確立（課題達成）に至るまでの「確立―拡散の間の揺れ動き」という試行錯誤のプロセスそのものが重要だということが分かります。社会生活を営んでいくなかで、さまざまな役割取得とその離脱を経ながら、徐々に社会への関与を深めていくという試行錯誤（モラトリアム）をどれだけ豊かに保障しうるかという部分が、青年期教育における実践課題になってきます。

2．現在における青年期問題――〝適応〟と〝抵抗〟の狭間で

以上のように、かつては盛んに論じられてきた青年期教育ですが、高校への進学保障もある程度ひと段落し、一〇代後半の青年たちの学校への囲い込みが進んだ状況下では、「青年期教育」という認識枠組みも、かつてほど盛んに論じられることはなくなっていきました。しかし、一九九〇年代半ば以降、青年が置かれた社会環境は再び大きく変容していくこととなり、あらためて青年期教育問題が問われる事態も生じつつあります。それは、産業のグローバル化やバブル崩壊を契機とした日本型雇用システムの構造転換を背景として、高卒求人数が激減し、学卒と同時に企業へ入職し大人になっていくという〈学校から仕事へ〉の移行過程が綻びを見せていったことに伴う状況です。

以下では、一九九〇年代以降今日まで続く社会状況の下で問われている青年期教育の課題、とりわけ「大人に

なる」ことをめぐる社会環境の変化とそれへの対応としての教育課題について追ってみたいと思います。

2-1.「戦後日本型青年期」とその解体

高校進学が常態化していった一九七〇年代から一九八〇年代にかけて、高校と企業との間では「実績関係」に基づく学校経由の就職システム（新規学卒一括採用）が確立し（本田二〇〇五）、若者の成長発達は高校と企業内教育とで展開されていくものとなりました。学校と企業による包摂を前提としたこの発達プロセスは、「戦後日本型青年期」と呼ばれ、日本型企業社会を人材供給という側面から下支えしていく機能を果たしてきました（乾二〇一〇）。企業内部で労働者を育て、内部の労働市場を回していくという日本型雇用システム（基礎経済科学研究所一九九二）にも適合的だったこの戦後日本型青年期ですが、一九九〇年代半ばにはバブル崩壊による不景気を端緒として、その枠内で採用する労働者の数を絞り込み、それまで周辺的な業務の遂行のみにとどまっていた非正規雇用を積極的に活用していく企業が増えていきました。

また、一九九〇年代冒頭には大学設置基準の大綱化が行わ

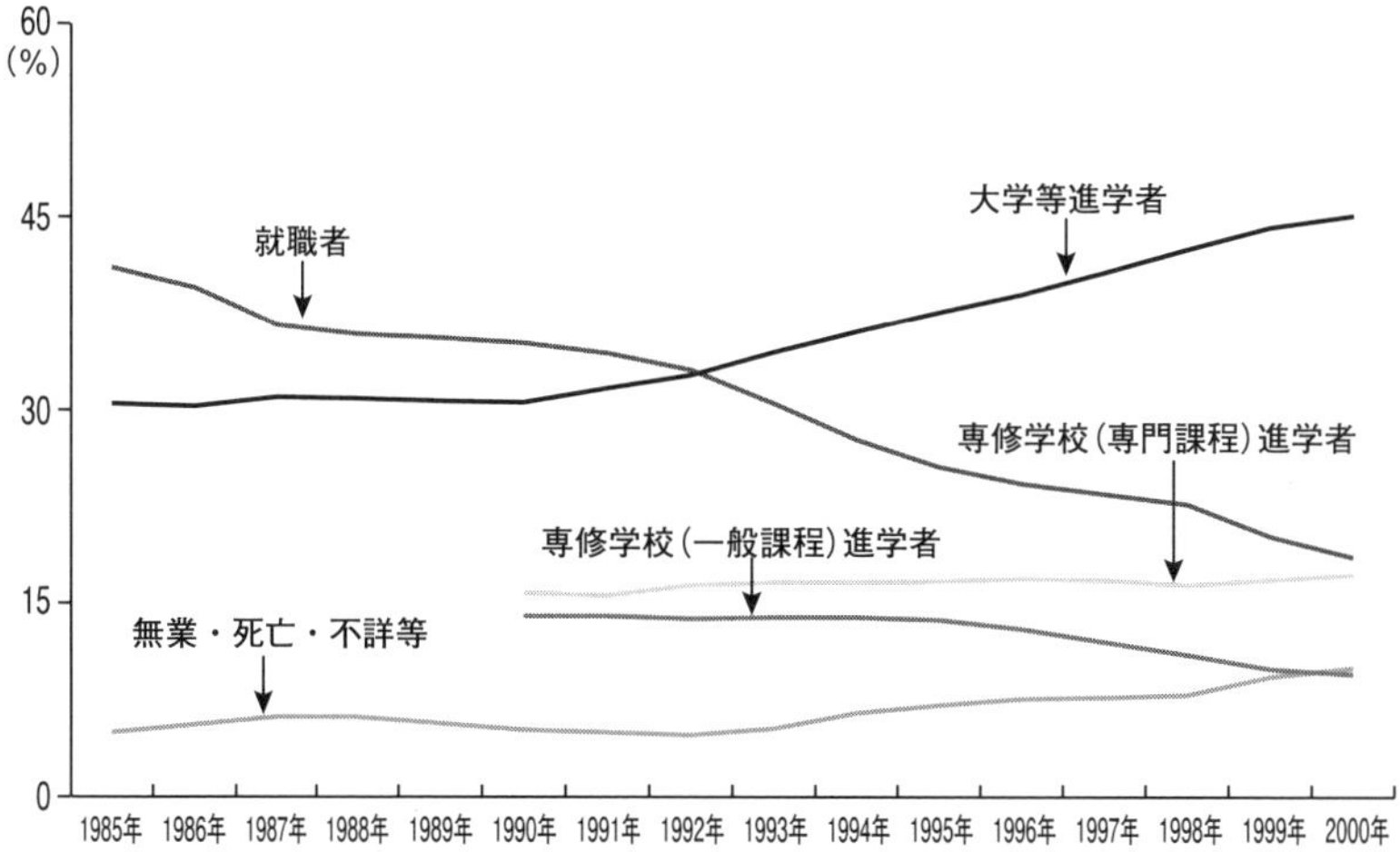

図１　高校卒業後の進路選択（学校基本調査より）

れ、それまで抑制的にされていた大学定員管理が基本的に撤廃され、高卒求人数の激減も相まって、大学進学率が軒並み上昇していきました。高卒者のうち、一九九〇年には三〇パーセントほどだった大学・短大進学者は、二〇〇〇年には四五パーセントまで上昇しています。それに対し、就職者は一九九〇年時点では三五パーセントほどで、高卒者で最も多い進路となっていましたが、既に一九九二年には大学・短大進学者と割合は逆転し、二〇〇〇年には二〇パーセントほどまで下がっています（図1）。さらに、かつては高卒時点で非正規雇用に就いた生徒は五パーセント以下で推移していましたが、二〇〇〇年には一〇パーセントを超えるほどにまで増加しています。

　そのような高卒後進路の変容に伴い、かつては中卒労働者と高校生とのあいだに引かれていた分断線が、一九九〇年代半ば以降、大卒者とそれ以外との間で引かれるようになっていきました。図2は、各学校を卒業して就職した人数を示していますが、一九六〇年代に中卒と高卒が入れ替わり、一九九〇年代に高卒と大卒が入れ替わっているのが見て取れます。そして高卒求人数が減少していく傾向を追いかけるよう

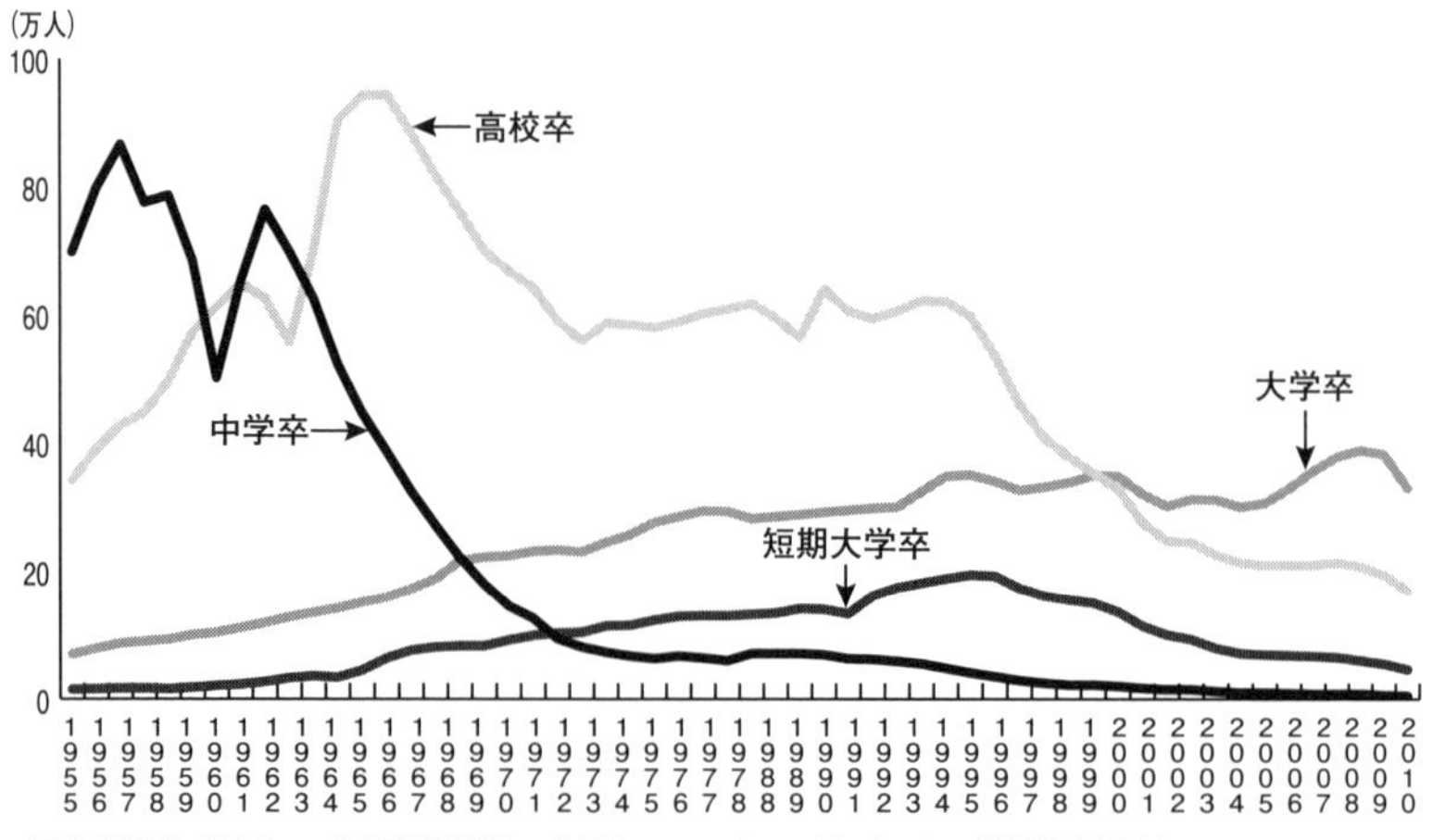

（厚生労働省「平成23年版労働経済の分析」p.110より、元データは学校基本調査）

図2　学歴別就職者数の推移

に、大卒求人倍率も一九九〇年代半ば以降下がっていき、二〇〇〇年には一倍を下回るほどになっていました。そうしたなかで、これまで学校と企業との密接な関係の下で安定的に推移してきた〈学校から仕事へ〉の問題が、あらためて社会的課題として問われるようになり、教育現場においてもにわかに職業との結びつきが問われるようになっていきました（児美川二〇一一）。

そして、〈学校から仕事へ〉の移行問題と連動するかたちで、「大人になる」ということ自体の自明性が問い直されるようにもなっていきました。就職・離家・家族形成など、青年期において達成が期待されてきた自立の課題は、これまで企業社会への包摂を前提として成り立ってきた現実がありますが、その仕組みが機能不全を起こしつつあるなか、「大人になる」ことを支える社会的仕組みをいかに構築していくべきかという課題が突き付けられています（G・ジョーンズ&C・ウォレス二〇〇二／宮本二〇〇二）。

2-2.「キャリア教育」をめぐる攻防

そのような課題を背負うなかで、二〇〇〇年代以降に問われるようになってきたのは、「キャリア教育」をめぐる問題でした（児美川二〇〇七／児美川二〇一三）。一九九〇年代以降の非正規雇用の増大は、端的に企業の側の雇用構造の転換によりもたらされたものですが、当時の社会的な風潮としては、若者自身の選択の結果だとして捉えられていた側面があります。一九八〇年代なかば、一時的な好景気を背景に成立していた「会社に縛られず自由に働く労働者」が注目を集め、「フリーター（フリーアルバイター）」という造語がメディアで用いられるようになっていました。その影響を引きずるなかで、正社員を希望していながらも求人数減により非正規雇用への従事を余儀なくされた若者も一括りに「フリーター」とされ、「正社員としてきちんと働こうとしない若者」と見做される状況がありました。そうした流れを背景にしつつ、文部省は「若者の職業意識の低下を防ぐ」ということを主眼に置いた教育に着手するようになっていきました。それが「キャリア教育」と呼ばれる一連の教育施策になります。

キャリア教育とは、直近の課題である卒業後の進路をどこに定めるかという部分にのみ焦点が当てられていた「進路指導」に対置されるもので、その後の人生選択全体を視野に入れた「キャリア」を主体的に選び取っていくための教育を指しています。キャリアというのは、職業生活に限られるものではなく、結婚や出産・介護、住まいなど多様な局面を含むものですが、学校では職業選択に向けたワークキャリアに焦点が当てられていました。

前節で見たように、一九九〇年代中頃までは、青年期の職業的移行は学校と企業との密接な関係の下に、きわめてスムーズに果たされてきたという経緯があり、職業選択にかかわる教育の必要性はさほど問われることなく進んできました。実質的な職業的社会化は、入社後に企業のなかで実施される企業内教育によって果たされていました。しかし、一九九〇年代中頃以降は求人数も大幅に減り、正社員として就職することが困難な状況が広がるなか、職業選択や就職に向けた準備の必要性が高まり、キャリア教育が求められていくことになりました。

そういった経緯もあり、キャリア教育の主流は「自分に適した職場をどうやって見つけるか」「厳しい就職状況下で、いかに求人を勝ち取れるか」という、企業への適応を果たしてくための手法として展開されるようになっていきます。他方で、今日では「ブラック企業」と名指されるような違法・脱法行為を行うような企業の問題や、働く上での最低限のルールや権利を学んでいくという実践も展開されるようになっています。そこでは、ルールや権利をただ「知る」という次元にとどまらず、そのルールや権利をどのように扱えば実際の現場に適用できるのかという、「使う」という次元にまで踏み込んで展開されている実践もあります。さらには、「働く」という側面だけでなく、「生きる」という部分に焦点を当て、失業時の保障や各種社会保障まで含めて展開されている実践もあります。そこからは、「働く」ことそれ自体は目的ではなく、あくまで「生きる」ための手段であり、その順序を間違えないようにするという意図を読み取ることができます（橋口ほか二〇一六、など）。

こうしたキャリア教育の内実をめぐる攻防は、「適応」と「抵抗」のあいだのせめぎ合いとして把握されていますが（本田二〇〇九）、キャリア教育には、両者に共通する「当事者として生き抜いていくための教育」という側面だけでなく、どんな社会をつくっていきたいかという部分に働きかけていく「社会形成主体の育成のための教育」という側面も同時に含んでいます。この課題は、キャリア教育とは別に設定されている「主権者教育」の範疇になってきますが、主権者教育の実態としては、きわめて狭義な「政治教育」（さらには、選挙権行使のための「有権者教育」だけの場合も）にとどまりがちです。しかし生活現実に照らしてみれば、人はキャリアの主体であると同時に主権者でもありますし、両者は不可分一体のものとなる場面も少なくありません。移行期にある若者への教育総体としての青年期教育という観点からすれば、これらの実践を相互に分断することなく、一体のものとして扱い展開していくことが求められてくるといえるでしょう。

2-3．社会の論理／教育の論理をめぐる攻防

今日の〈学校から仕事へ〉の移行の不安定化に伴うさまざまな生活問題は、いずれも教育問題というよりは社会問題であり、教育によってそれを解決していこうとすることは、問題を個人の側に帰責してしまう危うさを孕んでいます（仁平二〇一五）。たとえば上述のキャリア教育において、「フリーターにならないために」という教育実践の是非が問われたこともありましたが、教育者の意図としては当の若者が将来の職業生活で困難な状況に陥ってしまわないようにという善意から実施されるものでもあります。しかし、現実問題として労働市場は非正

規雇用を前提にして構成されてしまっているという側面は否応なく存在するため、教育現場でいくら頑張ってみたところで、一定数の若者は非正規雇用に従事せざるを得ないことになります。そうなると、「フリーターにならないために」という教育が熱心に行われれば行われるほど、それでもフリーターになってしまった若者に対して、「自分がフリーターになったのは努力が足りなかったからだ」という自己責任論が発動されてしまいます。それは周囲から押し付けられるというだけでなく、当人自身がそれを内面化し自責の念に駆られてしまうという意味で、きわめて深刻な教育の逆機能と言えるでしょう。

では、そういった回路に陥らないために、どのような教育をなしうるのか。もちろん、問題の所在は労働市場や各種社会保障など社会の構造そのものにあり、教育のみでそれを解決することは不可能だという前提を踏まえておく必要があります。しかし、それでもなお、教育に課せられる課題は少なくありません。より端的には、「フリーターにならないために」ではなく「フリーターでも生きていけるように」という、現実社会を生き抜いていくための「術」の獲得は、そのまま教育課題として据えられてくるでしょうし、より長期的には、労働市場や社会保障の改善・拡充を担っていく主体を育てていくということも教育の課題として指摘できます。あるいは先述の自己責任の発動についても、そこに教育が直接的に介在しているか否かにかかわらず、既に社会全体において自己責任圧力は広く浸透している現実があります。だとすれば、それを解除していくための所作を身につけていくということもまた、教育実践における重要な課題となります。

このように、学卒後の生活問題と密接にかかわった青年期教育は、単に「教育の論理」だけでなく、「社会の論理」とのせめぎ合いのなかで教育内容を捉えていくことが問われてきます。そのため、実践を行っていく上でさまざまな矛盾やジレンマを抱えることも少なくありませんが、その矛盾に対し、当の若者自身とともに向き合い格闘していくこと、そこにこそ、青年期教育の本質が現れてきます。

3．教育／労働／福祉の接合という課題――生活主体としての青年像

高校を中心とした学校教育においては、以上のような攻防が繰り広げられてきましたが、学校外のさまざまな実践も、この間多様な展開を見せるようになってきています。それは学校外で展開されてきた社会教育をめぐる動向であるとともに、児童福祉の領域における青年が置かれてきた実情とそれに向き合う実践・運動や、学校や労働市場から排除されてしまった若者たちへの支援の取り組みなどに見て取ることができます。

青年期における教育課題を問い、その社会的保障の実現を目指す青年期教育ではありますが、そもそも青年期において求められてくる「大人になる」という課題は、狭義の教育のみで果たしうるものではなく、生活基盤の確保や社会参加・能力発揮の場としての労働・福祉の課題も不可欠なものとして問われてきます。以下にみるように、現状では就労自立への圧力が過剰気味で、それが教育も含め、各種実践の幅を狭めている状況となっていますが、そこを超え出て実践の豊かさを掬いだしていくためにこそ、今あらためて青年期教育という視座が求められているように思います。それは、青年期教育を学校など特定の領域で営まれる実践としてのみ捉えるのではなく、多様な領域で展開されている各種実践のうちに含まれている機能として捉え、活かしていくという試みです。制度的・外在的には「福祉」と見做されている実践のなかにも、当事者の発達を見据えながら展開される意図的な働きかけ、すなわち教育的営為が組み込まれている場合も少なくありません。その部分に着目していくことで、広範な領域にまたがる実践を青年期教育という枠組みで把握し、相互の実践蓄積を交流・共有していくことが可能になります。

本節ではそういった問題意識から、教育制度外での若者向け施策・実践の動向を、青年期教育の観点から捉え

返してみたいと思います。

3−1．社会教育における実践

第1節で記したように、高校全入運動と産業界からのニーズとが重なり合うなかで、高校進学率は一九六〇年代に急上昇し、一九七〇年代には九〇パーセントを超えるまでに至っていました。それに伴い、青年期教育の焦点課題は大衆化した高校教育の内実の方に向かっていくことになりましたが（太田・大串一九八〇）、その一方で、青年期教育の出自・原点でもある社会教育は縮小傾向を余儀なくされながらも、相応の実践が維持・継続されていました。歴史的背景や社会的位置づけ、実践上の力点の置き方はそれぞれ異なるものの、青年団活動をはじめ、青年学級や勤労青少年ホーム、青年の家など、制度内外問わず多様な実践が各地で継続されていました（田中二〇一五）。

総じて「青少年施策」として括られうるこれら施策は、「社会教育」として教育行政の枠組みで設定されてきたものと、「勤労者福祉」として福祉行政の枠組みで設定されてきたものに制度上は分かれていましたが、実態としてはいずれも社会教育実践として営まれ、実践蓄積が続けられてきたという点は、今日の観点からすると非常に興味深いものがあります。

一九九九年の青年学級振興法廃止、勤労青少年ホームや青年の家の改廃、二〇一五年の勤労青少年福祉法から若者雇用促進法への改正など、法制度レベルでの改変・事業切り詰めは徐々に進められてきましたが、他方で一部地域においては対象を中高生まで広げ、「勤労青年の余暇活動支援」から「青少年対象の学校外教育」へと軸足を移していく動きも見受けられます。また近年では、新規事業として新たに青少年向け施設（ユースセンター）を設置する自治体もいくつか出てくるようになっています。そこでは、対象を限定することなく若者を受け入れ、非定型的な教育的働きかけ（インフォーマル教育）を行う「ユースワーク」という実践手法の探求が進められています（田中・萩原編二〇一二）。こうした取り組みは、学校教育内部で展開されてきた生活指導実践と通じる部分が大きく、対象を絞り込み「課題解決」へと焦点を向けていく「若者支援政策」の志向性とは一線を画すものであり、これからの青年期教育の一つのあり方として、その実践展開が注目されています。

3-2. 福祉現場における教育実践

そしてもう一つ、教育と福祉との接点において生じていた課題もあります。高校進学が一般的なものになっていた一九七〇年代以降においても、さまざまな事情で親元で暮らせない子どもたちが過ごす社会的養護関連施設入所者や、生活保護世帯の子ども、障害者などの進学率は、きわめて低い状態のままに置かれていました（小川編一九八三／全国児童養護問題研究会編集委員会編　二〇〇九）。そこには、「高校は義務教育でないため、入学に際しては高校教育を受けるに値する者であるべき」という「適格者主義」の問題（入学定員管理や偏差値序列なども含めた高校受験問題）なども絡んでいますが、それ以前に制度的な障壁（義務教育修了による措置解除や教育扶助の終了）やそれに伴う実践的慣行もあり、「教育と福祉の谷間の問題」としての「教育福祉問題」が提唱されるようになっていきました（小川一九八五）。こうした動きに連なる教育福祉論の射程は広く、青年期だけの課題ではありませんが、教育福祉論の提唱者であり理論的支柱となっていた小川利夫(2)は、青年期教育論の主要

（2）小川利夫（おがわ・としお：一九二六―二〇〇七）東京大学卒業後、日本社会事業大学を経て、名古屋大学名誉教授。社会教育学を主導・牽引し、日本社会教育学会会長も務める一方、教育学と児童福祉の狭間に存在する諸問題に着目し、「教育福祉論」を樹立・展開させた。他にも、日本教職員組合の第二次教育制度検討委員会の事務局長を務めるなど、多方面にわたり研究・運動を牽引してきた。本章で紹介した文献の他に、『社会教育と国民の学習権』（勁草書房、一九七三）、『小川利夫社会教育論集』全八巻（亜紀書房、一九九二―二〇〇二）など多数。

な論者でもあり、両者は深く結びついています。青年期教育論のその後の展開においては、あまり中心的テーマとして論じられることはありませんでしたが、一九九〇年代以降の雇用の不安定化に伴う貧困の拡大や生活問題に直面する若者への支援の必要性が問われるようになってきた現在、あらためて「青年期における教育福祉問題」という問題設定の必要性が出てきているといえます（辻二〇一七）。

そういった観点から、福祉現場で実践されている教育的営みを追ってみると、社会的養護関連施設で取り組まれている「リービング・ケア」の実践は、青年期教育としても非常に示唆に富む内容になっています。施設退所後の進路として、親元に戻るという選択肢が取れない場合には、自分自身で生計を立てていかねばならない現実に直面します。そこに向けて、施設退所が近づいてきた段階で、ひとり暮らしに必要なお金の計算や生活諸能力、使える社会制度などについて学ぶ機会が用意されています（林編二〇一〇）。学校教育においても、一部は家庭科の科目として教えられることもありますが、カリキュラム全体のなかでは周辺化されています。しかし、親元を離れて暮らすために必要な知識やスキルは、社会的擁護下にある若者だけでなく、すべての若者にとって必要なものでもあり、その普遍化が求められてきます。

3-3.「若者支援」の展開とその実態

そして、青年期の移行が不安定化する一九九〇年代以降、あらためて注目され展開されるようになってきたのが、「若者支援」と総称される各種支援活動になります。不安定就労への従事を余儀なくされている若者や、就職活動の失敗や過重労働から体調を崩し、働けない状態に追いやられている若者、親や家庭を頼れない状態で貧困状態に陥ってしまう若者など、それぞれが直面する社会的課題はさまざまながら、教育・労働・福祉という既存の社会システムの谷間に落ち込み、社会から排除されてしまう若者たちの存在が可視化されるようになっていきました。それに伴い、もともと不登校・ひきこもり支援や就労支援、障害者支援、生活困窮者支援などを実施してきた支援団体が、若者への支援も手掛けていくようになっていきました。

「キャリア教育」の導入経緯で記したように、若者の雇用の不安定化は「若者の職業意識の未成熟」によるものとして当初は理解されており、各種支援も民間団体や地域の人びとの善意に委ねられた自主活動だったり、支援利用者（とその家族）による費用捻出で運営費を賄い運用される状況が続いていました。しかし、二〇〇〇年代に入り、ようやく公的な支援課題として認識されるようになり、基本的には無償での各種支援施策が実施されるようになっていきました。ただ、政策として取り組まれる「若者支援」は、就労することで経済的に自立を果たしていくという特定の「自立」観に即して展開されており、既存の枠組みからこぼれ落ちた若者に対する「再適応」を促すための支援として展開されていきました（南出二〇一二）。

そうした政策動向があるなかでも、若者たちの現実に向き合い、実践を模索し続けてきた実践者たちが集い、自分たちの実践のなかにある価値を確認し、相互に学びあい高め合っていくという実践交流の活動も続けられています。そこでは、多様な専門領域や実践分野にまたがる、支援者・当事者・家族・行政関係者などが集まり、立場の違いを超えた「協同」の原則が貫かれ、ともに学び、育ちあっていくという関係が重視されています（若者支援全国協同連絡会二〇一六）。不安定で流動的な社会のなかで、現実社会への一方的な「適応」を押し付けるのではなく、とはいえ若者が生きていくための手立てを探り、考えていかねばならないということは、そう簡単に答えの出ない難しい課題になります。しかし、当事者としての若者を「支援の対象」にするのではなく、若者自身が自らの人生の主体となり、自分たちなりに生きていける社会を形成していくための同士として位置付け、ともに模索しながら歩んでいくということが日々実践的に探究されています（その実践者自身、この不安定な社会に生き、これからどう生きていくかを模索し続けている若者当事者である場合も少なくありません）。

自らが置かれた「生きづらさ」に対し、その場しのぎの「対処療法」のみで済ませるのではなく、その生きづらさをもたらしている社会の仕組みや原理にまで目を向け、捉え返していくという作業抜きには、しんどい状況を超え出ていくことはできません。現行社会（システム）に対する認識を深めていくということと、自分たちなりの社会（コミュニティ）を独自に形成していくということ。この両者にまたがる学びの契機をいかに創出し、促していけるか。若者支援の現場では、「教育」というと「学力保障／学歴取得」という部分にかかわる活動としてしか認識されていませんが、青年期教育の視座からすれば、これら実践はれっきとした教育実践に他なりません。こうした若者支援現場における実践的模索と、公教育下で営まれている教育諸実践とをいかにつなぎあわせ、相互に高め合っていけるのか。そういった課題が突きつけられているように思います。

おわりに——模索と試行錯誤の社会的保障としての青年期教育

以上見てきたように、「青年期教育」とは、社会のなかで大人として生きていく途上において求められてくる教育実践の総体を指すものであり、社会の変容に伴いその実態や議論の焦点はたえず変化してきました。その意味で、本章サブタイトルに記した「〈大人になること〉をめぐる問い」は、何か特定の答えがあるものというよりは、学習主体である若者自身が向き合い、問い続けねばならない課題になります。その「問い続けていく」ということを支える営みこそが、青年期教育の本質であり、時代や社会状況を超えた普遍的課題になってきます。

「大人になる」ということは、それぞれの若者が「どのように生きていきたいか」という人生選択の問いと密接不可分に連なってくるものであり、外側から一方的に規定できるものではありません。各自が周囲の他者とともにある生活のなかから見つけ出し、試行錯誤や挑戦を続けながら選び取っていくものになります。とはいえ、各人がどんな「大人像」を描くにせよ、それを実現していくための基礎的条件は社会的に保障されるべき課題としてあります。基礎的な生活保障や学習権保障、労働環境の整備など、そこにはさまざまな社会的基盤が必要となりますが、とりわけ青年期に固有の課題として据えられるべきは、「挑戦し、模索する」という試行錯誤の社会的保障です。

能力主義と自己責任が跋扈し、「できる／できない」という価値基準で人が測られ、失敗したらもう先がないという焦燥感に追い立てられるような状況では、とても新たな挑戦などできません。しかし、第1節3で確認したように、青年期の発達課題は「社会的自己」の確立にあり、それを果たしていくためには、「結果」に追い立てられることなく、プロセスそのものが大事にされるような経験の蓄積が保障されねばなりません。また、こうした試行錯誤や挑戦の保障は、個々人の発達促進に寄与するという側面だけでなく、社会全体にとっても、既存の枠組みを超え出て発展させていくための礎になりうるものです。社会における「新規参入層」としての若者は、「未熟な大人」であるとともに、当該社会の次代の担い手でもあり、今後の維持・発展を左右する存在となります。個人の人生選択の岐路と、社会の発展の岐路とが重なり合う場に臨む青年期教育は、人文科学と社会科学の結節点としての力学を持っています。

現実には、受験競争や就職活動、就業継続など、たえず「結果」を出すことへと追い立てられ、自分なりの挑戦や模索をしていく余地など残されていないような状況が広がっていますが、高校・大学・専門学校・若者支援など、現場レベルではさまざまなかたちで青年期教育実践が展開され、息づいています。現行では、それぞれの現場ごとの努力や奮闘に委ねられてしまっていますが、それら現場での実践蓄積を持ち寄り、そこに内在する実践的価値を可視化していく必要があります。

社会からの要請にただ翻弄されるだけでなく、その社会との付き合い方・折り合いの付け方も含め、「自分自身の人生の主人公となる」ということ。これが青年期教育の到達目標であり、共通課題になりますが、幼少期や児童期の生活経験を経て、既に「諦め」の学習を積み重ねてきた若者も少なくありません。そんな若者たちに対し、生活現実に根ざしつつ、粘り強く向き合い働きかけていくという実践は、ときに矛盾や葛藤も孕んだものとならざるをえません。その意味で、当の若者たちだけでなく、実践者自身も大きく揺れ動きながらの実践となりがちなのが青年期教育であり、だからこそ、実践者同士の横のつながりや学び合いもまた不可欠なものとなってきます。その学びあいを可能とするためのアリーナを形成するためにこそ、今新たに「青年期教育」という座標軸の再構築が求められています。

参照文献

乾彰夫　一九八〇「現代の青年期と人格発達―アイデンティティ試論」『教育学研究』第四七巻三号
乾彰夫　二〇一〇『〈学校から仕事へ〉の変容と若者たち―個人化・アイデンティティ・コミュニティ』青木書店
太田政男・大串隆吉　一九八〇「青年期教育論の再検討―80年代の青年期教育研究を深めるために」『教育』一九八〇年一二月号
小川利夫　一九七八『青年期教育の思想と構造』勁草書房
小川利夫編　一九八三『ぼくたちの15歳―養護施設児童の高校進学問題』ミネルヴァ書房
小川利夫　一九八五『教育福祉の基本問題』勁草書房
基礎経済科学研究所　一九九二『日本型企業社会の構造』労働旬報社
児美川孝一郎　二〇〇七『権利としてのキャリア教育』明石書店
児美川孝一郎　二〇一一『若者はなぜ「就職」できなくなったのか』日本図書センター
児美川孝一郎　二〇一三『キャリア教育のウソ』ちくま新書
G・ジョーンズ&C・ウォレス　二〇〇二（宮本みち子監訳）『若者はなぜ大人になれないのか―家族・国家・シティズンシップ』新評論
全国児童養護問題研究会編集委員会編　二〇〇九『児童養護と青年期の自立支援―進路・進学問題を展望する』ミネルヴァ書房

田中治彦・萩原建次郎編　二〇一二『若者の居場所と参加―ユースワークが築く新たな社会』東洋館出版社
田中治彦　二〇一五『ユースワーク・青少年教育の歴史』東洋館出版社
辻浩　二〇一七『現代教育福祉論―子ども・若者の自立支援と地域づくり』ミネルヴァ書房
仁平典宏　二〇一五「〈教育〉化する社会保障と社会的排除―ワークフェア・人的資本・統治性」『教育社会学研究』第九六巻
橋口昌治・肥下彰男・伊田広行　二〇一六『〈働く〉ときの完全装備―15歳から学ぶ労働者の権利』解放出版社
林恵子編　二〇一〇『ひとり暮らしハンドブック　施設から社会へ羽ばたくあなたへ―巣立ちのための60のヒント』明石書店
本田由紀　二〇〇五『若者と仕事―「学校経由の就職」を超えて』東京大学出版会
本田由紀　二〇〇九『教育の職業的意義―若者・学校・社会をつなぐ』ちくま新書
南出吉祥　二〇一二「若者支援関連施策の動向と課題」『岐阜大学地域科学部研究報告』第三〇号
宮原誠一　一九六〇「教育の本質」『宮原誠一教育論集』第一巻
宮原誠一編　一九六〇『青年の学習―勤労青年教育の基礎的研究』国土社
宮原誠一　一九六六『青年期の教育』岩波新書
宮本みち子　二〇〇二『若者が〈社会的弱者〉に転落する』洋泉社
若者支援全国協同連絡会　二〇一六『「若者支援」のこれまでとこれから―協同で社会をつくる実践へ』かもがわ出版

第2部　価値論の復権

――原理の問いを取り戻す

第6章　発達論
——子どもを主体とした全面発達の追求

丸山啓史

はじめに

子どもたちの教育において、私たちは何をめざすのでしょうか。いろいろな答え方ができると思いますが、一つの答えとして、「発達」が挙げられるでしょう。

教育を考えるうえで、「発達」は極めて重要な言葉です。戦後教育学においても、少なくない教育学者が、発達を教育の目的とみなしてきました。たとえば、堀尾輝久(1)は、次のように述べています。

私たちの求める教育を、定義ふうにいえば〈教育は、一人ひとりの子どもの能力の可能性を全面かつ十分に開花させるための意図的営みであり、教材を媒介として子どもの発達に照応した学習を指導し、発達を促す営みである。そしてそのことを通して社会の持続と発展をはかる社会的営みである〉といえるでしょう。

（堀尾一九八九：九五）

ここでは、「発達を促す営み」として教育がとらえられています。教育の核心に「発達」が位置づけられているのです。

この章では、「発達」に焦点を当てます。前半では、戦後教育学において、どのように発達が実現していくと考えられてきたのか、どのような発達の内実が追求されてきたのかを振り返ります。そして、後半では、発達をめぐる戦後教育学の議論が現代の学校教育にもつ意味を考え、今後さらに探究したい課題を提示します。

なお、「そもそも『発達』とは何か」ということも大きな問題ですが、この章では「発達」の厳密な定義を議論することはしません。ただし、この章で考える「発達」は幅広い内容を意味するものであること、「歩けるようになる」「二語文を話すようになる」「平仮名を読めるようになる」といったことに限られないということは、最初に確認しておきたいと思います。この章の「発達」と、発達心理学等で語られる「発達」とは、必ずしも同じものではありません。「自分の進路を主体的に考えられるようになる」「貧困が生まれる社会の構造に気がつく」といったことを含み得るものとして、「発達」を考えます。

（1）堀尾については、第1章注（7）および第2章注（1）を参照。

1. 発達とはどのようなものか

1-1. どのように発達するのか

（1）発達の主体としての子ども

子どもたちが発達を実現していくとき、その原動力となるものは何でしょうか。子どもの発達においては、何が大きな役割を果たすのでしょうか。

遺伝が子どもの発達に影響することは否定できません。また、学校教育を含め、子どもをとりまく環境が子どもの発達に深く関わることは確実です。しかし、戦後教育学は、遺伝と環境によって子どもの発達を説明しようとする立場をとりませんでした。発達を理解する際に、子どもを発達の主体としてとらえ、子どもの主体的な活動を重視したのです。たとえば、小川太郎(2)は、次のように述べています。

> 発達は一つの自然的なできごとであるのではなくて、環境と未熟な子どもの能力との間の矛盾を子ども自身が止揚していく、子どもの主体的な達成としてとらえねばならない。
>
> （小川一九六三：三一―三二）

小川は、「発達を生物学的な生起としてしかとらえない」ような見方を批判し、子どもの能力が「環境と教育によって規定されたものである」ことを指摘していました（小川一九六三：三二）。しかし、「環境と教育」という外からの作用によって子どもの発達が決定されると考えていたわけではありません。あくまでも「子どもの主体的な達成」として、子どもの発達をとらえたのです。

同じように、勝田守一(3)も、発達を考えるうえで、子どもを「主体」として位置づけました。勝田にとって、子どもとは、遺伝や環境の影響を受けとめるだけの単なる客体ではなく、発達を創りだしていく主体だったのです。勝田は、「発達ということは主体と環境との相互作用なしにはありえぬのだ、ということを考えれば、遺伝と環境とを機械的に対立させて、遺伝か環境か、そのいずれが量的にどれだけ大きく影響するかという考え方自体のあやまりに気づくだろう」(勝田一九六四：三八)と論じています。勝田は、「主体と環境との相互作用の結果」(勝田一九六四：八〇)として、子どもの発達をとらえました。

また、矢川徳光(4)は、母親の援助のもとで幼児がスプーンを使いこなすようになることを例にしながら、「子どもは発達の主体」であることを説明しています(矢川一九七三a：四九―五三)。矢川は、幼児がスプーンを使うようになることについて、「活動は、ほかならぬ、まさにその幼児じしんがした」ことに目を向けます。「かれじしんが指や手くびを働かせ、腕まで動かすという努力をして、つまり、かれじしんがそういう活動をして、やっ

(2)小川太郎(おがわ・たろう、一九〇七―一九七四)台北市生まれ。一九三二年に東京帝国大学文学部哲学科を卒業し、台北第一師範学校教諭、愛媛師範学校教諭を経て、戦後は名古屋大学教授、神戸大学教授などを務めた。教育の全体構造の把握を進めるとともに、民間教育研究運動に参加しながら、生活綴方や同和教育についての探究を深めた。著書に『日本の子ども』(金子書房、一九五二年)、『教育と陶冶の理論』(明治図書、一九六三年)などがあり、それらは『小川太郎教育学著作集』(全六巻・青木書店)に集録されている。

(3)勝田については、第7章注(1)を参照。

(4)矢川徳光(やがわ・とくみつ、一九〇〇―一九八二)長崎県生まれ。一九二六年に京都帝国大学文学部英文学科を卒業し、一九二九年に日本大学工学部予科の英語科教授になった。一九三〇年に創設された新興教育研究所の活動に参加してソビエト教育学の研究を進め、戦後においてもマルクス主義教育学の形成に大きな役割を果たした。著書に『国民教育学』(明治図書、一九五七年)、『マルクス主義教育学試論』(明治図書、一九七一年)、『教育とは何か』(新日本出版社、一九七三年)などがある。

ところで、スプーンが使えるという能力を獲得した」というのです。そして、「幼児じしんのそういう努力または活動がなかったら、かれはスプーンの使い方をじぶんのものにすることはできなかった」と述べています。

同時に、矢川は、「幼児がスプーンを使いこなす能力は、母親の援助という活動と子どもの努力という活動とのかかわりあいのなかで、子どもじしんがつくりだしたものである」という言い方もしています。「母親の援助がなかったら、幼児はスプーンを使えるようにはならなかった」ことを認めてはいるのです。しかし、矢川は、「母親の援助や指導が必要ではありましたが、それでもなお、幼児はじぶんの側の活動によって」、スプーンを使いこなす自由を獲得したことを重視します。そして、子どもが「その獲得活動の主体」であったことを指摘したうえで、「このことは、子どもは自分の発達を創りだした当人つまり主体であるということを意味しています」と述べるのです。

子どもを発達の主体としてとらえてきたことは、戦後教育学について注目すべき点の一つでしょう。

（２）発達を促す教育

子どもが発達の主体であることを重視するからといって、教師等による教育の役割を軽視することにはなりません。発達の主体が子どもであるということは、子どもが自らの力だけで自然に発達を実現していくことを意味しません。戦後教育学においては、「発達の主体としての子ども」が強調される一方で、教師等による指導・教授が重視され、子どもへの教育的働きかけが大切なものとして考えられてきたのです。

その議論に少なからず影響を与えたのが、心理学者であるヴィゴツキー(5)の論です。彼は、「発達の最近接領域」という見方を提唱しながら、発達にとっての「教授」の役割を論じていました（ヴィゴツキー一九三四／二〇〇一：二九七―三〇四）。ヴィゴツキーは、「発達を先廻りし、自分の後に発達を従える」ような「教授」こそが適切なものであるとして、次のように述べています。

教育学は、子どもの発達の昨日にではなく、明日に目を向けなければならない。

（ヴィゴツキー一九三四／二〇〇一：三〇三）

ヴィゴツキーは、「子どもにすでに成熟しているもの」によって把握される「現下の発達水準」だけで子どもの発達の状態をとらえることを批判しました。「成熟した機能」だけでなく、「成熟しつつある機能」を考慮しなければならないと考えたのです。そして、「自主的に解答する問題によって決定される現下の発達水準と、子どもが非自主的に共同のなかで問題を解く場合に到達する水準とのあいだの相違」によって決まる、「発達の最近接領域」に目を向けるべきことを主張しました。そのうえで、「成熟の段階にあったり、発達の最近接領域にある一連の機能をよび起こし、活動させる」という「教授」の役割に言及し、「教授はそれが発達の前を進むときにのみよい教授である」と述べています。

こうしたヴィゴツキーの論は、勝田が教育と発達の関係を論じるときにも参照されています（勝田一九六四：一〇三—一〇四）。勝田は、「ヴィゴツキーが発達の『最近接領域』とよんだものをつくり出すのが教育なのだ」と述べつつ、「教育が、かれらの能力の成熟を先廻りしながら、しかも、その欲求にもとづいて行なわれるなら、

（5）ヴィゴツキー（Lev Semenovich Vygotsky 一八九六—一九三四）一九二〇年代半ばから一九三〇年代前半にかけてソビエト連邦において活躍した心理学者。人間の発達を生物学的にとらえるのではなく、人間の高次精神機能の歴史的・社会的な起源に着目した。「発達の最近接領域」の理論は、教授と発達との相互関係に関わるものであり、日本の教育学にも大きな影響を与えた。『思考と言語』『文化的―歴史的精神発達の理論』『思春期の心理学』『教育心理学講義』など、多くの著作が日本語に翻訳されている。

かれらの発達の可能性は増大する」と論じました。そして、学校教育に関わっては、子どもの「背のび（高次の模倣）」に着目しています。勝田によれば、子どもは、「おとなの組織的な援助」と「学習集団の相互刺激」のもとで「背のび」をしながら学習するのです。勝田は、「この背のびは、子どもの学習の本質なのである」と述べています。

堀尾は、ヴィゴツキーと勝田に「共通する発達観」を、「内的要因の成熟という決定論に立ちながら、しかも、教育的働きかけと学習主体の『背のび』に、現実の発達を見出すもの」と説明しています（堀尾一九九一：四九）。また、堀尾は、「『発達の最近接領域』に働きかける教育の主導的役割」を主張するものとしてヴィゴツキーの論を紹介しています。そして、「発達と教育の関係は、発達が教育を規定すると同時に、教育は発達に先行し、学習を媒介として発達に積極的に関与するものとしてとらえられねばなりません」と述べています（堀尾一九八九：九七）。

ヴィゴツキーの論にも学びながら、「能力の成熟を先廻り」するような教育、「発達に先行」するような教育を重視してきたことは、戦後教育学の重要な特徴だといえるでしょう。

ただし、注意が必要なのは、「発達を先廻りする教育」と「学習内容を先取りする教育」とは異なるということです。「発達を先廻りする」というのは、就学前の幼児に漢字を教え込むとか、小学生に難しい方程式を教えるとかいったことではありません。子どもの「発達の最近接領域」に合わせた教育は、むやみな「先取り教育」とは相反するものです。

また、「発達に先行」する教育が求められるからといって、「発達の最近接領域」に働きかけるような内容、子どもに「背のび」を求めるような内容ばかりで教育活動が満たされるべきだということにはならないでしょう。子茂木俊彦(6)は、「発達の最近接領域」論を紹介するなかで、「教育が明日の発達水準だけに焦点をあてたものになってしまうと、弊害が大きい」と指摘し、「子どもの教育は、つねに現在を充実させることに重点をおき、そこに明日への挑戦を含みこむという構図でとりくまれるべき」であると述べています（茂木一九九〇：九八―九九）。また、窪島も、「あることができるようになったとき、子どもはすぐにつぎの課題にすすむのではない」として、「習熟」にも言及しながら、「つぎの発達を準備するにたる『現下の発達』の充実が必要なのである」と述べています（窪島一九九六：一二三）。獲得した力をいろいろな場面で活かすこと、達成された発達を土台に生活を楽しむことにも、重要な意味があると考えられます。子どもの「明日」に目を向けながら「現在」を大切にする教育が、子どもたちの発達を促すことになるはずです。

（3）形成と教育

子どもの発達にとっては、教育が重要な意味をもつといえます。しかし、子どもの発達のすべてが意図的な教育によって導かれているわけではありません。

宮原誠一(7)は、「目的意識的な過程」である「教育」と区別して、「自然生長的な過程」としての「形成」を考えていました。宮原は、「人間が社会的生活そのものによってかたちづくられる過程」を「形成」と呼び、次のように述べています。

> 教育は形成の過程を統禦しようとするいとなみにすぎないのだ。形成の過程と並行的に教育の過程が進行するのではなくて、教育とは形成の過程と取り組む努力にすぎないのだ。そういう意味において教育は、人間の形成の過程に

（6）茂木については、第9章注（3）を参照。
（7）宮原については、第5章注（1）を参照。

内包される一要因にすぎないのだ。

（宮原一九四九：二二）

宮原は、教育の意義を軽くみているわけではありませんし、学校教育の重要性を否定しているわけでもありません。人間が「社会的生活の全過程によって形成される」（宮原一九四九：二二）ことを重視しているのです。宮原は、「人間の形成にとって、したがってまた人間の教育にとって、つねに第一義的な問題は、人間がどのように社会的生活をいとなんでいるかということだ」（宮原一九四九：二二）と述べています。

子どもの発達にとっても、意図的な教育だけでなく、その子どもの「社会的生活」が大きな意味をもちます。そのことに目を向ける必要があるでしょう。堀尾も、宮原の議論をふまえながら、「教育とは区別される形成的諸力が発達の過程に及ぼす影響を正確にとらえる努力と結合することなしに、発達と教育の連関を問うことは困難である」（堀尾一九九一：五九）と述べています。

子どもたちの発達を保障していくためには、子どもたちの「社会的生活」を豊かなものにすることが重要なのです。堀尾は、「教育が人間の可能性の開花のための営みであり、その人間は歴史的・社会的存在としての規定を受けているものであれば、人間の生存と生活の基底そのものが豊かであり、社会的諸関係が人間の発達を保障するにふさわしいものでなければ、その可能性の人間的価値を実現する仕方での発現は保障されない」（堀尾一九九一：一八）とも述べています。

このように「社会的生活」を重要なものと考える見方は、突飛なものではなく、むしろ本来は当たり前のものだと言えるでしょう。しかし、日本においては、子どもの成長・発達に関わって、「教育」ばかりがとりわけ重視される場合があります。また、「教育＝学校教育」という意識が強く、学校外における教育的活動への関心さえ十分ではありません。そうしたなかでは、「学校教育を良いものにすれば〝良い子ども〟が育つ」という発想が生まれやすいかもしれません。

それに対して、宮原は、「適切な方法さえ講じられるなら、どのような人間でもつくりだせる」という考え方や、「学校が全能の教育機関であるかのようにおもいこむ学校教育への過信」に対して、批判的な見方を示しています（宮原一九四九：二一）。子どもの発達について、「適切な方法」を講じることや、学校教育が必要な役割を果たすことは、大切ではありますが、それだけで子どもの十全な発達を実現できるわけではないのです。子どもの生活が全体として豊かなものになることが、発達の土台になるといえるでしょう。

そのように考えることは、学校や教師の責任を軽くするものではありません。もちろん、子どもの発達についての責任を家庭に押しつけるものでもありません。「教育」の限界に自覚的になりながら、子どもたちの生活を広く視野に入れることを求めるものです。

現代社会における子どもの発達を考えるうえでは、たとえば、テレビ等のメディアの影響を見過ごすことはできませんし、子どもたちを消費者・顧客とみなすマーケティングを無視することもできません。ＳＮＳ（ソーシャル・ネットワーキング・サービス）への着目も迫られます。地域社会における遊びの場や文化活動の場の状況をみておく必要もあるでしょう。食事や睡眠のあり方も、子どもたちの生活にとって重要です。また、二〇〇〇年代の後半から「子どもの貧困」が社会問題になっていますが、子どもたちの生活基盤や、その背景にある社会構造に目を向けることも求められます。

私たちは、「形成と教育」という観点をもちながら、子どもたちの豊かな生活について考えていかなければなりません。

1-2. どのような発達をめざすのか

（1）全面発達という考え方

子どもの発達を考えるうえでは、めざすべき発達の内実を問うことも大切です。

このことについて、戦後教育学においては、「全面発達」が語られてきました。たとえば、勝田は、「全面発達は、知的諸能力の多面的な発達というばかりでなく、同時に人間的感情、道徳性の発達、そしてなによりも身体的な発達の統一の思想なのである」として、全面発達に言及しています（勝田一九六四：二一四）。

勝田は、「全面的な能力を発達させる学習の機会を通して、子どもたちは次第にその能力を分化させていくことができる」と論じました（勝田一九六四：二二七）。そして、「子どもたちが自覚的に自分の能力の社会的使用の道を選択することができるまで、その選択の能力の成長を含めて、学習の全面性を保障するのが、本来の学校の現代的な任務なのである」と述べています。

勝田は、特定の知的能力の発達だけが追求されることに批判的でした（勝田一九六四：二二三）。一部の子どもたちの「自然科学の能力の発達」ばかりがめざされることを批判し、「社会についての科学的な思考の発達についてはどうなのか」「人類の至高の価値を追求しながら、同胞の諸問題に知的同感を深め、民主的な価値を実現しようと努力する道徳的発達についてはどうなのか」と問いかけています。勝田は、子どもの発達をめぐる「現実の努力」が「現実政治の要求に従属し、商業的な利益と関心に動かされている」ことを問題視していました。

全面発達の考え方は、政府や企業の要求に合うように子どもの特定の能力ばかりが開発されようとすることへの批判と結びついています。川合章が次のように述べている背景にも、そうした全面発達の考え方があるといえるでしょう。

戦前の天皇制下の臣民教育、戦後の財界本位の能力主義教育は、中身は違うが、いずれも、人類がつくり上げてきた人間性の限られた側面だけを取り出し、それだけを肥大させることによって、人間全体を権力的な支配に利用しようとした教育であり、人間性そのものを冒瀆するものである。わたくしたちが願う教育は、人類がその歴史を通じて育て上げてきた人間性を、人間の解放と充実に向かう諸力を全体として発達させるものでなければならないはずである。

（川合一九七五：一八）

このような全面発達の考え方は、基本的にはマルクス主義を基盤にしていました。小川が「全面的発達という概念は、マルクス主義教育学の中心的な概念である」（小川一九六三：一二）と述べていること、矢川が「マルクス主義教育学の目的理念は人間人格の全面発達である」（矢川一九七三b：一三一）としていることにも、そのことはみてとれます。

マルクス主義においては、資本主義社会のなかで部分的な労働を担わされることが、人間の発達を偏ったものにすると考えられました。資本主義的分業のもとで人間の発達が歪められることが問題にされてきたのです。また、資本主義社会における学校教育は、支配層の利益に奉仕する性格を強く帯びるとされてきました。そうした学校教育のもとでは、政府や企業の利益に適合する範囲に子どもの発達が制限されていくと考えられます。全面発達の考え方は、これらの問題を批判し、より多面的な人間の発達を追求するものでした。

もっとも、マルクス主義の見方からすると、全面発達は、資本主義社会のもとでは完全には実現されないものとして理解されることになります。しかし、全面発達をめぐる議論においては、資本主義社会のもとでは人間の全面発達が追求できないとされてきたわけではありません。むしろ、資本主義社会のもとで人間の全面発達をめざすべきことが強調されてきたといえるでしょう。たとえば、小川は、「知的労働と肉体的労働が極度に分裂させられる資本主義社会において、すでにその止揚の道が準備されているという事にも注目しなければならない」(小川一九六三：一三)として、「資本主義社会においてもすぐ、全面発達の教育は始められるし、また始められなければならない」(小川一九六三：一四)と論じています。また、この小川の論を受けて、坂元も、「現代資本主義のもとでも(中略)全面発達への前進の一面をつくりださねばならないし、またそうすることができる」(坂元一九七六：一七六)と述べています。つまり、全面発達に向けた教育は、現代の社会における課題として考えられてきたのです。

(2)「自由」や「解放」につながる発達

全面発達の考え方は、政府や企業の要求に合うように子どもの特定の能力を一面的に拡張しようとすることへの批判を含んでいるといえます。しかし、全面発達とは、多様な能力を単に満遍なく発達させることではありません。そのことを、城丸章夫(8)は、次のように表現しています。

> オール5主義と、全面発達とは同じものではない。金持の子どもが、利口そうな顔つきで、最近の科学のトピックから芸術の各分野にいたるまで、何でも一通り心得ているオール5主義と同じものではない。
>
> (城丸一九六〇：二)

城丸は、全面発達について、「人間が広い教養を獲得するという理想と同じものではない」(城丸一九六〇：三)、「カドのないマンマルな発達＝教養主義と同じものではない」(城丸一九六〇：七)とも述べています。そして、「全面発達は、勤労諸階級の人間的自由の獲得のための闘争、なかでも、独立・平和・民主主義・生活向上のための諸闘争と深く結びついているものである」（城丸一九六〇：七）と論じています。

そうした城丸の議論に言及しながら、矢川（一九六九）も、「全面発達の教養主義的把握」を批判しています。矢川にとっても、全面発達は、「労働者の解放」とつなげて考えられるべきものだったのです。矢川は、「小さな子どもの発達というミクロのモデル」から「資本の支配よりの人民大衆の解放というマクロのモデル」までを、「首尾一貫してとらえる」ことを主張していました（矢川一九七三b：六二）。

城丸や矢川が用いている言葉・表現には親しみにくさがあるかもしれませんが、彼らが論じている内容は、全面発達の考え方を理解するうえで重要です。子どもたちの全面発達を追求することは、「勉強もスポーツも万能な子ども」「多才な子ども」「何でもできる子ども」を育てようとすることと同じではないのです。労働者をはじめとする人々の生活を真に豊かなものにすること、社会のあり方をより良くすることと切り離せないものとして、人間の全面発達が考えられてきました。

矢川は、人間の発達を「自由」や「解放」と結びつけて考えていました。矢川は、「制限を脱する」こととして発達をとらえ、「それは自由への道を上昇してゆくこと、解放をめざして発展することである」と述べています（一九七三b：一二四）。矢川は、「教育とは、制限から発達へ、自由へ、解放へという変革のすじ道である」としていました（矢川一九七三a：一六三）。矢川にとって、発達とは、人間を「自由」や「解放」に向かわせるものでなければならなかったのです。学力テストで高得点をとる能力が身についたとしても、子どもが競争社会の価値観に縛られたままでいるならば、それは全面発達の考え方に合致するものではありません。また、他者と

（8）城丸については、第8章注（2）を参照。

意思疎通しながら企画を進める能力が広がったとしても、その力が職場への順応のためだけに活用されるならば、それも全面発達の考え方が求めることではありません。

矢川（一九七三a：三一―三八）は、「人間が真に人間らしくなっていくということでは、その人の変化や発達の方向ということがきわめて大切な問題です」と述べています。そして、「ぼくだけが甘い汁を吸えることが理想」「世界の一番上に立って有利な生活をしたい」という「エリート高校生」の存在に言及しながら、学校教育のあり方が発達を歪めることを指摘し、「マイナスの発達」としての「逆発達」について語っています。「中学校や高等学校でなにがしかの勉強をして（中略）知識を多少ふやし、考え方のうえでもなにがしかの変化をした」としても、「それだけでは、人間ができたとはいえない」として、矢川は「発達の方向」を重視したのです。

全面発達の考え方は、人間の能力が幅広く向上しさえすればよいと考えるものではありません。本人や他者にとっての意味、社会にとっての意味を常に視野に入れながら、人間の発達をとらえるのです。

2. 発達を考えることの意味

2-1. 子どもを理解しようとすること

発達をめぐる戦後教育学の議論は、教育に携わる教師・指導者の姿勢を問うものでもあります。子どもを発達の主体としてとらえるならば、子どもを単なる受動的な存在とみなすことはできません。あらかじめ決められた知識や技能を指導者が子どもに一方的に伝達しようとすることや、特定の態度を身につけることを子どもに強要しようとすることは、批判の対象になるでしょう。発達の主体として子どもをみることは、教師が一方的に子どもを指導しようとする姿勢を戒めるものであり、子どもとの対話的な関係のなかで教育を展開することを教師に求めます。子どもは何に興味をもっているのか、子どもは何に困っているのか、子どもは何を望んでいるのか、子どもが獲得しようとしている知識や技能は何なのか、教師は考え、子どもを理解しようとすることになります。

また、「発達の最近接領域」に目を向け、教師が子どもの発達を促そうとする場合にも、子どもの理解が不可欠になります。堀尾も、ヴィゴツキーのいう「発達の最近接領域」について、それが「各人に異なった」ものであることに言及しながら、「その領域の存在に着眼することを教師に促すことによって、教師の子どもと教育を見る目を鋭く鍛えることを求めるといった性質のものでもある」と述べています（堀尾一九八九：一五二）。そして、「子どもたちの状況を的確におさえ、子どもによって質問をかえながら、その最近接領域を射当てる働きかけの力量を求めるもの」として、「発達の最近接領域」をとらえています（堀尾一九八九：一五二）。子どもの発達を導く指導・教授の役割を重視することは、子どもを理解しようとすることと矛盾するものではないのです。子どもを理解しようとするなかでこそ、子どもに合った指導・教授が可能になると考えられるでしょう。

こうした当たり前のことの確認が重要になるのは、現実の学校教育においては、その内容や方法があらかじめ決められてしまう傾向があるからです。文部科学省が示す学習指導要領が学校教育を強く拘束している状況は、一つの典型だといえるでしょう。各学校が教育課程を編成する際の「大綱的な基準」であるはずの学習指導要領が強い力をもち、学習の時期や内容を左右してしまっています。さらに、近年においては、学習指導要領の改訂にも関わって「主体的・対話的で深い学び」（アクティブ・ラーニング）が強調されてきたこともあり、指導方法までもが特定の型にはめられつつあります。

教育委員会等が授業についての「スタンダード」を作成する動きもみられ、「導入において目標を明示する」「考えたことをノートに書かせる」「学習のまとめを板書する」といったように、授業の進め方を規定しかねない内容が「スタンダード」として示されていたりします。また、発達障害の子どもが通常の学級に在籍していることへの認識の広がりを背景にして、「ユニバーサルデザインの授業づくり」が提唱されてきていますが、画一的な手法が絶対化されてしまう危険性をはらんでいます。

教育において、実践例に学んだり、「手本」を参考にすることは大切ですが、「指導はこのようにすればよい」「授業はこのようにしなければならない」というマニュアルに従うことは問題です。マニュアルに基づく教育と、子ども理解に基づく教育とは、相性が良くありません。マニュアルに頼ることは、子どもを理解しようとする努力を薄れさせてしまうかもしれません。

一方で、子どもを発達の主体としてとらえることは、子どもを理解しようとすることや、子どもに合わせた教育を考えることにつながり、学校教育の現状を反省的に見つめる視点に結びつくのではないでしょうか。

2-2. 全面発達の観点から学校教育を問い直すこと

めざすべき発達の内実を考えることも、現実の学校教育のあり方を批判的に問い直すことにつながるでしょう。政府や企業の要求を色濃く反映する学校教育のあり方は、過去のものになったわけではありません。学校教育の目標が狭い範囲に誘導されていないか、特定の知識・技能や態度の獲得ばかりが追求されていないか、注意しておく必要があるでしょう。

特別支援学校の教育をみても、「キャリア教育」が政策的に強調されるなか、特に高等部において、就労の準備に傾斜した教育が推進されています。福祉施設ではなく企業等において就労することが重視され、学校に職場の環境を再現するようなことがされたりしていますし、長期間に及ぶ職場実習が広がっています。また、清掃や接客などについての技能検定が学校教育に導入されてきており、清掃等の作業が学校生活の大きな部分を占める実態がみられます。

このような状況は、子どもたちの全面発達を追求する観点からすると、大きな問題を含んでいるといえます。就労に直結するような学習のほかにも、障害のある青年たちにとって重要な意味をもつ学習はたくさんあるからです。たとえば、人間の体の仕組みを知ること、さまざまな生物について学ぶこと、自分たちが暮らす社会に関する理解を深めること、芸術に触れること、詩を味わうことなどにも、小さくない意義があるでしょう。障害の理解を含めた自己理解も大切なことですし、性に関わる学習も求められます。自由時間（余暇）を充実させるための取り組みも重要です。そして、いろいろな学習が展開される学校生活を通して、人との関係を豊かにし、人間として成長していくことが、青年たちの人生に大きな意味をもちます。就労に向けた準備だけが学校教育に求められているのではないことを、確認しておく必要があるでしょう。

また、就労に関わる技能や態度の獲得が本人の「自由」や「解放」につながっているのかどうかも、問われなければなりません。職場で指示に従って作業できるようになることは、労働の場における日常の充実を約束するものではありませんし、生活全体の豊かさを保障するものでもありません。また、働く人の権利や人間らしい働き方についての理解を欠いたまま、「まじめに、素直に、一生懸命に、働く」という姿勢ばかりを身につけてしまうことは、本人を苦しめることになりかねません。

もちろん、高等部卒業後に就労することになる生徒が多い現状を考えても、就労に向けた学習は特別支援学校の教育において重要な部分になるでしょう。障害のある子どもの教育に限らず、一般的にも、職業に関わる学習は求められます。しかし、学校教育の本来の目的は、「人格の完成」や「発達」であり、生徒を企業等に就職させることではありません。学校教育が就労の準備に終始することは批判されるべきでしょう。

全面発達という観点をもちながら、めざすべき発達を広い視野で考えておくことが重要です。そのことによって、今の学校教育に欠落しているものや、不足しているものについて、敏感になることができるのではないでしょうか。

3．さらに考えたいこと

3ー1．子どもを発達の主体とみなす指導のあり方

子どもを発達の主体としてとらえることについては、教師が教育の主体として指導に携わることとの関係を考えておくことが必要でしょう。子どもが発達の主体であることの重視は、場合によっては、子どもの発達を導く教師の役割の軽視につながります。そうした危険性には目を向けておかなければなりません。

窪島も、「教師—生徒関係」を「主体—主体関係」としてとらえる尾関（一九八九）の議論に言及しながら、「発達にたいする教育的指導の積極的な役割を軽視すること」を批判していました（窪島一九九六：六六）。窪島は、「教師—生徒関係」を「主体—主体関係」とみることについて、「一般的な教育論のレベルでは強調されてよい」としながらも、「尾関氏の主張は教育における『指導』または『教えること』の意義を否定し、あるいは否定しないまでも恐ろしく軽視することにつながる危険性を含んでいる」と述べています（窪島一九九六：七〇）。

また、堀尾は、「現在の充実が、同時に未来への背のびの力をためることに通じているような発達の状態をつくりだすことは、子どもを自然のままに放置していたのでは不可能であり、親や教師の適切な教育的配慮があることが不可欠です」と述べています（堀尾一九八九：九七）。そして、「発達論を、『枠づけ論』として批判するむきもありますが、これは発達についての無理解に発しているといってよい」として、「発達が一元的な進歩のスケールにそい、あるいは教育的働きかけに一方的に従うたぐいのものではないことは、もはやこれ以上説明する

までもないでしょう」と誤解に答えています（堀尾一九八九：一六二）。子どもが発達の主体であるからといって、「教育的働きかけ」の存在が問題視されるべきではないのです。

たしかに、子どもが何も「矛盾」や「要求」を抱えていないのであれば、「教育的働きかけ」は〝おせっかい〟かもしれません。しかし、戦後教育学は、子どもたちのなかにある「矛盾」や「要求」に目を向けてきました。子どもたちは、潜在的にであれ、「（今はわからないけれど）わかるようになりたい」「（今はできないけれど）できるようになりたい」「（今とは異なる）こんな自分になりたい」といった「矛盾」や「要求」を、それぞれに抱えているのです。「教育的働きかけ」は、そうした「要求」に応え、子どもが「矛盾」を乗り越えていくことを励まそうとします。

子どもを発達の主体としてとらえることは、発達を子ども任せにすることではありません。それどころか、子どもを理解しようとすることや、「発達の最近接領域」に働きかけようとすることについて、むしろ教師に大きな責任を自覚させるはずのものです。子どもが発達の主体であることをもって、子どもに合わせた「教育的働きかけ」が放棄されてもなりませんし、指導の意図の曖昧さが正当化されてもなりません。

そもそも、本章の「はじめに」でみたように、堀尾（一九八九）の表現によれば、教育とは「発達を促す営み」であり、「意図的営み」です。宮原（一九四九）も、「目的意識的な過程」であることを、「形成」とは区別される「教育」の特徴とみなしていました。目的意識的な働きかけが教育であるとするならば、子どもの発達を成り行きに任せることは教育ではありません。

子どもが発達の主体であることをふまえながら、同時に教師が教育の主体として役割を果たす必要があります。しかし、それは具体的にはどのようなことなのでしょうか。実際の教育について具体的に考えてみると、問題は必ずしも簡単ではありません。子どもの思いを優先させるべきなのか、より強く教師が方向づけをするべきなのか、といった迷いは、さまざまな場面において生まれることでしょう。また、表面的には子どもを主体として尊重しているようでありながら、本質的には教師が自分の思うところに誘導しているということがあるかもしれません。子どもを発達の主体とみなす指導のあり方について、それが具体的にはどういうものであるのか、教育の実践に即して探究していくことが求められます。

3-2. 発達の具体的な内実

めざすべき発達の内実に関わっても、それを具体的に考えてみることが必要でしょう。全面発達の考え方についてみても、その理念を掲げるだけでは、あるべき教育の中身は十分に見えてきません。教育の実践を構想するうえでは、全面発達とは具体的にどういうことであるのか、「自由」や「解放」につながる発達とは何であるのか、現実の文脈に即して考えていくことが求められます。

学力テストによって把握される能力の伸長は、めざすべき発達と同一視されるべきものではありません。他者を気遣う優しさが生まれること、多少のことでは仲間を責めないおおらかさが育つこと、理不尽なことに対して声をあげる正義感が強まることなど、人格的な発達も視野に入れる必要があります。また、知識や認識に関わることを考えても、一般的にみられる学力テストで測られるものだけが重要なわけではありません。現代の社会で生きる人間にとっては、働く人の権利についての理解や労働法についての基礎知識なども欠かせないでしょう。社会保障の権利や生活保護等の制度に関する理解も大切です。戦争をめぐる問題や地球温暖化（気候変動）をめぐる問題についても、認識の発達が求められるでしょう。めざすべき発達の内実の全部をここで述べることなどできませんが、めざすべき発達を広い視野で考えなければなりません。

ただし、いくらか視野を広げさえすればよいということではありません。より幅広い能力を子どもに期待することと、政府や企業が要求する範囲を超えた発達を追求することとは、同じではないのです。たとえば、二〇一七年に公示された学習指導要領についても、「育成すべき資質・能力の三つの柱」として、「知識・技能」に加えて「思考力・判断力・表現力等」「学びに向かう力、人間性等」が挙げられ、かなり幅広く「育成すべき資質・能力」が考えられてきました。しかし、その「育成すべき資質・能力」は、結局のところ、現代社会において経済界が「人材」に求める能力の内容を強く反映しています。子どもに求めるものの幅を広げるだけでは、全面発達の観点を活かしたことにはなりません。

幅広い能力が要求される文脈を考える必要もあります。本田（二〇〇五）は、現代の日本社会において「主体性」「独創性」「意欲」「コミュニケーション能力」「論理的思考力」「問題解決力」などの「ポスト近代型能力」が強調されていることを指摘しつつ、そうした柔軟で不定形な諸能力の重要度が増す「ハイパー・メリトクラシー化」を問題にしています。幅広い能力の発達の追求も、競争社会のなかで、人間全体に及ぶ格付けにつながり、社会的格差に連動するのであれば、単純に肯定することはできないでしょう。

それでは、めざすべき発達の内実とは、どういうものなのでしょうか。このことについて、私たちは絶えず問い続ける必要があります。

おわりに

近年においては、学校教育のめざすものが「発達」という言葉で語られること自体が少なくなっている印象があります。「学力」の向上や「資質・能力」の育成が強調されるなかでは、「発達」は後景に押しやられてしまうかもしれません。

しかし、「発達」を「学力」に置き換えることはできません。「学力」では言い表しにくい、身体的な発達や人格的な発達を含めて、私たちは「発達」を考える必要があります。また、「育成すべき資質・能力」という言葉からは、「発達の主体としての子ども」というような見方は導かれにくいでしょう。

戦後教育学における「発達」をめぐる議論には、現代の教育においても重要な内容が豊富に含まれています。「発達」という概念を活かすことによって、「学力」や「育成すべき資質・能力」が重視される学校教育のあり方を批判的に問い直すことが、私たちに求められるのではないでしょうか。

参照文献

本田由紀　二〇〇五『多元化する「能力」と日本社会―ハイパー・メリトクラシー化のなかで』ＮＴＴ出版
堀尾輝久　一九八九『教育入門』岩波書店
堀尾輝久　一九九一『人間形成と教育―発達教育学への道』岩波書店
勝田守一　一九六四『能力と発達と学習』国土社
川合章　一九七五『子どもの発達と教育』青木書店
窪島務　一九九六『現代学校と人格発達―教育の危機か、教育学の危機か』地歴社
宮原誠一　一九四九「教育の本質」『宮原誠一教育論集　第一巻』国土社、一九七六
茂木俊彦　一九九〇『障害児と教育』岩波新書
小川太郎　一九六三『教育と陶冶の理論』明治図書
尾関周二　一九八九『言語的コミュニケーションと労働の弁証法』大月書店
坂元忠芳　一九七六「全面発達の思想と民主教育―能力・人格の発達論を中心に」矢川徳光・川合章編『講座日本の教育3能力と発達』新日本出版社
城丸章夫　一九六〇「全面発達をめぐって」『教師の友』第八三号
ヴィゴツキー　一九三四／二〇〇一『思考と言語』柴田義松訳、新読書社
矢川徳光　一九六九「全面発達の教育理念」『講座現代民主主義教育　第3巻　民主教育の基礎理論』青木書店
矢川徳光　一九七三ａ『教育とは何か』新日本出版社
矢川徳光　一九七三ｂ『増補マルクス主義教育学試論』明治図書

第7章　教育的価値論
——よい教育ってどんな教育？

神代健彦

はじめに

つまるところよい教育とは、どのような教育なのだろうか？
ライオンのその固有のよさは、「強さ」だろう。
よいナイフは「よく切れる」ナイフである。
では、教育に固有のよさ（価値）とは？

＊

価値とは、「広い意味では〈善いもの〉ないし〈善い〉といわれる性質」（廣松ほか一九九八：二四二）だと言われます。ですからわたしたちが教育的価値という言葉を使うとすれば、それは教育という営みにおいて、そのなかでもよい（優れた）と呼ばれうる教育の実践、はたまたそれを支える制度が共通に持つ性質やその度合い、というくらいの意味になるでしょう。そして、その性質や度合いは、わたしたちが教育一般からよい教育を区別するときの指標であり、また同時に、教育一般がそれを目指して前進すべきところの理念（あるべき姿）を構成することにもなります。

また、そんな教育のよさは、教育を他の事象から区別する指標でもあります。教育という営みは確かに、権威や権力、管理や秩序と呼ばれるものを含み、費用や効果などといった尺度で語られることもあります。その意味では教育も、政治や経済といった他の人間事象と無縁ではありません。しかし他方で、少なくともわたしたちの歴史における教育の探求は、教育におけるよさという観点から、権威や権力、管理や秩序、費用や効果といった事柄を—まったく排除するというわけではないですが、少なくとも—厳しく吟味するという営為を含んでいた／いることも事実です。教育と政治や経済は、現実においてしばしば似ています。しかし教育は、その最良の形（理念）においては、政治や経済とは違った仕方で人間を扱うものとして、わたしたちの歴史のなかに息づいているわけです。

もちろん、そのよさは必ずしも一元的ではありません。ここでいうよさとは、真理であること（正しさ）、道徳的よさ、美しさ、あるいは強さ、慈悲深さ、公正さ、しなやかさ、誠実さ…その他まだ名前の付けられていないさまざまなよさを含みこんだ包括的で未分化な概念です。そして教育的価値（よさ）は、教師の自由な教育実践が提起するさまざまなよさの総体につけられた、仮の名前（仮説的概念）です。だからそれは、既に定まったものではなく、教師の実践的探求によってその都度豊かになっていく、歴史に開かれた概念であるといえます。

そして、この章では、そんなよい教育をめぐるわたしたちの探求の指標となるよさ、すなわち教育的価値という考え方について改めて明らかにしていきたいと思います。なぜか。それはつまり、戦後教育学という学問的潮流において中心的位置を占めていたこの語が、現在、少なくとも学問の用語としては、ほとんど死語となっているという現状があるからです。単に古い言葉が歴史に淘汰されたというだけならよいのでしょうが、ことはそう単純ではありません。実際には、教育的価値の死語化は、ちょうどその分だけ、教育におけるよさ〔価値〕を吟味するという部門そのものの喪失を意味しています。

これはとても深刻な事態です。現実をどの方向に変えていくべきかという理想論、理念、「そもそも」論、「べき」論、つまりは教育的価値論は、決して不要な旧教育学の遺物ではなく、むしろ新自由主義やグローバル化が子どもと教師と保護者をますます生きづらくしていく現代だからこそ、なお一層必要なものではないでしょうか？　ここでシニシズムに陥るのは避けるべきです。理想論を「現実的でない、理想論だ」と論難するのは無意味です〔その通り、理想論ですので〕。現実がまさに過酷な現実であるからこそ、なお一層わたしたちはその現実のただなかで、理想や理念を雄弁に語るべきだと思います。どんな教育がよい教育なのか――、教育的価値論の復権は、教育という営みそのものを成り立たせるこの価値の問いを、教育と教育学の世界の中心に取り戻すために、避けて通れない課題なのです。

この章では、教育的価値の語あるいは教育的価値論という一連の議論を現代の教育と教育学の世界で復権させるため、まずその意味を明らかにしておきたいと思います〔第1節〕。そこで重要なのは、教育的価値という語がわたしたちに呼びかけている声に気付くことです。教育的価値は、わたしたちに、〈人間形成の技の探求という、人類の共同的・歴史的な道行きへの参加〉を呼びかけています。そしてその探求への参加とは、わたしたち自身が「よい教育とはなにか」を問い始めるということに他なりません〔第2節〕。だからこの章自体もまた、現代におけるわたしたちの教育的価値についての仮説を提起することで、その〈問い〉に参加してみたいと思います〔第3節〕。そんな仕方で読者にもこの〈問い〉への参加を呼びかけるというのが、この章のねらいです。

1. 教育的価値とはなにか

1-1. 経済でも、政治でもなく

教育的価値とは、他の文化的・経済的諸価値に還元されない、教育固有の価値のことです。このことを定式化したのは、戦後日本の教育学を牽引したリーダーの一人、勝田守一(1)でした。だからまずここでは、勝田の教育的価値の説明(勝田一九七三a)を、言葉を補いつつ整理しながら解説したいと思います。

政治、経済、芸術、学問…人間が広い意味での文化として保持しているそれぞれの領域においては、相対的にではありますが、それぞれ固有の価値(よさ)の尺度とそれに基づく秩序が存在します。仮に政治を統治の諸技術だと理解するなら、そこには統治という目的に対する諸技術の優劣という価値尺度が存在するでしょう。経済においては、貨幣を媒介に、交換の体系としての市場がその価値を測る場となります。芸術は美を、学問は真理を、価値として追求する営みといえます(2)。

そして教育という営みもまた、それらと無関係ではいられない——、勝田はそう言います。例えば教育は、経済との関係においては、「労働力の生産」という役割を負っています。経済の発展のためには、より付加価値の高い商品を生み出す、より質の高い労働力が必要ですし、またそのような付加価値を生み出す「人材」自体が、重要な商品ともなります。同じことは政治にも言えるでしょう。政治を人々の集団的な生き方や関係性の統治の技術とみたとき、教育とは、次世代をコミュニティの秩序のなかへと引き入れる統治の技術の一種です。実際、近代教育思想の源流の一人J・J・ルソーは、古代ギリシャの哲学者プラトンの政治哲学の書『国家』を、第一級の教育書として称賛しました。教育と政治は、人間の集団的な生き方をある種の理想的な姿に向けて統制して

いく営みであるという点で、限りなく重なりうるものです。

しかし他方で―むしろだからこそ、というべきでしょうか―、教育はその固有の価値を尺度としながら、経済や政治とは違った仕方で人間を扱うものとして、歴史的にその姿を現してきました。経済は、より質のよい労働力を求めるというその論理から、より質のよい労働力を生み出す教育を求めます。政治は、次世代への、より確実で効率的な既存秩序への包摂としての教育を求めます。しかし教育は、単純にそれに従うという形で展開してはきませんでした。必ずしも労働市場で高値がつくことに直結しない、既存秩序への効率的な包摂ではない―だから経済や政治の論理から言えば無駄な―仕方で、現に教育は営まれているというのは、わたしたちのごくごく常識的な感覚でしょう。これは、経済や政治の要求に即応できない親や教師たちの無能さを示すのでしょうか？

そうではないと思います。彼らは劣っているのではなく、別の価値、別の関心に突き動かされているとみるべきです。この端的な事実―親や教師は、経済や政治のことだけを考えて教育をしていないという平明な事実―に、教育に固有の価値というものの、少なくともその存在が、示されていると言えます。

（1）勝田守一（かつた・しゅいち）は、一九〇八（明治四一）年東京駒込で生まれる。一九二九（昭和四）年に京都帝国大学文学部哲学科（西洋哲学史専攻）に入学、カント研究者の天野貞祐に師事。卒業後は松本高等学校教員を経て、文部省図書監修官ほか戦中教育行政の中枢で働く。戦後は文部省教科書局社会科主任ほか戦後教育改革を担う行政官として、社会科の発足に貢献した。文部省退職後、学習院大学を経て、一九五一年から東京大学教育学部に勤務。戦後に再建された民間教育研究団体「教育科学研究会」（「教科研」）に深くかかわり、戦後の教育運動をリードした。一九六九（昭和四四）年に六〇歳で死去。

（2）もちろん、それぞれの価値は、ここで言うほど単純ではなく、むしろそれ自体それぞれの領域において探求の対象である。例えば政治は、それを支配・被支配という垂直的な関係のなかで他者を統治する営みとする考え方もあれば、異質な者同士の交わりと合意形成として、あるいは絶えざる闘争として理解することもできる。他領域をどのようなものと理解するかによって、その領域と教育との関係性や重なりも変わってくることが、ここで無視されているわけではないことは断っておきたい。

1−2.「なにを・いかに・教えるか」のよさ

ではその教育的価値なるものを、経済でも政治でもなくという否定の形で、かろうじてその存在を示すだけではなく、もっと積極的にそれ自体として検討してみましょう。仮説的であることを断りつつ、思い切って述べれば、次のようになります。

教育的価値とは、教育の営みにおける、広義の文化財やその組織の仕方としての制度・技術が持っている、人間の成長・発達を媒介する、その意味で望ましい性質、またその度合いである。

ここに言う「発達」とは、心理学の用語としてのそれをもととしつつ、それに還元されるものでもない—とりあえずその是非は措くとして—ということに注意が必要です。それは、教える—学ぶという関係性のうちで見出される人間の変容、そのなかでも、なにかしらよさを伴った変容を指す、教育の世界の独自の概念です（詳しくは、本書第6章を参照のこと）。その変容は、単なる量的な増大（例えば身長や体重の増大）ではなく、その前後で人間のあり方が質的に異なるような、変容のプロセスにおける「節」を含意します。このように定義として正確に言おうとすれば難解ですが、さしあたって、わたしたちが日常でしばしば目の当たりにする、子どもがなにかしらできるようになる／わかるようになる／その他、なにかしら質的に異なるかたちでよくなる（卓越）という事実を、まずは想起すればよいと思います。

もちろんそのよさは多元的で、それ自体定義されることを拒むような、しばしば論争的なものでもあります。また発達は、教育に先立って定義されるというよりは、教育することによってむしろそれ自体を現すという側面があります。その意味で発達は—少なくとも教育における発達は—、教育の実践的探求の前にであると同時に、そのプロセスと相即して理解されていくような、開かれた概念です。教師は、教育実践の前に、ではなく／あるいはそれと同時に、実践のなかで、子どもの発達をつかみます（「子ども理解」）。難解ではありますが、しかしともあれ、子どもが時間的経過のなかで、他者の働きかけを介して、しばしばよくなるという事実自体は―その内実は曖昧で論争的であるとしても―、極めて一般的で揺るがしがたい事実といえるでしょう(3)。

では、教育的価値とはなにか。それは、上記のような成長・発達という人間の生のよさと深くかかわりつつも区別される、成長・発達を媒介する事物の性質やその度合いのことです(4)。そしてこの教育的価値は、さらに、教育の内容としての価値と、方法としての価値という具合に、相対的に区別して整理することができます。

教育内容のレベルでの教育的価値という言い方は、この語の一般的な使用法に近いかもしれません。わたしたちはしばしば、具体的な文化財を指して、そのものの教育的価値―それが持っている、成長・発達を媒介する性質の度合い―を論じることがあります。例えば、「レオ・レオニの作品『スイミー』の教育的価値」という言い方は、「スイミー」が持っている、その作品に触れることで子どもが成長・発達する性質の度合いを指します。「バスケットボールの教育的価値」と言えば、バスケットボールという運動文化が持っている、それをプレイするこ

（3）この「発達」の語には、新しい世代の未規定な人間の生の善さを、教育（学）が独善的に定義するという科学主義やパターナリズムの陥穽が疑われてもいる。いくつかの戦後教育学批判は、この点を鋭く突いた。例えば、矢野（二〇〇八）が「発達」に「生成」を対置するのは、この種のパターナリズムに対する警戒の表現と思われる。

そして筆者は、一般論としてのパターナリズムの危険性には同意するし、その警戒の必要性についても理解する者である。ただし発達の概念には、本文で述べた通り、プロセスそのもののうちでその都度実践的に理解されるものという意味で、人間の未規定性への配慮も織り込まれており、新しいカテゴリーを立てる必然性は乏しいという立場をとる。

（4）教育的価値の語の一般的な用法には、発達概念、つまり、教育の目的概念を含む例がある。目的概念と完全に切り離して教育の内容や方法のよさを論じるのは困難であり、目的概念を含んでこれを定義することにも一定の必然性はあるが、その場合教育的価値の概念があまりに多くのものを含むことになるため、本章ではこれを区別して整理している。

とで人が成長・発達する度合いを意味しているでしょう。だから教育的価値とは、教育において「なにを」教えるべきか、ということの指標にほかなりません。ちなみに教材（学習材）とは、事物（文化財）が持っている、人間の成長・発達を媒介する性質の度合いを見極めつつ、それらの事物を取捨選択して組織（配列）したものと言えます。

ただし、この「取捨選択」や「組織（配列）」という部分には、すでに、方法（「いかに」教えるか）という意識が入り込んでいる点が重要です。人間の成長・発達は、それらを媒介する性質を（潜在的に）もった文化財を、ただ無秩序に押し付けるだけでは上手くいきません。むしろ高度に洗練された教育は、文化財を、学習主体についての適切な理解に基づいて精妙に取捨選択・配列するという方法の意識をその核とします。のみならず教育は、学習主体がその文化財を摂取する前提や形式にも注意を払います。学習主体はその文化財を適切に摂取できる段階にあるのか（レディネス）、学習活動は個人で行うか／集団か、受け身を廃し子どもの自主性や主体性を尊重できているか…、教育的価値は、これら広義の「いかにhow」という発想、「方法的価値」（勝田一九七三a：四四〇）の考え方を含んでいるわけです。「一読総合法の教育的価値」とか、「アクティブラーニングの教育的価値」などといった表現は、それぞれの方法的価値の度合いを論じているということになります。

ちなみにこの「方法的価値」の射程は、かなり広く理解した方がよいでしょう。例えば「学校の教育的価値」という言い方をもしするなら、その意味は、学校という制度が持っている、子ども（集団）の成長・発達を媒介する度合いのことと考えられます。そしてこのとき、制度と方法という語は、一見するとまったく異なる位相の語彙に思われるかもしれません。しかし例えばこれを「いかにして教えるか？」――「学校という人間形成の方式を介して」という問いと応答の形にするなら、ここで学校教育制度は、方法的価値を問われているといえるでしょう。その限りで学校制度は、広義の方法の範疇に入ると考えられるし、逆に言えば、方法的価値という語は、このような制度をその尺度の射程に含むものと言えます。

＊

教育的価値とはなにか――、それは、教育という文化財の伝達形式のあり方（「なにを・いかに・教えるか」）に関わる、そのよさ（成長・発達を促す性質の度合い）のことです。わたしたちは、成長・発達という人間の望ましい変容を導くための技法を、膨大な試行錯誤―ときにそれは取返しのつかない惨禍をすらもたらしもしましたが―の上に積み上げてきました。そしてそんな実践的探求そのものがまた、成長・発達という人間の生のよさの理解を促進してきました。成長・発達という人間の生のよさが教育のよさを導き、また教育のよさが成長・発達を導く――、二つの循環するよさの螺旋、互いが互いを露にしていくその過程こそが、まさに教育の歴史であるといっても、過言ではないでしょう。

2．理論的な批判に応える　―歴史・なかま・批評―

とはいえ、この教育的価値（論）を教育と教育学の世界において復権させるのは、決して簡単ではありません。少なくとも教育学の世界において、教育的価値論には、（直接的・間接的な）批判の矢が刺さったままになっているからです。だからここでは、そのような批判に一定程度応えるという仕方で、教育的価値（論）の性格について、もう少し理論的に深めてみたいと思います。

2-1．歴史的な概念としての教育的価値

勝田の教育的価値論についてのもっとも直接的な批判としては、教育的価値という語（概念）を「ア・プリオ

り（あるいは「超越的」）」なものと解釈しつつ、そのことが教育学の視野の「狭隘化」をもたらしたとする、森田尚人（一九九二）のものがあります。

「ア・プリオリ」とは、哲学の伝統的な用語で、「経験に先立って与えられている」という概念や原理の性格を意味します。「わざわざ調査や実験、観察などで確かめなくても、必然的に正しいということが自ずから明らかである」ということです(5)。また「超越」とは、経験の世界を「超えている」という意味で、さらに、そのようなわたしたちのこの世界を超えて存在する何か（例えば神やイデア）こそが真の実在であるという含意を持ちます。

いずれの語も哲学においては一般的に使用される語ですが、一九九〇年代の日本の教育学においては、明らかに否定的なニュアンスをもって勝田教育学の批判に使用されました。例えば森田は、勝田の言う教育的価値を、教育と社会の歴史的現実に根を持たない、単なる理論的な、学問としての教育学の方法論的前提であったと主張しています。平たく言えば、勝田は、「よい教育とはどのような教育か（教育的価値）」ということを、歴史的現実に十分に目を向けることなくある種恣意的に定めることで、教育学の学問としての独自性を確立しようとした、というわけです。そしてそのような前提を置いたことによって、戦後日本の教育学は、その視野を「狭隘化」（森田一九九二：一〇）させるという代償を支払うこととなったと、森田は言います。つまり、勝田を含めた戦後教育学は、自分たちで理論的に定義した「よい教育」に合致するものしか教育と認めず、合致しないものは「教育ではない」として排斥することで、学問的に閉じこもったということです。

一般にある学問領域が、本当はその学問にとって重要な特定の対象を議論の射程に捉えきれていないということがあったなら、それは克服されるべきでしょう。だから、教育的価値論が、歴史的に生成してくる新しい「教育のよさ」を認められない――既存の定義に合わないものは一切認めない――硬直したものでしかありえないならば、そのような議論は放棄されるべきだと言えます。その点、勝田はどうでしょうか？　少なくとも勝田は、教育的価値なるものが、歴史的に変化していくことを認めています。

> 「教育的」価値は歴史的なものである。歴史的であるということは、つねに変化するということだけを意味するのではない。歴史的な変化に規定されて発展すると同時に、それ自身がまた、のちの教育的実践の指標となり、理念となるという性格をもつということである。
>
> （勝田一九七三a：四三六）

「どのような教育がよい教育か」ということの答えは、歴史的に変化しつつその都度立ち上がってくるものであること、したがって教育的価値とは、歴史的現実に根を持たない、学者（勝田）が「ア・プリオリ」に前提した空虚な理論概念ではなく、むしろその教育の歴史的現実が（おそらくは葛藤を含みながら）それ自体として実現しようとしているよさにつけられた仮の名前（「名目的定義」(6)）であるということ——、このように考えれば、ある学者（例えば筆者）が、現代の教育の歴史的現実がそれ自体として向かおうとしているよさを見誤って、教育的価値の範疇に不当にも数え入れなかったなどということがあるとして、そのような学者の能力に起因する個別の瑕疵は批判されるべきでしょう。しかしそんな個別の瑕疵の存在が、教育的価値という語や理論そのもの

（5）例えば、「なにか赤色であるものが、同時に青色であることはできない」という主張が正しいことは、実際に赤色でありかつ青色であるような何かがこの世界に存在するかどうかを調べなくても（つまり経験的に証明しなくても）わかる。

（6）「名目的定義」は、アリストテレスに由来する概念。物事の「完全な定義」をもとめる探求の端緒であり手がかりとなる。詳しくは酒井（二〇二〇）。

を廃棄する理由になるわけではないのです。教育的価値とは、「よい教育とはどのような教育か」をめぐって歴史的に、また現在進行形で遂行している実践的探求の、その都度の暫定的な回答を捉えたものです。その探究のプロセスにおいてはもちろん、後に「誤り」とされるような教育的価値（の暫定的回答）も含まれています。しかし、そのような「誤り」の存在が、この実践的探求全体を否定する理由になることはありえません。なぜなら、「誤り」を含むこと、つまり「試行錯誤」であることが、この探求の本質的性格だからです。

逆に言えば、もし教育的価値の概念あるいは議論が、その枠組みそのものとして否定されうるとするなら、それはわたしたちの社会、あるいは広く人間の歴史において、「よい教育とは」という探求そのものがまったく存在しない場合に限られるはずです。存在しない探求、存在しない暫定的回答を存在するかのように言うのは確かに誤りでしょう。しかしそれは、あまりにリアリティを欠いた世界観です。現にわたしたちは、歴史的に連綿と、何らかの形で、「よい教育」を求めてきましたし、いまこの瞬間もそれは続いています。その中身の真偽、当否はともかく、この探求の活動の存在そのものは、まったく自明と言っていいはずです。もちろん、その探求においては、様々な対立や葛藤があります。だからそれは、多様で多元的で、だから現実の教育はつねに改訂に開かれた「暫定協定」のうちにあります。しかし逆に言えば、わたしたちが何らかの形で「よい教育」を探求している限り、その探求において見出される暫定的な回答は、その都度、空虚な理論でも現実をみない理想論でもなく、むしろ教育と社会の現実そのもの、過酷で残酷な現実を超え出ようとする現実そのものであるところの、教育的価値なのです。

2-2. 教育的価値の自覚の条件

他方で価値は、人々の意識において自覚されることなしには、現実のちからとはなりえないということも事実です。実際、その価値を人々が自覚できないばかりに、歴史のなかに消えていった教育の技や工夫が多いだろうことは、想像に難くありません。価値は、それを価値として自覚されることを必要とするのです。そして勝田は、教育的価値なるものの自覚の条件として、実践性と共同性の二つを強調していました。例えば以下の引用部分は、前者の実践性を強調するものと言えます。

私たちは、教育の領域における問題への取組み方に実践的でなければならない、ということをいってきた。実践的ということは、もちろん、実践を通して、はじめて、教育の問題の価値と意味とがとらえられるということである。

（勝田一九七二a：四七）

「実践を通して、はじめて、教育の問題の価値と意味がとらえられる」とは、何を含意しているのでしょうか。一つは、「教育の問題の価値と意味」――それは教育的価値の手がかり、あるいは教育的価値そのものであったりするでしょう――が、一般的な意味での科学的認識では捉えがたいものであるということです。一般に認識とは、観照的態度、すなわち、対象と距離をとって立ち止まって見る（分析する）ことを要求します。しかし教育的価値は、そのような観照的（科学的）認識ではつかみ得ないものです。それは実践、すなわち、生きてはたらく対象と実定的に関わり、それに働きかけていくことのうちに自覚される――、勝田はそう考えていたように思われます。言い換えれば教育的価値は、科学によって独占的に発見されるのではなく、科学に支えられた実践的努力が発明すると同時に自覚するものです。そうやって現れる教育的価値は、もちろん物理学的対象のような実在性を持つわけではありません。しかしそのことをもって、これを虚構のように扱うことは正しくないでしょう。

また、そのような教育的価値の自覚（認識＝実践）は、一人の教師の孤独なしごとではありません。むしろ教育的価値の自覚は、教育のよさをめぐる探求の共同体に参加するという仕方で、共同的になされるものと勝田は考えました。教育的価値の自覚の条件の二つ目、共同性について、勝田は、教育実践記録をめぐる主張のなかで、以下のように述べています。

記録は単に私的な覚え書やひそかな逃避の感傷ではない。それは、なかまとともに語られ、問題が発見され、整理され、意識しなかったものに意識の光が当てられるためのものである。共通のねうちをもつものが掘りおこされるのである。

（勝田一九七二b：八五）

教師は必ずしも自分自身の実践の価値（「共通のねうち」）を正確に自覚しているとは限りません。一般に教師は、実践のプロではあるでしょうが、必ずしも実践を語るプロではないからです（むろん例外はありますが）。子どもの成長・発達とそれを媒介する教育のよさの螺旋的な前進は、それが自覚されるために、掘り起こされること、表現されることを必要とするのですが、それは、一人の教師の孤独な作業としてではなく「なかま」の存在によって、「なかま」との共通の財産という形でこそ可能になるというわけです。

ただし、教育的価値の自覚が、「なかま」による共通の財産化とほとんど同義であるとするなら、逆に言えば、「なかま」でなければ、その価値は理解できないということでもあります。教育的価値の自覚は、自覚を共有しようとする主体の変容（「なかま」化）を要求するということです。ここに、教育的価値論あるいは戦後教育学に対する批判の、一つの論点があります。先の森田のほか、広田（二〇〇七）が主張したような、戦後教育学の「閉鎖性」の問題です。教育的価値の自覚のためには、実践＝認識の共同体への参加（主体の変容）が必要となる、逆に言えば、このような実践共同体の外にいる人間は、この価値を必ずしも自覚できない、ということです。このことは例えば、ものづくりの世界における職人の「コツ」や「勘」といったものの有り様と似ています。そうした「コツ」や「勘」は職人の仕事を成り立たせる重要な要素ですが、科学的につかみ出すことが難しい、ある意味で秘教的なものです。

そしてその業界が合理化されるとき、「コツ」や「勘」のような認識し難いものは、あたかも最初から存在しなかったかのように無視されがちです。しかしそのことは、結果としてその業界の大きな損失である場合も少なくない。これは避けるべきでしょう。必要なのは、とてもユニークだがひどく秘教的なそのなにかを深く吟味しつつ、多くの人々の共通の財産としていくという仕事です（ちなみにわたしはそうした実践の読み解きの仕事を、「教育批評」と呼びたいと考えています）。そして勝田は、教育の世界において、現実の教育の営みのうちに根付いたその何かを教育的価値とよび、その解明の仕事を広く呼びかけた教育学者だったのでした。

＊

結局、教育的価値とは、言わば、わたしたちが実践的・共同的に相乗りする、下船不可能な巨大な「ノイラートの船」(7)なのです。すでに航海に出てしまっている船は、不具合があるからといって―例えば学者の扱う操作的な概念のように―最初から作り直すことはできません。現に迫りくる航海の危機に、不具合のある部分を少しずつ修理しながら対処して進むしかないのです（実践性と共同性）。しかしそのことは別段、その船を頼りに進む教育と教育学の致命的な失敗を意味してはいません。過去の人類の試行錯誤の結晶としての古い教育的価値

(7) オーストリアの哲学者オットー・ノイラートが用いた、知識論についての比喩。ただしここでいう「船」は、ノイラートの言う物理主義的な「統一科学」という一隻の船のみをさすとは限らない。また当然ながら本稿は、価値論を学問から排除するというウイーン学団（ノイラートはその主要メンバー）のテーゼを容認するものでもない。

に支えられつつも、時代に応じて部分的に改修（価値の改訂）しつつ進む船は、その姿かたちこそ、出航した数千年前とは似ても似つかない、継ぎはぎだらけの船かもしれません。部外者から見れば、いかにも野暮ったくみっともない、そんな船のあり方はしかし、乗員（「なかま」）になることではじめてわかる歴史的必然性をもっている場合もあるのではないでしょうか（歴史性）。

そして、その歴史的必然性を自覚する「なかま」こそが、その船を時代に合わせて適切に改修（改訂）していくことができる主体だ、と勝田は言うのです。もちろんそれは、閉鎖的な「なかま」ではありません。乗船の条件は、「よい教育とはなにか」を語りだそうとする意志、それだけです。その船は、そんな意志を持つ新しい「なかま」に開かれていると言えます。ともかくもそんなかたちで、船は航海を続けているし、その船でともに行く「なかま」は、丘から見るのとは違った、その都度つねにあたらしい豊かな海の景色を眺めながら、航海を続けることになります(8)。

教育的価値とは、そんな船の名なのです。

> なかまとは閉鎖している徒党ではない。どこまでも開いたなかまである。「なかまはどこにでもいる」という拡がるなかまである。実践がそのなかまの共有財産になるということは同時に、その内容がなかまを拡げる力をもつということでもある。
>
> （勝田一九七二b：八八、八九）

3．わたしたちの・現在の・教育的価値

教育的価値とは、歴史的に形成されてきたものである以上、つねにいくらか過去のものです。しかしそれは同時に、現在と未来の人々による、過去との対話を経た、実践的で共同的な改訂に開かれたものでもあります。「よい教育とはなにか」という探求の共同体に参加すること、つまりは、ともに問うという仕方で、教育のよさをめぐる人類の歴史的な道行きに連なること——、教育的価値とは、現在と未来の人々に向けられた、そんな呼びかけの声を含んだ概念なのです。したがって、現在のわたしたちが、この語の呼びかけに応えるということは、過去に蓄積された教育のよさを継承することだけではなく、むしろ積極的に〈わたしたちの・現在の・教育的価値〉(9)を語りだすことを意味します。

だからこの最後の節では、勇気をもって、〈わたしたちの・現在の・教育的価値〉を語りだしてみたい。

---

(8) ところで、現在の教育界の内外でもっともホットなのは、教育とテクノロジーの問題だと思われる。コロナ禍をきっかけとして急浮上した教育のICT化はもちろん、ここに薬理学的な観点から人間の能力増進を図る「エンハンスメント」の議論も加えるべきだろう。そしてこう考えたとき、筆者は、勝田の教育的価値の概念は（心情的にはともかく理論的には）、これらテクノロジーを単純に排斥するものではないと考えている。なぜなら教育とはそもそも、人間形成のテクノロジーという点において、よくも悪くもそれらと根本を同じくすると考えられるためである。

だから重要なのは、既存の教育（実践、研究）の努力が、テクノロジーと、「なかま」の関係をいかにしてつくるかという点にある。むき出しのテクノロジーが一足飛びに教育実践を「代替」しようとする動きには警戒すべきである。他方、価値探究を含む教育実践の歩みを「補完」しうるようなテクノロジーとの関係はありうるし、むしろ積極的に検討されるべきである。ここでは、そのような開かれた理論として教育的価値論を提起しておきたい。

(9) ここに言う「わたしたちの」は、「現在の」と「教育的価値」の両方を修飾している。そのことを示すための表記である。

わたしたちのこの現在において、よい教育とはどのような教育なのでしょうか。教育は、いま現在、教育と社会の歴史的現実との関係において、どのような性質を備えることを要求されているのでしょうか。これまでの議論から、当然ながらそれは、現代の教師の実践的な努力のうちにその原石が見出される類のものです。ここではそれをケア、そして自治という二つのアイデアに暫定的に集約して示しておきたいと思います。

3-1．ケアという教育的価値

「思いやり」「配慮」「受容」「共感」「肯定」「心配」「気遣い」あるいは、「世話」「保護」「養育」「看護」「手当」「面倒を見る」…、他者に対する意識や感情の向け方や関わり方のうち、これらに類する緩やかな集合を、ここではケアと呼んでおきたいと思います。哲学者M・メイヤロフ曰く、「一人の人格をケアするとは、最も深い意味で、その人が成長すること、自己実現することをたすけることである」（メイヤロフ一九八七：一七）。実のところそれは、哲学をはじめとする人文社会科学がその理解を目指して乗り入れる、豊かで重要な人間の営みの領分です。

現在を生きるわたしたちがしばしば思い描く「よい教育」が、ここでいうケアとかなりの程度重なっていることを、認めないわけにはいかないでしょう。教育がなにがしかケア的であるということは、それがよい教育であることの、十分条件とは言わずとも、ほとんど必要条件と言ってさし支えないように思われます。実際、現代の教師たちのなかには、子どもの生の質を気遣うこと、理性的な「意見」というよりは、情動の発露としての「声」を聴きとることを試みる人たちも、少なくありません。

このことは、教育 education という言葉の忘れられた来歴を振り返るとき、いっそうその歴史的な意味が際立ってきます。寺崎弘昭の研究は、ルソー『エミール』における éducation の語に、産婆と乳母のしごと、すなわち、「産」「育」という意味合いを見出しました。またオックスフォード英語辞典（ＯＥＤ）におけるeducation の語の第一義が、「子どもあるいは幼い人々、動物を養い育てるプロセス」であること、education が、「食物を与え、肉体的欲求を充足することによって、子ども・動物を育むこと」という意味をその古層に持っていることを強調しています（寺崎一九九五）。要するに、教育 education という語には、わたしたちが先に述べたような教育の一つのイメージ、すなわち、文化財を適切に摂取させることを介して育てる（教えて―育てる）という意味に先行する、次世代の生存を根底的な部分で下支えするという意味合いが含まれている、ということです。

だから、わたしたちの現在の教育的価値としてケアなるものを提起することは、教育 education という語の古層を歴史的に振り返り、復権させるという側面を持つともいえます。

ただしもちろん、現在の価値としてのケアは、食物を与え肉体的欲求を充足するというような、基底的な部分―もちろんそれも重要かつ必要ではあるのですが―だけに留まってはいません。この教育の古層の現代的な形態を探求するヒントは、例えば田中孝彦が強調するような「子ども理解」あるいは「子どもの声を聴く」というフレーズに象徴されているように思われます（田中二〇〇九）。

少なくない子どもは、生活や学習のなかで「いらだち」「むかつき」「不安」「怖れ」を感じ、それゆえの攻撃性（「死ね」「殺すぞ」「自分なんか死んだ方がいい」という言辞、あるいは自他への暴力行為そのもの）を表出します。知性や道徳の訓練 instruction としての学校教育においてはノイズ、不確実性、危険性として排除されるべき、そんな子どもたちの攻撃性の奥に、「子ども理解」の教育学は、むしろ子どもの生の問いと発達への要求を聴きとります。生活の困窮、虐待、あるいは病や発達障害、聴き取られる声の背景は複雑です。その声に応答すること、つまりはそのような形で現れる次世代の生存の危機への応答を、教育の主要な課題の一つと位置付けること――、ケアの教育的価値説とは、そんな形の、教育の古層の現代的復権を意味していると言えます(10)。

むしろ私たちは、実践されているすぐれた教育のやり方そのものを通して、子どもと子どもをとりまく社会の矛盾やその本質的なしくみをとらえなくてはならない。〔中略〕子どもの現実の悩みや喜びや問題をとおしてつかまれた、その生活にふくまれている子ども自身の矛盾を通して、社会のしくみをとらえるということである。

（勝田一九七二a：四七）

3－2．自治という教育的価値

政治と教育は、つまるところどのような関係にあるべきなのか、「よい教育」のなかに、政治はどのように位置づけられるのか――、この古典的な難題について、わたしたちの教育の歴史と現在から回答するなら、そこには必然的に、民主主義あるいは自治という語の教育（学）的理解が含まれることになるでしょう。これを、自治の教育的価値説と呼びたいと思います。

そもそも民主主義とはなにか。ここではそれを、〈みんなが、みんなにとっての主であること（治者と被治者の同一性）〉と答えておきたいと思います。これを教育の世界において表現するなら、クラスの子どもたち全員が、〈みんなの利益〉という考え方に基づいてなにかを決定する決定主体であること―日本の教師たちの伝統的な言い方で言えば〈自治〉―こそが、それにあたります。ただし／そしてこの〈自治〉という主題には、入れ子構造になっている二つの課題、しかも、つねに未完であり続けるような永遠の課題が付随します。

一つは、教師と子どもという指導―被指導の垂直的な関係のなかから、いかにして子どもたちの自治を生み出すか、ということです。教師―生徒という垂直的関係は、学校という人間形成方式の基軸ですから、教室の民主主義（自治）の追求は、学校において学校に抗するという実践的／実験的な挑戦の形をとります。二つ目は、子どもたちによる〈みんな〉の質の絶えざる追求です。教師からの子ども集団の自律は、必ずしも子ども集団自身の民主主義を保障しません。子ども集団はそれ自身のなかに、マジョリティとマイノリティという、分断と支配の契機を持っているからです。だから民主主義とは、多数決と同義ではないですし、ここに言う〈みんなの利益〉とは、まさしく文字通りである必要があります。マジョリティとマイノリティ、究極的には、一人ひとりが異質な他者であるところの子どもたちが交わり、何者も排除しない共通の利益を模索する――、それはおそらく、永遠に完遂されることはないが、しかしそれでも教室において目指されるべき価値といえるでしょう。

シティズンシップ教育や、近年の主権者教育といった一連の取り組みが、ここに関わっていることは確かです。しかしここでは、それらに先行して、日本の教師たちが伝統的に積み重ねてきた、生活指導という営みの教育的価値についても強調しておきたいと思います(11)。戦前の生活綴方の伝統を受け継ぎつつ、初期の仲間づくりから、学級集団づくり、そして近年の子ども集団づくりに至るまで、生活指導の歴史には、教室や学校、そして地域の民主主義、子どもの自治を育むための工夫（方法的価値）が探求され続けているからです。

(10)「古層の現代的復権」という表現はしたがって、今日ケアと呼ばれているような、教師が学習者の人格や存在のあり様に向けるまなざしが、近年になって教育の世界に外部から輸入されたというようなことではない、という意味を含んでいる。むしろ優れた実践と呼ばれるものは、子どもの学習の指導と並行して、子どもの主観的経験や人格（形成）のありようをつねに意識してきたのであって（石垣二〇二〇）、だからケアとは、そのような教育のありようを改めて自覚するための「名づけ」に過ぎないとも言える。したがって今日のケア論の隆盛が、教育なるものをそのままケアに置き換えてしまうようであれば、それは明らかに行きすぎであろう。ここで重要なのは「刷新」ではなく、過去との「対話」なのである。

(11) 生活指導論の歴史的な展開のなかで、その重要なプラットフォームであり続けている場として、民間教育団体の全国生活指導研究協議会（全生研）を挙げておきたい。この団体の近年のしごとのまとめとしては、竹内・折出（二〇一五）以下のシリーズがある。

なお、蛇足ながら理論的な整理をしておくと、ここでいう民主主義や自治といった事柄は、それを経験することによって子どもが成長・発達するという意味での手段（方法）としてのよさを持つものであると同時に、それを（失敗も含めて）経験すること自体がその子たち自身の生のよさの一部であることは、強調されてよいと思います。本章は先に、成長・発達という人間の生のよさと、それを導く教育のよさ（教育的価値）という、互いが互いを高め引き出し合う二つのよさについて言及しましたが、民主主義や自治は、その両者にまたがった価値だということです。

このことは逆に言えば、発達という、心理学に由来し、また個体の変容に焦点化された表現を今後も教育学の中心概念として維持するかどうかという理論的問いを惹起するかもしれません。発達を、民主主義的に生きるという集団のあり方としてのよさを含んだ概念として読み直すか、それとも別のカテゴリーとして理解するか、ということです。

＊

ケアと自治――、この二つの主題こそは、日本の教師たちが歴史的に探求してきた／現代の教師たちもまたその探求のうちにあって、いままさに自覚されつつある、教育の「よさ」と呼ぶに相応しいなにかです。これをわたしたちの・現在の・教育的価値に数え入れることは、「歴史的な変化に規定されて発展すると同時に、それ自身がまた、のちの教育的実践の指標となり、理念となる」（勝田一九七三a：四三六）ものであるところの教育的価値の性格規定に照らして、まったく適切であるように思われます。

3-3．能力の承認と自己決定の相克――未決の教育的価値

そしてこれを踏まえたうえで、最後に実験的に問いたいのは、教育的価値なるものの成立において理論が先行しうる可能性についてです。ケアと自治という先の新しい教育的価値（候補）は、どちらかと言えば、教師の実践的努力において探求されてきたものを理論が後を追って概念化するという経緯をたどっています。では、その逆はないのでしょうか。要するに、理論によって予感され、実践に手渡されるものとしての教育的価値の可能性はないのだろうか、ということです。この理論→実践の方向性を模索するうえで、筆者は以前、ドイツの社会哲学者A・ホネットの承認論と呼ばれる理論を援用したことがあります（神代二〇一六）。ここでその議論をいま一度援用しておきたいと思います。

＊

ホネットが提唱した「承認論」によれば、諸個人が自由で善い人生を追求できる善い社会とは、少なくとも三つの意味での承認（愛、法、連帯ないし社会的価値評価）の契機がある社会です。

「愛」の承認とは、「性愛的な二者関係、友情、親子関係というモデルにしたがって、何人かの人格のあいだの強い感情的な結びつきからなりたっているかぎりでのあらゆる原初的関係」（ホネット二〇〇三：一二八）の形式をとります。それは「主体が相互に自分自身を根本的に信頼するようになる自己関係〔自己信頼〕に道を開く」ものであり、「他の相互承認の形式に論理的にも、発生的にも先立つ」（同：一四三、一四四）。平たく言えば、人（子ども）は、特定の親密な他者に「絶対に見捨てられることはない」という確信を得ることではじめて、健全な発達を遂げるということに他なりません。

「法」の承認形式において、「法的な主体は、おなじ法律にしたがい、個体として自律していることで道徳規範について理性的に決定することができる人格として互いに承認しあう」（ホネット二〇〇三：一四八）。そこで人は、

他者を介して、自律的で自己決定的な、つまりは理性的な、そしてそれゆえに尊重に値するものとして自己自身をみなすこと、すなわち、「自己尊重」（ホネット二〇〇三：一七四）を獲得します。要するに、「あなたは人から指図されなければなにもできないわけではない。あなたは自分で考え自分で決めることのできる人で、だからわたしはあなたを尊重します」というように扱われることで初めて、人は自分自身をそんな決定主体として理解し、自分自身を尊重することができるようになる、ということです。

ここまでの説明で、読者は、この愛と法の承認が、先に触れたケアと自治という新しい教育的価値のアイデアと一定程度対応していることに気付いたのではないかと思います。ケアの教育的価値説は、教育が愛の承認の契機を含み持つべきことを主張しているといえるでしょう。また自治の教育的価値説は、対等な主体同士の合意という側面を含む以上、法の承認を前提するものと言えます。このことは偶然の一致でしょうか？　筆者としては少なくとも、日本の教師の伝統的なしごとは、ホネット、またそのアイデアの源泉であるヘーゲルという偉大な哲学者が深めた人間の自己実現の条件と重ねても遜色のない深度を持っている、というように捉えておきたいと思います。

そしてここでさらに言及したいのが、最後の「連帯」ないし「社会的価値評価」の承認です。それは、人が「自分の具体的な性質や能力に、肯定的に関係づけることができるような社会的な価値評価をつねに必要としている」（ホネット二〇〇三：一六三）ことに根ざしています。他の社会成員から、自身の性質や能力、それによって自らが生み出したものを価値あるもの＝業績として承認されることは、その人に、自己自身に対する肯定的な実践的関係としての、「自己評価」（ホネット二〇〇三：一七四）を可能にします。簡単に言えばこれは、市場経済に参画し、労働を通じて社会に自分の価値を認められるということが、人間の自己実現において重要であることの表現です。そしてこれはじつは、勝田が主著『能力と発達と学習』で述べたことでもありました。

人間の能力は、個人の内部に育ち所有されるが、しかし自己の生存を豊かにするためと同時に、同胞と社会への奉仕に使用されることでその価値がはかられるのである。人間の生きる喜びと生存の充実感が、それによってもたらされる。そして、逆にそのことが意識されるときに、人間はさらに成長する。

ひとの評価によって努力と学習にはげみが出るというような他律的な意味で考えるのではない。むしろ、能力の発揮が、他人の幸福や社会の進歩に役立つという自己評価が、自発的な努力を支えるのである。子どもたちが、学習の集団に支えられて、いままでの期待されていた能力以上の仕事をはたす事実を、多くの教師は経験している。生の充実が、自分の属している集団の中における役割の意識と、集団のなかまからの期待によって生み出されるのである。

（勝田一九七三b：一二三五）

ここで強調されているのは、能力が価値を持つということの意味であり、だからある種の価値論です。能力の価値は、その所有者個人の生存を豊かにすると同時に、他者あるいは社会の福利の増進に寄与することから生じるということ——これが、勝田（ヘーゲル＝ホネット）的な、能力の価値に関する議論です。そしてそのことの自覚そのものが、子どもたちを、さらなる学習へと誘うということが述べられています。

それは、教育的価値論にいかなる意味を付与するでしょうか。一つには、教育はそもそも能力の増進を目指すものであり、したがってある教育がより能力を増進しうる性質をもつとき、その教育は、教育的価値を持つということが言えます。これはむしろ、よい教育というときのごく一般的な規定でしょう。ただし、ここにいう能力の価値論が前提されるならば、教育は、学習者の個人的な利益を促進するだけではなく、彼の力量が社会全体の福利につながるよう導くという側面を含まなければならない。また同時に、自己自身の利益だけではなく、より広範な社会的利益を追求するように、子どもたちを動機づけることも必要でしょう。

ただし、このような能力の承認による自己実現という主題は、かなり微妙な問題を孕んでいるというのも事実です。

一般に、人が自己の能力を社会的に承認されることが、その人の自己実現をもたらすというのはその通りです。ですがそれは、別の言い方をするならば、自分自身の価値を社会が一方的に決定してしまう、ということでもあります。さらに、この「社会が能力を評価する」という点が過度に強調されれば、そもそも教育制度自体が、能力の評価（社会的有用性）に応じて、優れた者には優れた教育を、劣った者には劣った教育を与えるという差別のシステムへと変質してしまうかもしれません。実際勝田は、主著『能力と発達と学習』において、各職業に固有の特殊な技能の学習が、子ども自身がみずからの生き方を選択するという契機を待たずに発達の早期に行われることで、発達の道筋が狭められてしまうことを警戒していました（勝田一九七三b）(12)。

つまり、勝田に即して言うならば、社会的に承認されうるような能力の増進としての教育というアイデアは、社会の一方的な評価によって子どもをえり分ける、あるいは、子ども自身が性急にその評価に順応して可能性を閉ざしてしまう、といった望ましくない事態を抑止する、いわばブレーキを含まねばなりません。

実際、このことは、新自由主義化する現代社会において、なおさら急務です。政治哲学者W・ブラウンによれば、新自由主義とは、「存在のあらゆる面を経済の観点からつくりあげる理性の特異な形態」です。それは、民主主義の基本要素としての語彙、正義の諸原理、政治文化、市民の習慣、支配の実践、民主主義的なイマジナリーなどといったものを崩壊させます（ブラウン二〇一七：九）。そうやって社会は、市場的なものに大幅に置き換えられていきます。そして、このことの教育の世界における表現の一つが、「アントレプレナーシップ（企業家精神）」です。子ども（とその保護者）は、自分自身の将来の市場価値を最大化させるために、たえず自分自身を商品として作り上げることを強いられます。子どもは、自分自身という企業のＰＤＣＡを回す経営者であることを、否応なく選択させられます。主体性、能動性、コミュニケーション能力、活用力、「学びに向かう力」…、近年の新しい教育の語彙は―そのすべてとは言わないにしても―、子どもが自分自身を商品化していく際のキーワードといえるでしょう。産業主義的な教育の再構成に対して批判意識をもつことの重要性は、ますます高まっていると言えます。

しかし、です。では教育とは、子どもを市場的評価から隔離し守りさえすればよい、ということでしょうか？　再び承認論に戻れば、市場経済における自分自身の交換価値を高めていくこと（商品化）は、個人の自己実現にとって重要な契機でもあります。経済もまた人間の関係のあり方の一つの側面であり、そこに参入することは諸個人の自己実現の一つの形であることを否定することはできません。言い換えれば、市場もまた社会の一部であり、社会にでることは多くの場合、また、かなりの程度、市場で評価されることと重なっている、ということです。能力の社会的評価がその能力の価値を定めるという勝田の先の主張も、このことと部分的に重なっています。

この点を確認するならば、むしろわたしたちが着手すべきなのは、教育界を市場から遠く引き離すことでも、逆に全面的な市場化でもない、もっと微妙で繊細なその「中庸」を射抜くことでしょう。つまり、教育が市場に置き換えられること（競争と選抜のシステムの全域化）に抗しながら、しかし子どもたちを、市場を含む社会へと適切に準備させていくような教育の構想です。

（12）ただし、勝田の死後、日本の教育現実は、早期の職業的な特殊技能の教育によって子どもの発達の道筋を狭めるというよりは、むしろ学力偏差値を基準とした抽象的かつ一元的な能力主義的秩序によって子どもたちを包摂することで生きづらさをもたらした（乾一九九〇）。早期選抜を警戒して共通の教育課程を平等に保障するという勝田の議論は、逆接的に、その後の教育現実の困難を生み出すものでもあったと言える。

この適切さのカギはおそらく、子どもが自分自身の人生を選んでいく「自己決定」の質です。子どもが将来どのように生きていくかを決定する、その決定が、社会による評価の一方的な内面化ではないという意味で、より真正なものになっていく――そのような自己決定の質、選択の質を高めていくということが、ここでぼんやりと浮かび上がるもう一つの教育的価値といえるかもしれません(13)。あるいは先のホネットの用語法で言うならば、「連帯（社会的価値評価）」の承認と「法」の承認（自己決定主体としての学習者の尊重）の適切な関係の探求、とも言い換えられるでしょう。それは勝田が、またその批判的継承を試みた乾（一九九〇）が言うところの、「人間が自分を未確定の可能性の中から選択する」（勝田一九七三b：二一五）という契機にほかなりません。職業選択の契機も含みつつ、その教育（実践）がもっている、学習者が自分自身の生き方を適切に選択することを助ける度合い――これをここではぜひ、教育的価値の候補の一つに数え入れたいと思います。

もちろんその選択は、教育の努力のみでは保障しえないものです。市場を含む社会への「まっとうな」参入は、社会そのもののそれなりの「まっとうさ」なしにはあり得ません。また、教育は現に社会と密接に絡み合っていて、みずからのあり様に社会のあり様を、そして市場のあり方を、少なからず反映させないではいられません。ですから、この三つ目の新しい教育的価値のプロジェクトは、新自由主義が浸潤しつつある教育の世界を立て直すと同時に、新自由主義という政治的、社会的、経済的危機を克服するような社会像の追求を、わたしたちに課しています。新自由主義（市場の全域化）に抗する教育のよさと社会のよさを同時に探求する、政治・経済・教育の領域横断的な対抗的プロジェクト――そのための新しい連帯が、必要なのです。

(13) ここでの自己決定は、職業選択を含みつつもそれに還元されない生き方の選択という含意がある。具体的には、職業への準備だけでなく、「休日の過ごし方を準備する」という契機も教育に求めたいと考えている。このことの教育学的かつ社会的意義については、神代（二〇二〇）を参照のこと。

参照文献

石垣雅也　二〇二〇「授業・学習指導における「子どもの事実」をつかむ方法意識―城丸章夫の指導論を手がかりに―」日本臨床教育学会編『臨床教育学研究』第八巻
乾彰夫　一九九〇『日本の教育と企業社会―一元的能力主義と現代の教育＝社会構造―』大月書店
勝田守一　一九七二a「教育の理論についての反省」『勝田守一著作集3　教育研究運動と教師』国土社（一九五四年初出）
勝田守一　一九七二b「実践記録をどう評価するか」『勝田守一著作集3　教育研究運動と教師』国土社（一九五五年初出）
勝田守一　一九七三a「教育の概念と教育学」『勝田守一著作集6　人間の科学としての教育学』国土社（一九五八年初出）
勝田守一　一九七三b「能力と発達と学習―教育学入門Ⅰ」『勝田守一著作集6　人間の科学としての教育学』国土社（一九六二年より教育科学研究会編『教育』国土社に連載として順次初出）
神代健彦　二〇一六「教育学の承認論的転回？―あるいは、アナクロニズムの甘受について―」田中拓道編『承認―社会哲学と社会政策の対話』法政大学出版局
神代健彦　二〇二〇『「生存競争」教育への反抗』集英社
酒井健太朗　二〇二〇『アリストテレスの知識論―『分析論後書』の統一的解釈の試み』九州大学出版会
竹内常一・折出健二編　二〇一五『シリーズ教師のしごと1　生活指導とは何か』高文研
田中孝彦　二〇〇九『子ども理解―臨床教育学の試み―』岩波書店
寺崎弘昭　一九九五「4章　近代学校の歴史的特異性と〈教育〉―「学校」の近代を超えて」堀尾輝久ほか編『講座学校　第1巻　学校とはなにか』柏書房
広田照幸　二〇〇七「思想の言葉　教育学の混迷」『思想』第九九五号、岩波書店
廣松渉ほか編　一九九八『岩波哲学・思想事典』岩波書店
ブラウン・W　二〇一七『いかにして民主主義は失われていくのか―新自由主義の見えざる攻撃』中井亜佐子訳、みすず書房
ホネット・A　二〇〇三『承認をめぐる闘争―社会的コンフリクトの道徳的文法』山本啓・直江清隆訳、法政大学出版局
メイヤロフ・M　一九八七『ケアの本質―生きることの意味―』田村真・向野宣之訳、ゆみる出版
森田尚人　一九九二「教育の概念と教育学の方法―勝田守一と戦後教育学」森田ほか編『教育学年報1教育研究の現在』世織書房
矢野智司　二〇〇八『贈与と交換の教育学』東京大学出版会

第8章　民主教育論
――身に付けるべき学力として

中村（新井）清二

はじめに

学校あるいは教育と民主主義という教育学のテーマがあります。しかし、二一世紀の日本社会にとってこのテーマが大切であることは言わずもがな、ましてや教師ならばその重要性を十分に心得ているはずのこと……と言ってみたところで、虚しく響くかもしれません。

なぜ虚しく響いてしまうのでしょうか。この数年（数十年？）の、この列島の民主主義政治への評価が理由なのか、それとも、単に目の前の仕事との関わりが感じられないことが理由なのか。あるいは、もっと別の理由があるのでしょうか。

実は、この列島の教育界には、半世紀以上の歴史をもつ教育研究団体がいくつもあり、いずれも、民主主義を強く意識してきました。このことがこの列島の教育の歴史を特徴付けるものであることは間違いありません。

ところが、大学で仕事をしていて、教育と民主主義のその親密な間柄を扱うとき、「ああ、あのことね」という顔に出会うことはとてもすくない。どこか他人事です。学校生活を一二年にもわたって過ごしてきた学生たちからそう感じるのです。そして、学生たちがであってきた教師たちにも「他人事」だったのではないか、そう思えてなりません。

教室には、いつも、忘れ物をしてしまうあの子、授業を脱線させるお調子者のあの子、特定の友達とじゃれあっているあの子がいます。そして、今度は忘れないようによく言い聞かせておかないとな、やっぱりあの子だけ特別扱いはできないな、あの二人は本当に仲がいいから明日の活動は大丈夫だな、と思い、翌日の指導方針をイメージする。けれど、子どもたちの立場からみたら、なんでいつも忘れるの？　なんて聞かれたって…、今日の先生はあの子にやたら厳しいな、ちょっとかわいそう…、先生は仲がいいっていうけどあいつのからみは感じ悪いんだよな…、とズレることは十分ありえます。

こうした子どもたちの本音に触れて、ズレを反省する良心的な教師たちもいるでしょう。しかし、その心に「ああ、これは民主主義の教育の仕事としては…」と、よぎることは滅多にない。

民主主義が一人ひとりの存在を大切にする、ともに生きやすい社会の基本であるならば、毎日の教室で子どもたち一人ひとりを大切にすることに民主主義という名前が与えられていても良いはずです。ところが、日々の仕事と民主主義を結びつける発想は、言ってみれば、「非常識」であるようです。

公教育を規定する法令である教育基本法では、最初に公布された一九四七年版においても「改正」された二〇〇六年版においても、教育の目的が民主主義的な国家・社会の実現・発展とのかかわりで記されている点は変わりません。また、それは学習指導要領にも貫かれています。ですから、公教育としての全ての教育活動、とりわけ教室での具体的な指導場面が民主主義とつながっているか否かという点は関心事であっていいはずです。にもかかわらず、「民主主義が教師の関心の外にある」としたら、このことはなにを示しているのでしょうか。教育と民主主義のつながりについて関心を持っていない教師の意識の（強いていえば専門性の）なんらかの欠如を示しているのでしょうか。それともそのように教師の卵を育ててこなかった教員養成の欠陥、あるいはそれを担うそれぞれの大学教育の課題でしょうか。あるいは、それを忘却させる日々を強いる教育行政施策の様々な無理でしょうか。

本章では、公教育制度と実際の教室にまたがっているはずの民主主義をテーマにし、一人ひとりが大切にされる民主主義の学校の形を考えたいと思います。以下、本章の流れを示しておきます。

一九六〇年代、民主主義の教育という理念が、まず制度的側面から追求されてきたこと、その中で「教育過程の内部」の民主主義を追求することが研究課題として自覚されていったことを確認します（第1節1）。そして、教育課程における教科外教育論を展開しながら、この課題に取り組んだ城丸章夫の仕事を紹介します（第1節2）。

その上で、城丸の民主主義教育論が持つ現代的な意義について述べます。その意義は学力論にあります。民主主義が「教育過程の内部」に入ったかどうかは、民主主義を子どもたちが身につけたかどうか、言い換えれば、学力になったかどうか、あるいは学力とどう関係するのか、ということと繋がっているからです（第2節1）。ただし、城丸が民主主義の教育を論じたことは知られていますが、学力を論じたとは一般に受け止められていません。よって、城丸の学力概念を描く必要があります。私見ですが、城丸の教育課程論をよく読んでみると、そこに学力概念が潜んでいることに気づきます。そのことを紹介したいと思います（第2節2）。

最後に、城丸の民主主義教育論からさらに何を考えないといけないのか、断片的にはなりますが、戦後教育学の代表的な学力論である中内敏夫の論との関係で、触れたいと思います（第3節）。

1．民主主義が教育実践の内側に入り込む

1－1．教育学のことばではない「民主主義教育」

一九六九年に『講座・現代民主主義教育』という五巻からなるシリーズが出版されました。この講座の第一巻の巻頭論文はその役割からして「民主主義教育」の輪郭を描くもので、次のように述べています。

> 民主教育は教育運動の性質や目標をいいあらわすとしても、この運動の目標や、運動の過程において認められた価値観は現代の教育学においてはかならずしも教育的価値としてみとめられてはいない。教育的価値は、教育の事業においては教育の目的という地位を与えられるけれども、民主的な教育目的は、「外から押しつけられた目的」として排除されるか、または教育活動に内面化されねばならないという理由のもとに、ほんらいの現実性をとりさられて位置づけられるのである。
>
> （『講座　現代民主主義教育　第一巻』一九六九：三三～三四）

この論文を書いたのは、当時、東京大学で教育行政学を専門としていた五十嵐顕(1)でした。この引用は、「民主主義教育」が論じられたその当時の状況を示す箇所ということになります。この引用は何を言わんとしているのでしょうか。

引用は二つの文からできています。まず、第二文に着目します。ここが述べているのは、次のようなことです。

民主主義は、名目上、「教育の目的」として認められてはいるが、①それは、戦後世界の政治事情に由来するものであって、教育の本来のしごと（＝人間の十全な才能の開花）には関わらない、あるいは、②現実の民主主義は意見が割れるテーマばかりで、安易に扱えば間違いを教えるかもしれないので、ニュースなどで目にする目下論争中のものは扱わない方が良い。この二つの発想によって、民主主義は教育的価値として積極的に認められにくい、というのです。

では、引用部分の前半は何を述べているのでしょうか。それは、民主主義教育は、社会運動や市民運動の中で語られるけれど、また法令において「教育の目的」という地位はあるけれど、「教育学」における教育的価値としてはまだ認められていない、ということです。教育的価値として十分に認められていないということは、つまり、民主主義を日本社会に根付かせようと子どもたちに働きかける仕事を、適切に「教育」と呼ぶことができない、ということです。冒頭で述べた「民主主義が教師の関心の外がわにある」ということは、右のような形で教育学の理論問題として把握されていたのです。五十嵐は次のように述べます。

> 民主教育は、進歩的な教育原則の総括としてばかりではなく、とくに民主主義的社会と国家を形成する国民の政治的課題と教育との結合の原則として、教育活動に内在する教育価値としては常識となっているとはいえないのである。民主教育の理想と現実とか、民主教育理念の抽象性とかいわれることばは、民主教育が教授・教養・教育という学校教育活動の全局面において、また学校・家庭・社会の各生活領域において生きた教育活動の価値になっていないということであろう。民主教育の概念は総括的ではあるが、非現実的抽象ではないのである。民主主義が教育過程の内部にはいること、それが問題なのである。
>
> （同右：一六、傍線は引用者）

五十嵐が述べているのは、〈教育活動・教育実践の内部に根付いた民主主義〉という把握が教育学の「常識」になっていないという時代診断です。この非常識のために、民主主義は理念に過ぎないあるいはその理念は抽象性が高いなどと言われてしまっている、というのです。

まず、五十嵐の認識が示された当時の時代状況について確認しておきましょう。一九六〇年代は、「国民の教育権論」が、勤務評定導入をめぐって労働組合と保護者が一緒になって反対した運動（勤評闘争）や日本軍に関する記述を巡って争われた家永三郎教科書裁判を通じて展開され、「学習権としての教育権」や「国民の教育の自由」といった骨格が形成されてきた時代です。それらは、一九七〇年の教科書裁判における「国民の教育権論」を展開した「杉本判決」に結実します。

当時はこうして、民主主義と教育というテーマが社会的にも広く認知され、学問的にも深まった時期です。そうした時期であるにもかかわらず、学校教育における民主主義は非常識のままだと五十嵐は危機感を表したのです。どういうことでしょうか。

五十嵐は、民主主義が教授・教養・教育という学校教育活動全体の中に現れなければならない、といいます。特に力点を置いているのは、民主主義が「教育過程の内部」に入ることです。この主張が示しているのは、「国

（1）五十嵐顕（いがらし・あきら、一九一六―一九九五）福井県に生まれる。旧制第四高等学校から、東京帝国大学文学部英文科に入学。翌年に文学部教育学科に再入学、四一年卒業。翌年、敦賀で現役入営し、豊橋陸軍予備士官学校へ。首席卒業。南方軍幹部候補生隊第三中隊区隊長として軍務に就く。シンガポールにて終戦を迎える。戦後は、文部省教育研修所（現国立教育政策研究所）所員などをへて、一九六八年年東大教授。のち中京大教授。教育財政学を講じ、またマルクス主義教育学、ソビエト教育学を研究。戦中の軍務経験から、戦後は不戦運動に取り組んだ。一九九五年九月、高校生に戦争体験を語る名古屋市での集会で、発言中に倒れて亡くなる。

民の教育権」が結局のところ、国家と教育の関係を中心として、「教育の制度的運営に対する国民の参与の形式」を述べるにとどまる、ということです。例えば、「教育の無償」や「教育の機会の均等」があげられます。たしかに、これらは教育の民主主義的な原則であり制度運営で欠かせないことです。五十嵐は、これらが「教育過程の内部」に「関係がないとは言えない」といいます。しかし、「関係がある」と述べるべく、説明を試みると、教育学としての説明がうまくできない、というわけです。つまり、冒頭で述べたような毎日の教室で一人ひとりを大切にしようとする努力に民主主義を結びつけることが教育学の取り組むべきテーマだ、というのです。

では、民主主義が現実性を失わずに「教育過程の内部」に入る、ということをどのようにイメージすれば良いのでしょうか。そのことについて述べたのが城丸章夫(2)でした。城丸は『講座　現代民主主義教育』の第五巻の中で、現在からするとやや物々しい言葉になりますが、「民主諸闘争の教訓」の「教育の内容と方法への転化」について述べています。「民主諸闘争の教訓」とは、五十嵐が述べた「ほんらいの現実性」のことです。次節で、城丸の議論を追ってみましょう。

1-2. 城丸章夫の民主教育論

ここでは、「闘争」「教訓」「転化」の三つの用語に着目しながら、城丸の主張をみていきたいと思います。

まず、城丸がいう「民主諸闘争」の「闘争」です。「闘争」というと物々しい物理的衝突をイメージする人もいるかもしれません。これは英語で言えばストラグルです。ストラグルは、ニュアンスとしては、「無数の抵抗の中を苦労してもがきながら進む」、「重いものを動かそうと努力・奮闘する」ことをいいます。以下では、「闘争の教訓」が「教育過程の内部に入る」(城丸の言い方でいえば「転化する」)ことを主題としますが、「内部に入る」のは〈「苦労してもがきながら進む」「重いものを動かそうと努力する」ときの教訓〉というイメージで、読み進めていただきたいと思います。

基本的なこととして、民主教育は「民主勢力」という集団なくしては成り立たないと城丸はいいます。この「民主勢力」とは、日本国憲法下にて民主主義が社会の原理である以上、それを損なう勢力とは対峙する集団であるといいます。城丸は、「民主勢力」の定義を、民主主義の原則に賛同するものと反対するものという、あくまでも、「関係」において規定します。ある個別具体的な集団を名指していたわけではありません。

城丸は、「民主勢力」が社会の中にしっかり存在していることが民主教育の条件だといいます。また、「民主勢力」が民主主義を損なう立場の人々と対峙するものである以上、民主教育もまたこれを損なうことに対峙し、民主主義の発展に寄与するもの、といいます。城丸は次のようにいいます。

もし、民主教育を理念としてだけ、美しい夢としてだけとどめておくのなら、民主勢力を必要としない。これを実現しようとするなら、必ず実行するに足るちからを必要とする。民主教育は、そのちからに応じてしか実現しないのである。

（城丸一九六九：九）

城丸が「ちから」と書くとき、それは民主主義を求めるひとびとを指します。民主主義を実現しようとする現

（2）城丸章夫（しろまる・ふみお、一九一七―二〇一〇）石川県に生まれる。一九三四年旧制第四高等学校入学、五十嵐とは同じ学年。一九三八年東京帝国大学文学部社会学科に入学、その後、教育学科に転科。海後宗臣に師事。卒業後、一九四一年東京市本所区菊川国民学校助教。一九七三年一一月、本籍地金沢にて召集される。豊橋第一陸軍予備士官学校を経て、鹿児島県志布志にて「本土防衛」の任にあたり、そのまま終戦を迎える。戦後は、千葉師範学校を経て、一九五一年千葉大学に着任、教育経営論を講じる。日本生活指導学会、全国生活指導研究協議会などに深く関わり、生活指導研究運動をリードした。

実の「ちから」つまり「条件」なしで、個人的努力や工夫のみで「民主教育」を作り出すことはできない、というわけです。

注意したいのは、先ほど述べたように、「民主勢力」が個別具体的集団として想定されていない点です。城丸が民主勢力について述べる時、具体的にイメージしていたのは地方自治における住民自治（自治活動）のことでした。

例えば、ある道路が拡幅されるといった場合、それがもたらす不利益はその道路沿や周辺に住む人の政治的立場など関係ありません。問われているのは生活に根差した様々な具体的なニーズです。そして、そのニーズを巡って意見が別れるにしても、暴力に頼ることなく、意見を交わし、何かを決定しないといけないという状況に地域住民は投げ込まれています。こうした状況を城丸は想定しているのです。

この状況の中で、自分たちで考え、議論し、判断し、決めるということをないがしろにしないという意味で、人々は民主主義に即して活動をすすめることになります。この点で言い添えておきたいのは、城丸は「民主諸勢力」という言葉も使っていることです。「諸」とあるように、城丸は複数の民主勢力があると考えています。確かに、地域住民の中には、民主主義的に問題を解決しようとするが、意見を異にする複数の集団が存在しえます。

この民主勢力は「教育集団」という側面を兼ね備えるといいます。集団が実践を通じて集団自身を教育していくというのです。集団の自己教育に関わって、城丸は、「〔その集団の―引用者〕成員は、何らかの形で民主主義の理想を分かちあい、そのための努力を共有する」（同右：一一）といいます。この共有された努力が教育的作用を持つといいます。

城丸はこれを次のようなこととして考えています。集団の熟慮と議論を経た決定（＝決議）への関与は、成員相互の関係や集団と個人との関係を浮き彫りにします。その決定が具体的で、実務性を帯びれば帯びるほど、誰が、何のために、なぜ、が問題にならざるをえず、成員たちは相応の努力が求められることになります。そして、決議とそれを実行する過程での困難の出現、失敗と成功など、さまざまな局面を通して、集団と個人に、共有され、尽くされた努力にふさわしい変化がもたらされる、というわけです。

民主主義の理想を分かちあう人々の努力が教育的作用を持ち、民主勢力をより賢くする。民主勢力のうちにあるこうした経験を踏まえて、城丸は「民主諸闘争の教訓の教育の内容・方法への転化」（同右：二七）について論を展開しているのです。

次に、その「教訓」と「転化」についてみていきましょう。

「教訓」とはどのようなものでしょうか。城丸は次のようにいいます。

> 学校教育の目的・内容・方法に転化していくのは、民主諸闘争の事例ではなく教訓、なかでも理論化された教訓なのである。（同右：一六）

その「理論化された教訓」とは、結論からいえば「貧困や生活破壊が自動的に大衆の闘争を生み出すのではなく、民主的核（＝活動家）による意識的で忍耐づよい努力をまって、はじめて闘いが組織される」ということです。この「意識的で忍耐づよい努力」とは、「集団を組織し、管理する能力」であると言います。つまり、民主主義の理想へむけた闘争は、困難・ニーズによって自動的に生じるのではなく、「集団を組織し、管理する能力」を身につけた人々の努力があってはじめて生み出されるというのです。これが、「学校教育の目的・内容・方法に転化していく」べき理論的教訓です。

では、次に「転化」という言葉についてみていきましょう。まず城丸は、民主諸闘争と民主教育実践の関係に、「等号」で結ぶような「同等性」はないが「同一性」はある、といいます。その上で城丸は次のように述べます。

教育の理論と方法の持つ独自性は、決して民主諸闘争の総括に解消されてはならない。一方が他方に転化しうる条件とその保証、転化の媒体こそが明確に追求されなければならない。

（同右：三一）

同一性がある、つまり、等号では結べない「同じ」という関係は、媒体があって初めて結びつく「同じ」です。媒体を通して、他方がもう一方に転化するような「同じ」です。それぞれの独自性がどちらかに解消・還元されずに、それを残したまま関連づけ合うような関係のことです。この引用文を先述の五十嵐の言葉に重ねれば、この「媒体」を明らかにすることが、「教育過程の内部」に働く「教育的価値」を明らかにすること、となります。では、先の理論的教訓を橋渡しする「媒体」を城丸はどのようなものだと論じるのでしょうか。城丸はこの点に関わって、こう言います。

教育と実生活の結合が、何よりも、民主勢力としての教師集団並びに児童・生徒・学生集団の、民主諸勢力との接触と結合の中に求められなければならない。

（同右：三〇〜三一）。

この文は抽象的ですので、まず、「教育と実生活との結合」の意味を確認しましょう。これは教育学における「つねに古くて新しい」理論問題です。城丸は別のところで次のように述べます。

> 教育と実生活との結合とは、教育の場で実生活が問題になるというような単純なことではなくて、実生活の中で育った考え方や行動のし方が学校の内部で競いあうということと、学校の内部で育った民主主義が校外の生活を統一的に把握する必要と見とおしとを与えるということなのである。
>
> （城丸一九九二b：二一一）

子どもたちはそれぞれ学校の外で身につけた考え方や行動のし方を学校内部に持ち込みます。また、それらは個々の子どもに応じて異なり、多様です。違いがトラブルに発展することは珍しくありません。そして教室では、そのトラブルを話し合いで解いていくこともまた珍しくないと思います。その経験から得られた考え方・行動のし方（例えば、話し合いで解決すること）が、ひるがえって、学校外の生活のトラブルの解きほぐしへの見とおしを子どもたちにもたらし、さらにはその見とおしに基づいて行動した結果、身につけることになった新たな考え方・行動のし方があるでしょう。そしてそれをふたたび学校にもたらすでしょう。「考え方・行動のし方」が、校内と校外を行きつ戻りつ、つづら折りのように折り返されて形成される往還的捉え方を、教育と生活の結合といいます。

次に行きましょう。この引用文の構造は、次のようになっています。〈教師・子どもたちと民主諸勢力との接触と結合の中に「教育と実生活との結合」が求められなければならない〉。「接触と結合」の中に「教育と実生活の結合」を求めるとは、どういうことでしょうか。

城丸が民主主義を具体的には住民自治をイメージしていたことも思い出してください。

城丸が言わんとしているのは、学校外の民主的な「考え方や行動のし方」のモデルは、地域社会の具体的な問題・トラブルで対立したとしても、暴力によらず（民主主義的に）ことに当たろうとする人々（「民主諸勢力」）の姿であり、この姿と学校で教え・学ぶ教師や子どもたちの姿とが関連づけ合うような要（媒体）が、求められなければならない、ということです。その「要」として城丸が見出したのが「自治」です。

民主主義にとって人々が集団の組織と管理の能力を身につけることが欠かせない、という教訓の媒体（「同じ」をつなぐもの）として城丸が主として考えていたのが自治活動です。五十嵐のいう、民主主義が現実性を失わずに教育過程の内部に入るということは、学校生活の中での自治活動を通じて、ということになります。

城丸は「教育的指導」を追求した研究者でした。「教育過程の内部」に入るということは、そこに意識的な働きかけが存在するということです。そうしなければ、「転化」するということはありえない、そう考えていました。その意味では、自治活動は、子どもたちが組織と管理の能力を身につける媒体であるだけでなく、教師の働きかけの媒体でもあるのです。その転化を推し進める働きかけの方法が生活指導であり、具体的には、自治活動を通じた「学級集団づくり」と呼ばれる実践形態でした。これが、五十嵐が課題としていた民主主義に関わる「教育的価値」ということになります。付け加えれば、城丸においては、生活指導の「現実性」を保証するものとして、教師自身の民主勢力としての経験が示されています。教師自身が自分の生活・職場に民主的に関わり、「苦労してもがきながら進む」ときに得た教訓が、自治活動を転化の媒体とする生活指導の現実性を保証するというわけです。

2．城丸の教育課程論と学力概念

以上のように、戦後、民主主義を教育に結びつけることはその最初から焦眉の課題でした。その課題にたいして城丸は、当時の人々の「闘争の教訓」に学びながら、教育過程内部に「生活指導」を拓いていくことになりました。この城丸の学問的成果の特徴は、よくある「海外の理論の当てはめ」ではなく、一九六〇年代の日本の社会的現実の中から汲み出し、練り上げたものだというところにあります。

さて、このような民主主義教育の理論はどのような現代的な意義を持つのでしょうか。わたしは、一つには、「学力」概念との関係でその意義が浮き彫りになると考えています。なぜなら、民主主義が「教育過程の内部」に入ったかどうかは、民主主義を子どもたちが身につけたかどうか、言い換えれば学力とどう関係するのか、ということと繋がっているからです。

2-1．「学力と人格」問題

学力というと、教育行政・政策上の用語として、一九九〇年頃に当時の文部省が示した「知識・技能」「思考・判断・表現」と「関心・意欲・態度」の三つの相からなるモデル（これを「新学力観」と呼びます）が知られています。多くの教育学者から誤りや問題が指摘されたにもかかわらず、残念ながら、学校現場ではそれに基づく「評価」が行われてきました。

その後、二〇一〇年代に入り、PISAテストなどによる国際的な学力競争が日本の学校でも吹き荒れるなかで、先の「新学力観」を彷彿とさせる、「知識・技能」、「思考力・判断力・表現力等」、「学びに向かう力・人間性等」という三つの頂点を持つ三角形で図示されるような学力モデル、すなわち「資質・能力」と呼ばれるモデルが提示されました。この学力モデルにたいして、すでに欠陥や危険性の指摘も重ねられつつあります。例えば、「産業主義的偏り」「国家主義的」性格、「幻想性」、「形成論の欠如」、「汎用的スキルの無能」といった、弱点・欠陥です（子安二〇一七）。

　こうした問題の中でもその最たるものは、「学びに向かう力・人間性等」という文言です。「人間性」という文言は重大です。どのような人間であるべきか、その内容を国家が法令などにおいて扱うことは、二〇世紀の二つの世界戦争を経て、強く戒められてきたからです。

　ただし、中には、「学びに向かう」と限定された人間性だから、人間性一般を指してはいないのでは、と楽観的に考える人もいるかもしれません。しかし、この「等」が付加されていることが問題なのです。なぜなら、「人間性」を「学びに向かう」ものに限るという限定などではなく、反対に、「等」によって、人間性にまつわる「すべて」を潜在的に予定し、そのまま「すべて」を含ませることを許す表記だからです。

　つまり、「資質・能力」という学力モデルは、それが人格に相当するまでに膨張することを妨げません。学力がそのまま人格と重なってしまうのであれば、学力テストによる数値評価が当然視される今日の状況下では、人格が測定可能で、評価可能であるような、そういう酷い誤解を招き、ひいては学校教師に人々の人生の選別を許すという甚だしい過ちすら招きかねません。

　他方、教育基本法には「人格の完成」を「教育の目的」とすると書かれているではないか、という人もいるかもしれません。確かに、大きくは、教育は人格形成にかかわる営みです。それでも人格と学力を結びつけることには慎重さが求められるのです。なぜでしょうか。

　人格を人格たらしめているものの一つに「思想」というものがあります。思想は、誰にも奪われてはいけない、そのひと自身であることの根本的な要素の一つとされています。民主主義社会では、基本的人権として思想・信条の自由が保障されているのです。

どんなひとも思想を持っています。思想をもたない人などいません。子どもであっても子どもなりの思想をもっています。そして、どのような思想をもつかは、その人の自由として保障されなければならないのです。そして、これは、現代社会の教育の基本原則です。人格の完成を、あくまでも大きな方向として、目指しつつも、子どもの思想の自由を私たちは厳に保障しなければならないのです。この原則から見ると、この「資質・能力」論には、思想の自由の保障という視点が欠落しているのです。

この事に関わって有力な教育学説を示した中内敏夫(3)によれば、人格形成に関わるとしても、個人の思想の自由を保障することに注意を払う文化・科学の伝達のあり方を「教育」とし、対して、個人に優先して既存の社会集団の都合を優先するあり方を「教化」とする、区別があります（中内一九九八：一八―一九）。この区分からすると、「資質・能力」は、社会（経済や国家）に求められて育成すべきものと謳っている以上、これに基づく営みが「教育」ではない可能性が濃厚です。

また、この学説は、「学力」という言葉が、学校教育として、しかるべき内容をわかち伝え、身につけられた能力という意味を含んで成立しているといいます（中内一九九八：一〇四―一一七）。「学校教育」というわけですから、行政当局が責任を持って、その評価と点検にあたり、保障するという意味合いがなくはない。しかし、そ

（3）中内敏夫（なかうち・としお、一九三〇―二〇一六）教育思想、民間教育史を研究。高知県吾川郡弘岡中ノ村（現高知市）生まれ。京城に育ち、敗戦で帰国。一九五四年京都大学教育学部卒業。六一年東京大学大学院満期退学。七〇年「生活綴方成立史にあらわれた郷村共同体思想と教育方法の研究」で教育学博士（東京大学）。六五年國學院大學専任講師、七一年お茶の水女子大学教育学部助教授、八五年教授、八四年一橋大学社会学部教授、九四年定年退官。著作に「生活綴方成立史研究」「学力とは何か」など。教育科学研究会の発行する雑誌『教育』の編集長も歴任。

の保障の動機において、社会にとっての手段としてのみ「学力」を考えているとしたら、それもまた「教育」から遠いものです。

このように、学力や人格には、避けてはならない教育学的知見があります。わたしたちの生きる現代社会の基本的原則や学問的知見を軽んじるならば、それこそ社会の崩潰を招きかねません。

では、「資質・能力」の育成を求められる学校現場の「現実的対応」としてはどうすれば良いのでしょうか。人格に関わるややこしい問題から適当に距離をとり、スルーしておけば良いのでしょうか。とりあえずは、知識・技能の指導に限定して仕事を進めればいい、と割り切るほかないのでしょうか。

この学力と人格をめぐる問題は、「資質・能力」論に特有の問題ではなく、先例があります。この問題は、民主主義の教育と不可分の関係にあるのです。民主主義も「思想」だからです。民主主義教育論がかつて熟考した学力と人格をめぐる問題を再訪することは、「資質・能力」の育成を求められて困惑する教師たちにとってきっと手掛かりになるはずです。私の見るところ、民主教育を追求した城丸は、この問題を視野に入れつつ、教育的指導を具体的に明らかにしようとした教育学者でした。

教育学者の坂元忠芳(4)は、『学力の発達と人格の形成』という本の中で、一九六〇年代から七〇年代にかけて、能力主義的・国家主義的人格形成政策が打ち出され、それに対する批判と抵抗が生まれた時期があったと述べています―それは今日の状況と似ています。その時期に、「民主的人格の形成」の内実を深めようとしたのが城丸であった、といいます。

形成と教育は、教育学の基本用語です。人間は、自分を取り巻く世界との相互作用の中で変化し、成長します。一般にこのことを人間形成と言います。教育による成長は、その世界にどんなふうに成長してほしいかという目的を持った働きかけが含まれており、その働きかけを通じて変化し、成長することを言います。したがって、形成といったとき、働きかけのある教育とは異なり、その人の自由において、なおかつその自由とは独立に、人格や思想が形作られることをいいます。後で述べますが、このことを城丸は「働きかける者が働きかけられる」と端的に表現しています。

坂元は城丸の議論を次のようにまとめています。

城丸は、まず、一九六〇年代当時の「人格」概念が教養主義的であり、加えて人権意識、労働能力、さらに社会的行動能力などを欠落させていることから、主知主義的であると問題視しました。

ここでいわれる主知主義的な人格把握とは、人格を、認識と行動という能力のうち、認識つまり「知」を主として捉えようとすることです。その問題とは、人格形成をもっぱら思想とそれを構成する認識の形成として捉え、そのために、思想が一定の人間関係のなかでの行動の変化と結びついていることを軽視してしまったことです。城丸は、これを問題とし、六〇年代の人格形成論における一面性、すなわち「陶冶〔認識の指導〕だけで人格を変えることができるという一面性」（坂元一九七九：二二四）を批判したのです。そして、思想（認識）と行動能力の両者を切り離さずに、なおかつ行動能力との関わりで人格形成を構想するべきだと主張しました。坂元は、城丸のこの方向性が、従来の民主教育研究内にあった人格理論の主知主義的傾向を批判する重要な観点だった、と評価しています。

（4）坂元忠芳（さかもと・ただよし、一九三一―）東京大学教育学部卒、川崎市の小学校教師、東京大学助手、一九六七年同大学院博士課程満期退学、日教組が設立した国民教育研究所所員、七五年東京都立大助教授、八三年教授、九五年定年退官。教育科学研究会（元副委員長）、地域民主教育全国交流研究会（元副代表）、ソビエト教育学研究会の中心的会員として活躍、同時に岐阜県の恵那を中心とした東濃の教師たち、千葉県東葛の教師たちと長い間共同の研究を進め，民間の教育研究運動に絶大な影響を与えてきた。

2－2．思想と行動能力の統一的把握

では、思想（認識）と行動能力とを結びつける議論の展開を見ていきたいと思います。参照するのは、『学級集団づくり入門　第二版』（全生研常任委員会一九七一）における「生活指導の目的」です。この本が出版された当時、無署名でしたが、のちに城丸の著作集に収められたことを踏まえて、城丸の筆によるものと扱います。

（1）思想と行動能力との統一としての人格

まず、「思想と行動能力との統一されたものが人格である」という文から始まる箇所を確認したいと思います。

> 思想と行動能力との統一されたものが人格である。人間はこの両面を発展させるとともに、絶えずその統一をめざさなければならない。そしてこの統一にあたっては、社会的行為・行動は決定的に重要である。なぜなら、いかに行為・行動するかこそが、彼の思想の決着をつけるものだからである。思想は行動を導きつつ、行動において実証をもち、社会的責任を負うものとなるからである。しかも、行動は一定の行動能力なしには成立しない。
>
> （同書：二一五）

この思想と行動の関係を、城丸は自動車の安全運転を「たとえ」にして、次のように続けます。

> 自動車の安全運転者となるには、安全の思想だけでは不十分である。安全に運転する能力を必要とする。この両者の統一したものが安全運転をする人格であり、思想と能力の実証、ならびに両者の統一の実証は安全運転という行動そのものである。また、両者の統一を発展させ、人格にまで定着させるのも安全運転そのものである。

城丸は、安全運転の思想と行動とが結びついた様態を「安全運転をする人格」とし、これが明白になるのはまさに安全運転という行動そのものにおいてだ、といいます。

（同右：二二五）

城丸は、思想と行動を切り離さないとする立場に立ちながら、両者のバランスが大事だ、などと当たり障りのない、安易なことはいいません。城丸は、「いかに行為・行動するかこそが、彼の思想の決着をつける」と述べて、行動に発展の契機があると考えています。同じように、民主的人格を述べるときにも、思想に対する行動の重要性について述べています。

民主的思想と行動能力とを発展させるものは、民主的行動そのものである。行動において行動能力が形成されるだけではなく、行動は思想の産出者であり、思想のもつ抽象性や一面性に対して具体的であり豊富であり、思想を支えつつ思想をのりこえる性質をはらんでいるのである。

（同右：二二五—二二六）

明白に行動を軸にその統一が考えられています。ここは、城丸の議論のいちばんの特徴が現れている箇所だと思います。

ここで城丸における「思想」という言葉について確認しておきましょう。城丸は「生活認識と価値観の形成」（城丸章夫一九九二a＝一九六七）という論文で次のように述べています。

子どもの人格形成を考えた場合に、思想の形成ということがたいへん重大なものとなる。ここで思想というのは、既成のあれこれのイデオロギーという意味ではない。さしあたり、子どもの見方・考え方のことだとしておこう。ようするに、子どもは子どもなりに、現在までに持っている認識を、何らかの形で概括し、それなりに事物についての見解を示す。それは、「お母さんは苦労している」とか「自動車が通る道は危険だ」とかいうふうに「母」とか「道路」という局限されたものについての概括に始まって、次第に自然や社会についての統一した見解に近づいていく。

（同書：一七三）

思想とは「見方・考え方」のことであり、それは認識の「概括」だといいます。この認識の「概括」は城丸における独自の言葉遣いと言っていいものです。次のようにものべています。

思想は、考えたり研究したりする上での方法となるだけではなく、人間が生きていくための生きかた、すなわち、実践の方向性や指針を示すものとなり、また実践への用意ある態度となる。「お母さんは苦労をしている」という概括は、その背後に、「だから、わたしはお母さんに、こんな態度で接しよう」とか、「こうしてあげたい」という実践の方向性や態度を秘めている。思想は、このように、認識のたんなる概括ではなくて、人間主体を動かす概括である。

（同右：一七四）

概括とは、「さまざまな事物を共通した性質から概念としてまとめること」を意味する哲学用語ですが、城丸は、「概括」を、事物にたいする認識のたんなる一般化ではなく、同時に行動（「実践」）の方向性を示し、態度を含んで、人間を動かすものと考えています。つまり、思想は、認識を素材とし、それらをまとめ上げつつ実践の方向性を示す「概括」だと考えられているのです。もう少し正確にいうと、別のところで概括に触れて、「思想は認識を要素とはするけれども、認識の寄せ集めがそのまま思想となるのではない。」（全生研常任委員会：三〇〜三二）と述べていることから、無数の概括のあつまりが思想だという事になります。

(2) 教科外の教育（行為・行動の指導）と教科の教育（思想形成にかかわる指導）

この行動と思想の関係を基本概念にして、城丸は学校の教育課程に話を進めます。城丸はこう述べます。「教科の授業は、主として子どもの認識や技能を指導する。これに対して、生活指導は主として子どもの行動を指導する」（同右：三四）。

ここで城丸は、思想と関わりがある認識の指導を教科へ結びつけ、他方で、行動を生活指導すなわち教科外教育へ結びつけ、教育課程の二つの領域の基本的な違いを把握します。この把握は注目に値します。教育学では、通例、二領域を陶冶と訓育の違いとして把握するのですが、城丸は「指導」の違いに結びつけるのです。これは独自の把握といってよいと思います。

では、この独自の把握の仕方について、まず、教科外教育から見ていきましょう。城丸は、生活指導を、「行為・行動の指導によって、民主的人格を形成する教育活動である」とし、以下のように述べます。

行動は、行動した人間自身を教育する教育力＝自己形成力をもっている。生活指導は、この教育力を作用させて民主的人格を形成することに、大きく寄与しようとするものである。

（同右：三四）

注目すべきは、「行動」それ自身が「自己形成力」をもつというところです。ここが、「行動は思想の産出者」であり、「思想をのりこえる性質をはらんでいる」という先ほどの主張の要となっているところなのです。

城丸は、この〈行動がもつ教育力の作用のしかた〉を、「人間は環境を変更することによって自己自身を変更する」という視点から、「働きかける者が働きかけられる」と定式化しています。

この〈行動による変化〉は、「自己自身」に起こるというのですから、その人のある特定の行動だけが変化するというわけではありません。城丸は、「対象に働きかけることによって影響され変更されるものは思想と行動能力の全体、すなわち、全人格である」（同右：三四）と言います。

なぜ、対象に働きかける行動が人格全体へ変更をもたらすのでしょうか。城丸は、「行動というものは、行動することによって、ある社会関係を作り出したり、修正したり、廃絶したり、あるいはまた、その社会関係を強化したり、弱化したりするものである」（同右：三七）といいます。

加えて、この「社会関係」は強い影響力を持っており、人間の行動はその影響を免れることができず、加えて人間の思考をも規定するといいます（「社会関係のもつ人格への影響力」）。すなわち、社会関係と行動は、相互規定的な関係にあるというわけです。ノイラートの船のように「社会関係という土俵の上でおこなわれ、しかもその土俵そのものを変更するのが行動なのだ」（同右：三八）と。

この相互規定的関係をもとに、「働きかけることによって社会関係、あるいは関係のあり方が変更され、そのことによって、働きかけた人間の思想と行動が強く規定される」（同右：三八）と把握するのです。行動による社会関係の変更は、人格を規定するものの変更と不可分である、すなわち人格に変更を結果としてもたらさざるを得ない、と。これが、行動が主体に対する自己形成力をもつということの内容です。

これを踏まえて、城丸は生活指導の役割を次のように述べます。

生活指導は、子どもの行動を指導することによって、行動にともなうものとして、いかなる社会的関係が発生し、あるいは変更されるかについて、深い注意を払うものである。また、意図的に民主的社会関係を作り出させ、発展させることをとおして、子どもの思想と行動の「総体」を民主的なものとして形成しようとするものである。

（同右：三八）

教育＝意図的働きかけとして、民主的な社会の担い手を育てる生活指導とは、民主的な社会関係を子どもたち自身が作り出すよう、行動に働きかけることだと言うのです。その働きかけの結果としての社会関係の変更は、子どもたちの行動と思想の総体に、影響を及ぼしていく。その指導は、あくまでも間接的に、結果として、人格の形成に関わる。これが城丸の民主的人格の形成論でありそれを踏まえた教育論ということになります。

城丸は、人格形成と教育の違いに自覚的でした。それゆえその著作のどこにも「思想を指導する」という言い方は見られません。あくまでも、教育としての意図的働きかけの対象は、社会関係と不可分の行動にあります。その行動を通じてどのような思想を形成するかは子どもの自由に委ねられているのです。

とはいえ、ちょっと待ってください。いま、思想形成は子どもの自由に委ねられていると述べましたが、少し前に、私はこうも書いています。「思想と関わりがある認識の指導を教科へ結びつけ」と、まるで城丸が「思想を指導する」と考えていたかのように読めます。どういうことでしょうか。

先に述べたように、主として認識の指導をするのが教科教育であり、また認識の概括のまとまりが思想とされています。つまり、教科教育における学習指導は思想形成に関わると城丸は考えています。では、どのように「関わる」というのでしょうか。

以下では、学習指導について述べていきますが、まず最初に、確認しておきたいことがあります。それは、学習と学習行動を分ける用語法です。

城丸は、行動のなかで随伴して発生する学習という、動物一般に起こる本来的な意味での学習と、それを目的とした行動の特殊な形式としての学習行動とを区分しているのです（「学習者の「働きかけ」は…特殊な行動形式をとる」（同右：三六））。城丸は、生活指導と同様、学習指導も行動の指導として位置づけます。両者とも同類のものでありながら、特殊か否かという点で異なるものと区分されます。一般にいう「学習指導」とは、城丸においては「学習行動の指導」ということになります。また、よく言われる「学びかたを学ぶ」とはこの特殊な行動形式を身につけることを指していると言ってよいでしょう。

城丸は、学習行動に、特殊な形式とはいえ行動である以上、「働きかけるものが働きかけられる」という形成の原則が貫かれる、と言います。このことが述べているのは、随伴する「学習」は指導できないということ。あくまでも、指導の対象は学習行動です。科学や文化や技能に働きかけるよう、行動を指導するのが学習指導だ、ということです。

加えて、行動である以上、学習行動には、社会関係も織り込まれることになり、学習行動を取り巻く社会関係が持つ力に従ってその特殊な形式が展開される、ということになります。城丸は次のようにいいます。「学習行動は教師と子どもならびに子ども相互の一定の人間関係のなかで推進される。学習行動はこの関係のあり方、すなわち民主的かどうか、どんな競争や協力かといったことをとおして、人格に一定の影響を与える。また、人格への影響をとおして学習そのものにも影響を与えざるをえない」（同右：三六）。

城丸は学習行動においても人間関係あるいは社会関係が重要で、そうした関係の民主性が要件になっているというのです。つまり、「学習集団」の民主性が重要だということです。言添えておくと、社会関係を変更しない行動はない以上、学習行動も人格形成を一定伴うことになります。この点は、いわゆる「訓育的教授」として探求されてきた授業における人格形成論に関連すると言っていいでしょう。

では、その上で、行動の特殊性とは何を指すのでしょうか。それは、意図的に設けられた「教授＝学習活動」の特殊性であり、学習行動の主体つまり学習者自身がその働きかけの対象に含まれるということです。

〔学習者の〕働きかける対象は科学・文化・技能である。「働きかけられる」ということは、働きかけの結果として自己の思考・認識・習熟を変更して科学・文化・技能をわがものとするということである。

（同右：二三六）

学習行動が「思想形成」に関わるのは、科学・文化・技能の認識を変更する行動だからですが、それが特殊であるのは、まだそれをわがものとしていない自己をその対象に含むことにあります。

（3）認識の変更から思想の形成への飛躍

では、先ほどの問題に戻りましょう。それは、思想の要素である認識が学習指導を通じて変更されるのであれば、先に述べたように、それは「思想の指導」ではないのか、そうであるならば、子どもの思想の自由の保障にはならないのではないか、という疑いです。

実は、大胆に言ってしまえば、ここには教育から形成への「飛躍」が存在するのです。学習指導を通してわがものとされた認識に、ある種の飛躍を挟んで、子どもの思想が形成される、と言いうるような飛躍です。この飛躍はどこからもたらされるのでしょうか。

ヒントとなるのは、先に触れた「行動は思想の産出者」であるという考えです。城丸はこういいます。

思想は各個人がその行動を媒介として、彼の内的必然にもとづく自己形成の結果として形成されるものであり、教えこみや「お説教」は思想を知識として与えることはできても、主体的思想には転化しない。

（同右：三一）

思想の形成は、あくまでも、行動を介した自己の変化の結果としてもたらされます。この「自己の変化」を先ほど「飛躍」と言ったのでした。そして、その踏みきり板となるのが「内的必然」です。これは「内的矛盾」とも言われ、また平たい言い方では、「いままでの思想ではやっていけないという自覚」とも言われます。城丸は、この「自覚」について「泳ぎ」をたとえに次のように述べます。

たとえば、同じ海であっても、泳ぎを知る前の海は恐怖の対象であるが、泳ぎを知った後の海は楽しみの対象となる。変化をおこしたのは彼の行動力量であり、力量の変化は海が彼にせまっていた必然を他の必然におきかえ、したがってまた溺れるという見とおしにかえて遊べるという見とおしを生み出したのである。このように見るならば、内的必然として形成される思想は、行動とのかかわりでいえば見とおしの体系である。

（同右：三二）

「泳げないと溺れる」という、その人をとりまく世界と結びついた内的必然によって、行動の力量が変化し、その変化が「海」を恐怖から楽しみの対象へ変えます。その変化は、溺れるという「見とおし」から、楽しむという「見とおし」への「おきかえ」です。このように「見とおし」が変更されるような仕方で、「見とおしの体系」としての思想が形成されるというわけです。補足しておくと、「見とおし」とは、先ほどの「実践の方向性」を指します。ここでは概括と思想が、「見とおし」と「見とおしの体系」と呼ばれているのです。つまり、概括のまとまり（体系）としての思想という把握が認められます。

　思想は行動を介して、結果として形成されるのであり、その契機となるのは内的矛盾だというこの考えは、認識の指導が思想の指導ではないことを説明します。

　思想の形成は、あくまでも、行動（世界への働きかけ）を介した内的矛盾の自覚を通じ、行動力量の変化（自己形成）の結果として、もたらされます。学習指導でわがものとされた認識は、そのままでは思想にはなりえません。行動力量との変化と結びつき、かつ「見とおし」と結びついて初めて、認識は思想形成へ連なるというわけです。しかも、その結び目にはそのひと固有の「内的矛盾」が絡まっていなければなりません。それゆえ、教育的指導としては、主として行動の指導を担う教科外教育と関わることになります。学習指導として教師が意図できるのは、あくまで、行動上の必要と見とおしのおきかえの手掛かりにいつかなるようにと期待しながら、認識の変更を主とするものであって、思想形成はやはり子どもの自由に委ねられていると考えるべきでしょう。

（4）城丸の「学力」概念

「学力と人格」問題の焦点は、個人の思想の自由を保障することに注意を払いながら、人格・思想形成に連なる、教育的指導のあり方を描くことでした。これまで見てきたように、城丸は、教科教育も教科外教育も、行動との関係で、思想形成の自由を子どもたちに保障できるよう、注意深く教育的指導を構想していました。

　最後に、もう少し城丸のこの注意深さを吟味しておきたいと思います。そうしておくことで、より城丸の議論の深さを見積もることになるとおもうからです。

吟味してみたいのは概括と指導の関係です。つまり、思想は、認識の概括のあつまりですが、認識の指導である学習指導は、概括もその対象であると理解してよいのか、ということです。もし指導対象だとすれば、学習指導が思想の自由を侵してしまいかねません。

この点に関わって、城丸は次のように述べます。「それ〔概括〕は、新しい事態を認識するうえでは方法論となり、行動とのかかわりにおいては見とおしと要求とを生み出す。」（同右：三〇）。これを図式化すれば、

認識―概括―行動

という関係になります。

繰り返しますが、城丸は、教科教育の指導では主として科学・文化・技能を内容とする認識を扱うものとします。他方、教科外教育の指導では主として行動を扱うものとします。

そして、ここが城丸理論の最大の特徴ですが、この認識と行動は互いに関係がない、別々のものとされてはいません。すなわち、二元論的に構成されてはいません。今見たように、双方の間に概括が置かれています。いわば、概括がその結び目となって、双方が関連し合うものとされているのです。

では、認識と行動は指導の対象ですが、概括はどうでしょうか。城丸は概括が指導の対象であると考えてはいないようです。認識と行動は、教科と教科外という指導の違いと結びついており、互いに還元し得ない、ある種の緊張関係にあります。概括はその緊張関係の真ん中に置かれています。したがって、概括は、いわば宙吊り状態にあり、常に揺れ動き、捉え難いものということになります。ひとの内面に属するそうしたものを対象として指導を具体的に構想することは容易くはありません―城丸は常に具体的な指導を考えています。したがって、概括はその緊張関係の中で形成されるものと理解するのが妥当なところでしょう。強いて、指導との関連について

言えば、指導において「深い注意」が向けられるべきものと了解するのが妥当なところだと思います。

先ほど「学力という言葉は、学校教育として、しかるべき内容をわかち伝え、身につけられた能力という意味を含んで成立している」と述べました。いいかえれば、教育内容と能力を両睨みできるところに「学力」概念が成立することを意味します。これまで見てきたように、城丸は教育課程の二つの領域を、認識と行動の指導の違いとして把握していました。ここには「学力」概念があるとみて良いでしょう。つまり、認識と行動の指導において形成される、認識と行動の能力および両者を繋ぐ概括の三項からなる「学力」概念です。

3. 城丸の民主主義教育論からさらに考えたいこと

以上見てきたように、城丸は民主主義の担い手を、学校教育を通じてどのように育てるのか、ということに腐心した人でした。城丸がたどり着いた場所から、わたし達はさらにどこに向かって進んだら良いのでしょうか。わたしは、中内敏夫の学力論がその手がかりになると考えています。中内の学力論と比較すると城丸のそれが持つ特徴が浮かび上がります。

中内の学力論の特徴は、よく知られているように、「習熟」にあります。習熟とは、内容を学習主体が意のままに用いることができるように「身につけた」状態を指す用語です。

中内の習熟概念は、ヴィゴツキーの「内言」から着想を得て、知識（知的行為）とともに概念（言語行為）などが思想へ「気化」した段階、すなわちそれらが自動化・短縮化される段階に現れるものだとされます。蛇足ですが、これを認知科学風に言えば、感覚器官から出力された信号によって配線接続された神経回路上のニューロンが繰り返し発火するにつれて、そこが強固化され、思考の中でより早く、より容易にアクセスされ、より無意識的に働くようになった状態、といったところでしょうか。
この習熟について、中内は次のようにいいます。

内言は、思考が思想に「気化」する段階にあらわれて、そこに概念や知と世界観が混交する独特の世界をかたちづくる。（たとえば「広場」という社会概念が「民主主義」という人びとの関係性のあり方についてのひとつの思想へと転生する。）それは、「身についた知識」とか、「その人そのものになった方法」といったいい方で、これまでにも、論じられていた、思考のひとつのあり方である。「習熟」はこの段階をあらわす。

（中内一九九八：一一七）

この「思想」の段階にあらわれる「習熟」は、「生き方、思考力、態度など、人格価値に属するもの」（同右：五七）であるといいます。ここで、城丸の「思想」と「概括」を思い出してください。城丸は、思想とは概括を要素とするものとし、生き方や態度になるともいいます。わたしには、態度や生き方という点で習熟と概括が重なるように思われるのです。

さらに、中内は、「認識が内言をルートにして思想へと気化し」（同右：四〇二）と述べて、思考を認識と言い換えて「気化」を論じてもいます。思考と認識が置き換え可能であるならば、なおさら城丸の論と重なって見えてきます。試しに、この引用文中の用語の「習熟」を城丸の「概括」に、「思考」を「認識」に置き換えてみましょう。次のようになります。〈概括は、認識が思想に「気化」する段階にあらわれるもので、認識のひとつのあり方である〉。中内風の「概括」の姿があらわれてくるようです。先ほど城丸における認識から思想への飛躍について述べましたが、この発想は「気化」にも重なってくるようにも思われます（城丸は「転化」といい、中内は

「転生」とも言い表しています）。

もし、中内の図式と城丸のそれにおいて、概括と習熟が重なり合うのであれば、考えてみたいことが出てきます。それは、中内が、「「学力」ということばを、教室での授業の結果の知的側面をあらわすものとして使用することにしよう。」と述べ、教科教育における学習指導だけに限定している点です。

中内は、習熟を教科における学習指導との関わりでのみ論じているのです。それに対して、城丸の概括は、教科外の指導の対象である行動能力との関係を維持しています。教科領域内だけで完結するものとは考えられていません。城丸の議論から見ると、中内は教科教育だけで学力形成が完結するものだと想定しているかのようです。実際にどうなのでしょうか。実は、中内は次のようにいいます。

城丸章夫によると、日本の教師がこの回路〔モノやモノゴトについての子どもの思考が社会関係を介して発達すること―引用者〕の存在に気づいて、子どもの認識指導のきりはなせない一環として、かれらのつくる集団の問題にとり組みはじめるのは、第二次大戦前の段階においてであるとされるが、はっきりしてくるのは、なんといっても、戦後の大西忠治らの実践以来のことであろう。かれの功績は、文化が概念や形象や知、言語などにのせられて子どものひとりひとりの能力の世界に進入してくるとき、教師がこの過程をどのように自覚していようとも、そこには必ず一定の集団関係が作用している事実を浮かびあがらせ、これを教師のとり組みの対象にひきすえた点にある。

（同右：一二四）

そして、学力論の課題として、次のように続けます。

子どもの思考過程がこのような性質のものであるとするなら、新しい学力モデルは、学級集団づくりの領域や学校づくりの領域に対しても、ひとつの原則を提出できるものでなければならないことになってくるだろう。

（同右：一二四）

中内は、一旦は授業づくりにとって原則となる学力論を整理することを目指しました。しかし、その論に課題がないわけではなく、教科外教育の実践形態である「学級集団づくり」を学力論に組み込むことが課題であると述べているのです。そうだとするならば、城丸の学力論を中内のそれと重ね、学校教育全体で、特に行動能力との関係で、学力概念をさらに考えることが必要だと思います。

別の角度からもこのことを指摘しておきたいと思います。それは、「学力と人格」問題への中内の評価です。

能力は、人格を、なにができるかという角度から映しとったものであり、学力は、この能力のうち、教材にのせてわかち伝えることのできる部分である。そう考えると、世に「学力と人格」問題などとよばねばならぬ問題は存在しないのである。学力と人格は二元的なものではないから、存在するのは、まず直接的には学力問題であり、広義には人格問題なのである。

（同右：三八九）

では、なぜ、学力問題、ないしは「学力と人格」問題が生じているのだろうか。いうまでもない。学力の概念定義をまちがえて問題のたて方をまちがえたり、学力を、子どもに、その本来の姿のままにわかち伝える方法をあやまっている、つまり、指導過程のくみ方をまちがえているからである。

（同右：三八九）

学力と人格という問題は本当の問題ではなく、二元論的に捉えて問題にしているに過ぎない。学力に習熟という相をおき、そこに人格的価値をおく一元論者の中内からすれば、「学力と人格」を問題とみる見方こそ問題であるということです。本当の問題は、二元論であるというわけです。

実は、この「学力と人格」問題を二元論的に誤って捉えたと論難されているのは坂元忠芳でした。中内は坂元を批判し、そんな問題はない、あると見えるのは、学力の概念定義を間違えているからだとさえ言っているのです。そして、二元論は教科外教育に正当な地位を与えてしまうもので、それは態度主義的発想だといいます。

> 二元論でゆけば、子どもの人格や生活をよくするためには学習指導だけではだめで、このことを固有の目的とする特別の指導、たとえば特設「道徳」とか教科外教育とかが、教育活動のもうひとつの領域として不可欠だということにもなってくる。」
>
> （同右：三九五）

この引用からは、教科外教育を正当と認めることはできないというニュアンスが感じ取れます。しかし、学力と人格を「問題」として正面から考えていたのは坂元だけではありません。本章で見てきた通り、城丸もその一人でした。しかも、学力と人格の問題を考えていたからこそ、認識の発展が行動との矛盾ある緊張関係において飛躍を伴い進むことで思想形成ひいては人格形成へ連なると、「二元論」的に考えることができたのです。

中内は、右で見たように、城丸に言及しながら学級集団づくりを視野に入れた学力論の再構成が課題であると考えています。そうであるならば、やはり「学力と人格」問題は「ある」と考える方が自然な流れであるように思います。

このようにみてくると、わたしたちには、中内の学力論を、社会関係と不可分の行動能力・教科外教育とどのような内的連関を持っているのか、さらに考え、発展させるしごとが残されているようです。近年、中内学力論を発展させようとする学問的努力が教育目標・評価論において進められているようですが、城丸の理論はこの努力に深く関わるように思います。

おわりに

この章では民主主義と教育というテーマを扱ってきました。そこには、形成されども教育はせず、という人格、思想の問題がありました。この人格・思想を視野に収めつつ、学校教育において民主主義的な主体を形成するという難業が、戦後教育学の課題であったのです。しかも、それを学力の一環として構想するという難業です。この難業に学ぶことは、途中でも述べましたが、近年の「資質・能力」という学力概念を考えるときに役に立つと考えています。

最後に、もう一つ課題について触れ、本章をおわりにしたいと思います。城丸の学力論は、学校における民主的行動能力（学級の自治的統治能力）の獲得を目指し、児童会生徒会活動まで広げて論じるものです。このことは、民主的学校論に結実することにもなりました。それは、実生活のあらあらしい波風からさえぎられた「温室的」側面を持つことを重視し、社会と文化に対してその役割を果たす民主的学校の可能性です。この発想は、学校が子どもたちにとってどんな場所か、改めて厳しく問うものです。城丸の教育論は、学校を見直す上でも私たちにその見とおしを与えてくれるのではないでしょうか。

参照文献

五十嵐顕　一九六九「現代教育史における民主主義教育の発展」『講座　現代民主主義教育　第1巻　現代社会と教育』青木書店
子安潤　二〇一七「膨張する資質・能力論を教材研究ベースへ再構築する（特集　これからの「学力」を語り合おう）」『人間と教育』第九六号、旬報社
坂元忠芳　一九七九『学力の発達と人格の形成』青木書店
城丸章夫　一九六九「民主諸闘争と国民教育運動」『講座　現代民主主義教育　第5巻　教育運動』青木書店
城丸章夫　一九九二a「生活認識と価値観の形成」『城丸章夫著作集第3巻　生活指導と人格形成』青木書店（一九六七年初出）
城丸章夫　一九九二b「生活指導の理論と小川太郎」『城丸章夫著作集第3巻　生活指導と人格形成』青木書店（一九七四年初出）
全生研常任委員会　一九七一「生活指導の目的」『学級集団づくり入門　第二版』（『城丸章夫著作集　第3巻　生活指導と人格形成』所収）
中内敏夫　一九九八『中内敏夫著作集Ⅰ「教室」をひらく　新・教育原論』藤原書店

第9章　障害児教育論
――「子どもに合わせる」教育のなりたち

河合隆平

はじめに

今日、障害のある子どもの教育は「特別支援教育」と呼ばれています。現行の教職課程でも「特別の支援を必要とする幼児、児童及び生徒に対する理解」に関する科目が必修化されています。この間、発達障害などのある子どもの困難やねがいに向き合う教育実践のなかで「困った子ども」は「困っている子ども」という子ども理解も広がりつつあります。また、インクルーシブ教育という言葉に託して、障害のある子どもを含めて多様な子どもたちの学び合いや育ち合いをめざす取り組みもあります。

こうした状況のなか、本章では障害のある子どもの教育について「障害児教育」という言葉に依拠して考えていきます。なぜ「特別支援教育」ではないのか。「特別支援教育」以前に使われていた「特殊教育」ではなく「障害児教育」なのか。そこには単なる言葉の言い換えではすますことのできない、障害のある場合の子ども理解や教育の根本的な考え方の違いがあります。戦後、障害のある子どもの義務教育制度は未実施のまま一九七九年まで放置され、障害のある子どもたちの多くが学校に行きたくても行けない時代が長く続きました。戦後教育学のなかで障害児教育論は障害のある子どもを排除する教育を厳しく批判し、障害のある子どもたちの「学校に行きたい」「勉強がしたい」「友だちがほしい」というねがいの正当性を証し立て、そのねがいを実現するために「子どもに合わせる」という原理を立ち上げる新しい教育学でした。

以下、はじめに「特殊教育」に対して「障害児教育」という言葉が選びとられた理由を明らかにします。そして障害のある子どもが学校に行けるようにするために「障害のある子どもにも教育を受ける権利がある」こと、「障害のある子どもも発達する」ことを理論化する努力のうちに「子どもに合わせる」という教育原理が成立する契機をおさえます。そのうえで、障害論や特別な教育的ニーズ論とのかかわりをおさえ、通常の教育・教育学と分けもつべき課題にふれながら、障害児教育論として固有に存立すべき理由を考えます。

1.「障害児教育」とはなにか

1-1.「特殊教育」から「障害児教育」へ

一九七四年に刊行された実践記録『障害児の教科指導』の冒頭、群馬の中学校で校長職にありながら、民間の障害児教育研サークルの理論的支柱として、知的障害教育にかかわっていた田村勝治は次のように述べました。

日本では、この子たちの教育を「特殊教育」とよんでいる。何か普通の子と別な人間を教育するような印象を与えられるのであるが、実は特殊なのではなくて、学級のどの子にも内在する最も不幸な面を、障害を、典型的に持っている子どもたちであるのだと私たちは把えるのである。だから障害児教育とよぶようにしている。

（清水・田村一九七四：一二）

田村は、障害のある子どもの教育を表す言葉として「特殊教育」と「障害児教育」という二つの用語を用いています。その言葉の違いは、障害のある子どもを「普通の子と別な人間」ととらえるのか、それとも「どの子にも内在する最も不幸な面を、障害を、典型的に持っている子どもたち」ととらえるのか、という子ども観の違いに由来しました。田村は、知的障害のある子どもは通常学級で学力不振や貧困などを背景に周縁化されやすい子どもたちの「悲しみや悩みを大へん明瞭な形で持っている。特殊なのではなくて大へん典型的なのである」（清水・田村一九七四：一五）という子ども理解に立って「特殊教育」を批判したのです。

当時の特殊教育は、知的障害があると考えるちからが弱くて抽象的な思考が苦手であるから、子どもに具体的な生活経験を通して将来の生活や仕事に直接役立つ能力を身につけさせることが重要だといい、もっぱら「生活単元学習」や「作業学習」を重視しました。一九六二年に初めて示された養護学校の学習指導要領では、知的障害教育において教育基本法が示す教育の目的の達成は「甚だ心もとない」として「身辺生活の確立と処理」「集団生活への参加と社会生活の理解」「経済生活および職業生活への適応」といった「具体目標」が並びました。

一九六〇年代には特殊教育の教育目標として「愛される障害者」という言葉がよく用いられました。「自ら進んでよりよき社会の形成者となることには自ら限界があり、自ら成しうる道は、他人の厄介になるのではなく、自分のことは自分で仕末し、社会的にも自立ができるということである。この限界をはっきりと見つめるところに、精薄教育の本質がある…社会のお荷物にならないという意味で消極的ではあるが確かに社会の、国家のためになる」（林部一九六六：一〇一）。当時の文部省特殊教育課長、林部一二によるこの一文こそ、「精神薄弱」（精薄）と呼ばれていた知的障害のある子どもたちを将来の単純労働者予備軍とみなして社会への適応を求め、他人に迷惑をかけない限りで居場所を与えようとする「特殊教育」の「本質」を端的に示していました。

とはいえ、当時の教師たちは知的障害のある子どもたちを厳しい社会に送り出すために独り立ちできる力を身につけさせようと熱心に教育していました。しかし、田村が校長として赴任した中学校の特殊学級の子どもたちは、自分たちの学級を「見られたくない」「恥ずかしい」と言います。人の嫌がることを進んですることが大切だといわれ、子どもたちに「作業学習」と称して校内の便所掃除、近所の工場の下請けのハンダ付け作業などをさせていたのです（越野二〇一九：四九—五〇）。これでは子どもはよくならないと考えた田村は、教科担任に働きかけて特殊学級の子どもたちに教科の授業をしてもらいながら、「どの子だって字が読めるようになりたいし、数がわかるようになりたいねがいを持っている。美しく歌うことができるし、科学的な感動を持っている。抽象力は弱いかもしれないが、物事に対する感受性は人一倍強い」ということを確信します（清水・田村一九七四：一五）。「人間は文化を獲得する活動を通して本当に人間らしくなっていく」という発達観をもつ田村にとって、教育とは子どもたちに文化を手渡すしごとにほかなりませんでした（清水・田村一九七四：一三）。田村の中学校の特殊学級では「ものごと（知識や技能）を獲得していく筋道は、勉強のできる子もできない子も、そして私たちの学級の子どもも、まったく原則的には同じである」との立場から、知的障害のある子どもたちに文化や科学、芸術のエッセンスを系統立てて手渡していく教科指導が大切にされました。

こうして「どうせこの子たちは社会へ出ても駄目なのだから世の中にめいわくをかけないように、黙ってまじめに働いていく人間になればよい」という「特殊教育」の論理に対峙して、障害のある子どもへの文化の伝達を介した人間発達を重視する教育のしごとを「障害児教育」という言葉で自己規定し、「普通学級とまったくちがった特殊な子を教育する学級、特殊な教育方法を行う学級」の教育をつくりかえようとしたのです。

一九六〇年代後半に提唱される「障害児教育」とは、障害のある子どもたちの欠陥や特異性を強調して差別的に処遇する「特殊教育」と訣別し、障害のある子どもたちにも普通教育を保障しようと自覚的に選び取られた言葉だったのです。そして、障害児教育の普遍性と権利性を基礎づける枠組みが「権利としての障害児教育」論であり、すべての障害のある子どもが学校に行けるようにすることを直接の課題として立ち上げられた理論でした。

1-2. 発達の必要に応じる教育

戦後教育改革が「特殊教育」を制度化し、障害のある子どもの教育の場として盲・聾・養護学校や特殊学級を位置づけたことは教育史上の画期でした。しかし、障害のある子どもすべてが「特殊教育」の対象とされたわけではありません。重い知的障害や肢体不自由のある子ども、複数の障害を併せもつ子どもは教育の権利を否定され、学校に行くことすら認められませんでした。盲学校と聾学校の義務教育は学校教育法が施行される一九四八年度から年次進行で九年間をかけて完成します。ところが、知的障害や肢体不自由のある子ども、病気の子どものための養護学校の義務教育は行政の不作為により無期限延期のまま放置され、一九七九年にようやく実施されます。その後、一九八〇年代後半に養護学校高等部の全入運動がひろがり、障害のある子どもの高等部進学率が九〇パーセントを超えるのは一九九〇年代後半です。二〇〇〇年には高等部の訪問教育が実施されました。

くわえて、就学義務の猶予・免除の制度により重い障害のある子どもたちは教育から排除され、障害児施設の入所や通所には就学猶予・免除の手続きが要件とされました。障害のある子どもたちは教育と引き換えに福祉が与えられ、福祉は教育から排除された子どもたちの受け皿とされたのです。こうして障害のある子どもの権利は

「教育か、福祉か」という代替関係に置かれ、どちらかを犠牲にしなければ権利が与えらない状態におしとどめられました。教育と福祉の両方の権利を奪われた障害の重い子どもたちは在宅生活を強いられました。閉じられた空間・時間・人間関係のもとで子どもたちは発達を停滞・後退させられ、いのちをも切り詰められたのです。

日本国憲法第二六条では「すべて国民は、法律の定めるところにより、その能力に応じて、ひとしく教育を受ける権利を有する」、一九四七年・教育基本法第三条でも「すべて国民は、ひとしく、その能力に応ずる教育を受ける機会を与えられなければならないものであって、人種、信条、性別、社会的身分、経済的地位又は門地によって、教育上差別されない」と謳われています。こうした法的根拠が存在するにもかかわらず、障害のある子どもの教育の権利が奪われたのはなぜでしょうか。

当時の憲法学では、憲法第二六条の「能力に応じて」とは「教育を受けるに適するかどうかの能力に應じて、の意である」と理解され、「教育を受けるに必要な能力（学力・健康など）によつて差別されるのは当然であるが、それに關係のない理由——「人種、信條、性別、社会的身分、経済的地位又は門地」（教育基本法三条）——によっては、差別されない」という解釈が主流でした（宮澤一九五五：二六七—二六八）。「教育を受ける権利」が「能力に応じて」制約されることを容認するという能力主義は近代教育の原則ですが、それゆえに障害のある子どもは能力が低いから教育しても無駄であり、学校に行く必要もないと当たり前のように考えられていたのです。

教育の機会均等を制限し、障害のある子どもの差別を容認する能力主義をいかに乗り越えるか。障害児教育学の立場からこの理論的課題と格闘したのが、清水寛(1)でした。憲法・教育基本法の「教育の機会均等」条項の審議過程を分析し、「「ひとしく」は、新憲法の国民主権主義の原則に基づく権利の無差別平等性の保障を意味するものであり、「能力に応じて」は、その権利の実質を保障するために不可欠の補充規定である」という法解釈を導き出しました（清水一九七〇：三六）。清水は「能力に応じて」を「その発達に必要かつ適切な」と読み深めることで、能力主義から「教育の機会均等」の理念を解放し、重い障害のある子どもへの手厚い教育の必要性を根拠づけたのです。「必要」原理に則した教育権の転回は、障害を理由に「能力に応じて」奪われてきた教育権を回復し、養護学校の義務教育を求める理論的根拠とされました。それは当時の教育法学の理論にも採用されて、障害のある子どもの発達権から国民の教育権論を構成しました。

1-3. 障害のある子どもの発達と教育実践のなりたち

障害のある子どもの教育権保障は、「どんなに重い障害のある子どもも発達する」「障害の有無にかかわらず、同じ発達のすじ道をたどる」という発達観によって基礎づけられました。「教育不可能」とされた重い障害のある子どもたちを受けとめた福祉現場の実践から提起されたその発達観は、権利の平等を人間発達の普遍性によって基礎づける「発達保障」として彫琢されました。知的障害児施設「近江学園」や重症心身障害児施設「びわこ学園」における実践から生まれた発達保障の考え方は、これらの施設を開いた糸賀一雄の「この子らに世の光を」ではなく「この子らを世の光に」という言葉に集約されて社会に広がり、障害のある子どもたちを慈善や保護の客体ではなく、発達と権利の主体として承認する道をひらきました（糸賀一九六七）。

当時主流をなした知的障害研究の方法論は、通常の子どもと比較して知的障害のある子どもの遅れや違いをつかみ出し、障害の原因や種別・程度によって類型化するものでした。障害の状態像を固定的にみることで障害のある子どもの発達が否定され、遅れや違いに応じて教育を最適化することが重視されました。知的障害があると抽象的な思考の働きが弱いので、単純で具体的な行動や動作を繰り返し体に覚えさせることが最適だとして、軽度の子どもには単純労働に耐えうる態度や能力を、重度の子どもには身辺自立などの日常生活動作を身につけさせることがめざされました。ところが、知的障害の特性に合わせたはずの教育は、考えるちからやコミュニケーションのちからに目を向けず、子どもの行動を外側から枠づけることに終始したため、かえって「考える力が弱い」「融通がきかない」「見通しがもちにくい」といった困難さを強化するという矛盾を抱え込んだのです。

障害による遅れや違いを明らかにする研究が、障害のある子どもの特異性を強調し差別的な教育と分かちがたく結びついているとすれば、その方法論自体が克服されなければなりませんでした。近江学園・びわこ学園で発達研究を担った田中昌人(2)は、知的障害を「静的に閉じられた状態像」ではなく「発達過程に障害をもった状態像」とみて、「発達」という時間的変化のなかで障害の発生や変容の形成過程をとらえることで知的障害のある子どもの発達的変化を取り出し、「発達しない」とされてきた子どもたちの「自己運動の過程」に人間に共通する発達過程を見出したのです（田中一九八〇：六—七）。

障害のある場合と障害のない場合を比べて「違い」を取り出す。その反対に、人間はみんな「同じ」だからと障害の固有性を埋没させる。そうすると、「自閉症の子が水道から離れず水の動きをじっと見るのは「こだわり」で、同じことをダウン症の子がしていると「がんこ」になって、障害のない一歳児がやっていると「お水で遊ぶ

（1）清水寛（しみずひろし・一九三六—）東京都生まれ、一九六〇年東京教育大学教育学部特殊教育学科卒業、同大学院教育学研究科を経て、一九六九年から二〇〇二年まで埼玉大学教育学部で障害児教育教員養成に従事。一九六七年の全国障害者問題研究会（全障研）の結成に参加、日教組や民間教育研究団体による障害児教育運動に深くかかわり、日教組・教育制度検討委員会に専門調査委員として参加。全障研副委員長、全国委員長を歴任。障害児教育学・教育史の視点から「権利としての障害児教育」論の構築に大きく貢献した。戦争と障害者問題に関する歴史研究をライフワークとする。

（2）田中昌人（たなかまさと・一九三二—二〇〇五）東京都生まれ、一九五四年京都大学教育学部卒業、同大学教育学部心理学の助手、一九五六年に滋賀県立大津市立南郷中学校近江学園分校教諭、滋賀県立近江学園指導係長を経て、一九七〇年から京都大学教育学部、一九九六年から龍谷大学文学部の教員を務める。一九六七年の全障研の結成に参加し、初代全国委員長となる。発達保障論を提唱して障害者権利保障の理論・実践・運動に大きな影響を与え、「可逆操作の高次化における階層—段階理論」による発達診断の方法を開発した。

のは面白いね」になってしまう」（白石二〇〇七：八四）というふうに、障害のある子どもたちの内面の働きを見落とすことになります。

それゆえ田中は、発達において障害のもつ普遍性と特殊性を統一してつかみ、発達の普遍性のなかに障害という特殊性を位置づけることで、障害があることの固有性を明らかにすることを志向したのです。障害のある子どもの姿を特殊としてのみ理解するのではなく、共通性をくくり出すことで障害のある子どもの内面に接近し、教育の新たな糸口が見出されていきました。それは、発達しつつある子どもの側に視点を移して、障害の意味をとらえることでもありました。びわこ学園では重い障害がある子どもたちの状態を「寝たきり」ではなく「寝かされきり」ととらえ返しました。「寝たままの姿勢で目覚めることができる」とみることで、うつ伏せにしてみたり、ベッドから連れ出したりと働きかけに変化をもたせることで、子どもたちの変化が引き出されていったのです。

発達のすじ道は同じだとしても、障害のない子どもが数か月のうちに獲得していくちからを、障害のある子どもはその何倍もの時間をかけて獲得していく場合もあります。それが遅れや違いとみなされてしまうのです。びわこ学園では、一つひとつの能力を獲得しながら垂直に伸びていくような〈タテへの発達〉に対して、現在もてる能力を駆使して外の世界や人との関係を多様にとり結びながら人格を形成していく〈ヨコへの発達〉とみる発達認識によって障害のある子どもの発達の可能性を見出し、教育の下限が押し広げられていきました。こうして発達過程の普遍性が教育の平等を基礎づけたのです。

障害という特殊を、発達という普遍のなかに位置づけて理解することが、障害のある子どもの発達の固有性を事実として認識し、教育実践を成立させる契機となりました。そのことに着目した茂木俊彦(3)は、通常の子どもの発達研究は「それぞれの発達段階で、種々の援助を条件としつつ、どのようなことが主体的に「できる」のかの確認をする」のが基本であるのに対して、障害のある子どもの研究では「「できなさ」の確認は相次いで行われてきたが、障害児の側に立って「このようなことならできる」という積極的な確認はあまりなされない」と批判します（茂木一九七九：一八六）。

茂木は、そうした難点を克服するために、障害のある子どもを「外側」からながめて「できなさ」の確認に終始するのではなく、障害のある子どもを「発達に必要な活動を営むことに向けての要求をもつ主体」とみて「子どもにゆさぶりをかけ、「できる」ことをひきだしつつ確かめる」という「教育臨床的方法」を提起しました（茂木一九七九：一八六）。障害のある子どもの姿を障害特性などで直接に説明するのではなく、障害のある子どもに働きかけながら仮説的に子どもを理解し、子どもに合わせて働きかけ方を変えながら子ども理解の妥当性を検証する。その方法論は教育実践の枠組みそのものであり、障害のある子どもの「発達に必要な活動」をつくり出すという教育のしごとが位置づいてくるのです。

1―4．子どもに合わせて学校をつくる

こうして「教育不可能」とされてきた子どもたちの教育の実質をつくり出しながら、障害のある子どもたちを学校で受けとめる努力が積み重ねられていきます。一九七〇年に本格開校した京都府立与謝の海養護学校の設立理念のひとつは「学校に子どもを合わせるのではなく、子どもに合った学校をつくろう」でした。与謝の海養護学校では、寝たままであったりオムツをしたままの子ども、不就学のまま学齢を過ぎた青年たちを漏れなく受け

（3）茂木俊彦（もぎとしひこ・一九四二―二〇一五）群馬県生まれ、一九六六年東京大学教育学部心理学科、同大学院教育学研究科で学び、一九七〇年東京大学教育学部助手となる。広島大学、立正大学を経て、一九八一年から東京都立大学人文学部教員、二〇〇三年から二〇〇五年まで同大学総長を務める。教育心理学の立場から障害児の発達と教育の関係理論を追求し、障害者権利保障の国際動向を批判的に摂取しながら、障害児保育・教育実践の成立構造を研究した。日教組、全教（全日本教職員組合）の全国教研では障害児教育分科会の共同研究者を務め、全障研副委員長、全国委員長も歴任。

とめ、教育の対象外とされてきた子どもの教育実践を模索しながら「おむつ替えも教育だ」という教育観を獲得します。重い障害があり発達初期段階にある子どもにとって、おむつ交換は介助行為にとどまらない「発達に必要な活動」であり、子どもの身体や情動への働きかけを通して人間関係を成立させることを意図した教育活動としておさえられたのです。

このように重い障害のある子どもを排除して「愛される障害者」づくりをめざす特殊教育を批判し、他方で「満六歳以後の発達に対応する教育課程が学校教育のすべてである」という近代学校の前提が障害のある子どもの教育権を侵害してきた歴史をとらえ返しながら、発達的に「下方への限界を設定しないところから新しい障害児教育は出発した」のです（窪島一九八八：一九七、一九八）。養護学校では、乳児期前半という発達初期のちからの獲得も含めて、子どもの日常生活を構成する文化、子どもに獲得されることで発達が実現するような文化を選びとり、そうした教育的価値のある文化との出会いが埋めこまれた活動を子どもに合わせて組織することが教育実践の課題とされました。「どんなに重い障害のある子どもたちにも教科を」という主張は、そうした教育実践を象徴するものでした。障害診断という医学的、心理学的なものから一義的に教育内容を導き出すのではなく、子どもの生活年齢や発達的なちからをふまえつつ、障害とともに生きることを支え励ます文化の中身を吟味し、子どもに合わせて手渡していく教育を「教科」として追求したのです。また、特殊教育の主流な指導形態とされる「生活単元学習」なども活用しながら、障害のある子どもたちのちからが存分に発揮される文化的な生活を用意し、総合的で共同的な学びを組織する努力もなされました。

こうして「権利としての障害児教育」論は、養護学校を中心にすべての障害のある子どもの包摂をめざす「障害児学校・学級教育学」（窪島二〇一四：七五）として定位されていきます。盲・聾・養護学校や特殊学級を「障害児学校・学級」と呼んだのも、重い障害のある子どもたちを学校から排除し、特殊学級を学業不振児などの受け皿とする現状をなくし、「障害児」の教育権を保障する正統な「学校・学級」制度として位置づけ、その教育機能を十全に発揮させることを求めたからです。安易な「特殊教育」の対象拡大は通常教育からの差別・排除につながり、障害児教育の水準を切り下げるとの批判意識はその後も一貫していきます。

そうした問題意識や理論構成が、養護学校義務制の早期実施を促す実践や運動に寄与したことはいうまでもありません。その一方、特別な場での教育の構築を最優先課題とする「権利としての障害児教育」論においては、ともすると通常学級に在籍する障害のある子どもへの特別な配慮や教育の問題は後景に退かざるをえませんでした。この時点では、通常学級における障害児教育を射程に入れて「特別な場で行う特別な教育」という「特殊教育」の制約を克服する理論の展開は不十分だったといえます。

また、障害児教育は自らを「普通教育」として構想しました。たとえば、日教組の委嘱を受けて教育改革構想を提起した教育制度検討委員会は、障害児教育について次のような包括的な定義を与えました。

障害児教育は、けっして、特殊な教育の方法・内容をもっておこなわれる教育ではなく、普遍的教育（common education）としての普通教育を、障害をもっているという事実に即しつつ、その障害にともなう困難を軽減・克服していくために必要かつ適切な教育内容を創造していくという立場から、いっそうきびしく吟味しながらおこなう教育である、といえよう。

（教育制度検討委員会一九七四：二一五）

特殊教育の差別性を批判し、障害のある子どもにも教育基本法や学校教育法が定める義務教育を保障するうえで、障害児教育が「普遍的教育」であることを強調することには積極的な意味がありました。しかし、障害のある子どもの特別な教育は「普通教育」に包摂しうるのか、なにゆえ「障害児教育」という固有の領域として存立するのかといった原理的な課題を深めるには至りませんでした。これらの問題は、養護学校義務制実施以降、インテグレーションの推進、子どもの障害の重度化や多様化への対応とともに、障害のある子ども一人ひとりのニーズに応じる特別な教育をいかに実現するのかという課題として問われていきます。

2．障害のある子どもの理解と障害の意味

障害児教育は「特殊教育」と対峙しながら、「障害のある子どもの教育」として定位する実践的・理論的な努力を重ねてきました。その過程では「障害とはなにか」という問いが自覚的に追求されてきました。障害児教育において「障害とはなにか」という問題は、教育実践の質や教育条件を大きく規定するだけに揺るがせにできないからです。ここでは、障害を教育学的に検討した議論を振り返りながら、障害のある場合の子ども理解と教育実践における障害の意味を考えてみます。

2−1．障害を教育学的に理解する

一九八〇年にWHO（世界保健機関）が発表した「国際障害分類試案」（ICIDH：The International Classification of Impairments, Disabilities and Handicaps）は、多種多様な「障害」について共通の概念モデルを提示するものでした。それは「疾病」（disease）の諸帰結としての「障害」を「機能・形態障害」（impairment）→「能力障害」（disabilities）→「社会的不利」（handicaps）という三つの階層に区別し、それらを統一して把握するものでした。ICIDHは「医学モデル」と批判されながらも、障害を個人の属性としてだけではなく、

社会や環境との関係を視野に入れて把握する視点を提示したことで、「障害とはなにか」という理論的な問いを喚起することになりました。二〇〇一年にはICIDHを改訂した「国際生活機能分類」（ICF：International Classification of Functioning, Disability and Health）が発表され、個人と環境双方の影響をおさえながら、医学的なものと社会的なものとの相互作用において障害を把握する「医学＝社会モデル」が採用されます。

リハビリテーション医学の立場から、いち早くICIDHの障害概念を検討したのが上田敏でした。上田は自身が構想する「障害者の全人間的復権」というリハビリテーションの理念に照らして、ICIDHが示す三つの「客観的障害」とは異なる「実存の次元においてとらえられた障害」とされる「体験としての障害」を位置づけました。上田は自身の臨床経験をふまえて「自己の生をどのように意味づけ、方向づけ、価値づけるかといった能動的な営み」とかかわる「体験としての障害」が、障害のある人の主体や人格の形成に深く作用すると考えたのです（上田一九八三：八八）。そして障害のある人が「客観的障害」をどのように意味づけるのかは人格体験と深く関わる問題であるとして、機能回復のみならず、実存次元での「障害の心理的克服」＝「障害の受容」をリハビリテーションの課題に組み込んだのです。

しかし、ICIDHも上田の議論も、心身機能が一定程度成熟した大人や中途障害が想定の中心であり、成長・発達しつつある子ども、知的障害のように発達の過程に障害があり能力障害が全般的にみられる場合については十分に考慮されていませんでした。そこで、上田の理論提起を障害児教育学の視点から批判的に引きとり教育学的な障害論を展開したのが、茂木俊彦・平田勝政・高橋智でした。

その批判の要点は、上田の障害論が「障害」の概念を過度に拡張するあまり、「障害の説明によって直接的に障害者の全体像、また障害者の生活の全体を説明する図式」に陥っているというものでした（茂木・平田・高橋一九八三：一一七）。上田は「障害の受容」を主体による障害の「意味づけ」という普遍的な現象として論じているにもかかわらず、「体験としての障害」として「(「実存」レベルの)障害の枠組みの中に受容の問題を収斂していって、主体への視点が希薄になるという矛盾した論理構造」にあるというのです(茂木・高橋・平田一九八四：一三三)。これに対して「諸能力の人格と発達」と「障害の対象化と主体形成」という「媒介変数」を設定して「障害」と「教育」の関係構造をおさえ、「障害の心理的克服」を「障害」の系ではなく「発達」の系において把握することを提起したのです。茂木らは、発達初期から障害のある場合を念頭において「障害の対象化と主体形成」のありようは認知能力や人格の発達に規定され、個人の生活史や発達段階の違いによって障害の意味が質的に変化すると指摘します。周りの人や物に働きかけ、外の世界をわがものとして自己の内部に取り入れていく能動性は、自己の障害を客観的に認識するうえで発達の基盤となり、発達が進むにつれて自己と社会的諸関係とのかかわりで障害の意味を把握するようになります。

こうして障害理解の発達的変化を促すことを意図した働きかけが求められるとすれば、機能障害に直接働きかけるリハビリテーションなどの医学的アプローチとは異なる、人格主体を媒介して障害に働きかける教育の固有性が明確になります。「障害児教育とは、〔ＩＣＩＤＨが示す：引用者〕三つのレベルの障害に直接働きかけるのではなく、三つのレベルの障害から規定されているがそれとは独立した障害児という人格主体に働きかけて彼らの諸能力と人格の発達を促し、そこで培われた力を基礎に主体が主に能力障害にたちむかってその軽減克服をはかっていくという、能動的でダイナミックな営みである」(茂木・平田・高橋一九八四：一三五)。

茂木らの障害論は、人格と能力の発達という教育の目的や機能に内在して、「障害の対象化と主体形成」という障害のある場合に固有の教育課題を位置づけるものでした。障害のある子どもの人格と能力の発達を通して、障害に起因する困難や制約を補うちからを育み、障害とともに生きる主体を形成するところに教育固有の役割を求めたのです。障害による困難や制約を軽減・克服するといっても、自分でできることを増やすことがただちに教育の目標になるわけではありません。自分でできることが増えれば、活動や生活の自由度は拡大するし、できることの喜びや達成感の積み重ねは自己肯定感の育ちにつながる側面があります。しかし、できることとできないことを並べ立てて理解させるのではなく、できないことがあるという現実にも目を向け、できないことについては周囲の支援を求めるちからを育てながら、自分なりに価値ある生活や人生を実現していけるような主体の形成が教育の役割といえるでしょう。

また、個人と社会・環境が相互に作用し合いながら、障害のある子どもの学びにくさや生活のしづらさ、差別や権利侵害として立ち現れ、その度合いが個人と社会・環境のありようによって大きく変化するとすれば、現在の社会・環境を所与のものとしてこれに適応することが教育の課題ではないでしょう。「障害の対象化と主体形成」という教育実践の課題は、個人の自由や権利を阻害する社会・環境に働きかけ、必要に応じて自分たちのちからでよりよいものにつくり変えていく社会形成も射程に入れて構想される必要があります。

2-2. 障害=「個性」論から抜け落ちるもの

一方、障害を「マイナス」「異質」なものと否定的にみるのではなく、「個性」として理解することで障害のある子どもと障害のない子どもが共に学び合うことが大切だという考え方もそれなりに支持されてきました。教育学者の大田堯(4)は「障害児もまた、人間としてのちがいの一つの在り方にすぎず、それをその子のもち味・個性へと発展させることを助けるのが教育であり、いわゆる〝普通の子どもたち〟(相対的なものにすぎないが)のなかで、自分の個性の発見をはげまし、助けることが、教育という仕事の本すじだ」と述べて「障害児を地域

(4) 大田については、本書第3章注(8)を参照。

の普通の学校、さらに普通学級へ入れようという考え方に基本的には賛成である」（大田一九九〇：一五）と主張しました。障害を「もち味・個性」とみて、障害のある子どもと「普通の子ども」の共学を主張する典型的な議論といえます。ここでは「障害」を「もち味・個性」として相対化する大田の議論が、障害がもたらす困難や障害のある子どものニーズの個有性や多様性を否定し、障害児教育を制約しかねないことを批判した茂木と窪島務の議論をみておきます。

茂木は、大田は「障害者」をひとくくりに論じることで彼自身が強調する「一人ひとりのちがい」すら無視してしまい、子どもの障害を「可塑性のない、すでに固定したもの」とみなしているといいます（茂木一九九四：一九三）。窪島も同じく、大田が障害のある子どもの「ちがい」を「人間としてのちがいの存在の一つ」に還元することで「特別のニーズの存在」を否定し、さらに「通常の学級に無理をして在籍するために生じている二次的な…障害のもつれ・重度化、人間関係のゆがみをも、「ちがい＝個性」といって肯定してしまいかねない危険性」があると批判しました（窪島一九九八：一四七、一五二）。

こうして「障害」を「もち味・個性」として相対化することは、障害のある子どもの多様な困難や障害に起因して固有にもつ特別な教育的ニーズを否定し、特別なニーズを満たすために多様に用意されるべき教育の場を縮減させることになります。大田は、障害のある子どもと障害のない子どもが通常学級で共に学ぶべきであるという立場から、「制度としての今日の義務制養護学校」は障害のある子どもの「隔離」であると明確に否定します。そして「普通学級」が「本拠地」であり、「普通児との生活交流」を進めることを条件に「出店」として「特別学級」の併設を容認するのです（大田一九九〇：一四）。これに対して窪島は、「出店」とは「それじたいの教育的価値をもたないことの表現」であり、「特別学級」の教育機能を通常学級では扱えない「個別的な治療と訓練に限定する危険性」が強く、障害児教育を「適応主義」や「訓練主義」といった文字通りの「特殊教育」におしとどめることになると批判しました（窪島一九九八：一四九）。障害児学級教育の固有性と自律性を奪い、通常学級の補完的教育になることを批判したのです。

大田は、障害のある子どもの教育の場をめぐって養護学校か、通常学級かという対立が生じていることが問題であるといいます。しかし、これは事実と異なる認識でした。障害のある子どもは障害のない子どもと共に普通学級で学ぶことを原則とする立場、障害のある子どもの教育の場は一人ひとりの教育的ニーズに応じて養護学校から特殊学級に至るまで多様に整備されるべきだとする立場、実際にはこの二つの対立でした。

大田の議論は「制度の是非を論じる根拠としての子どもの「特別なニーズ」を、たんなる「ちがい」「持ち味」「個性」という平板な論理で否定しているところ」に根本的な問題がありました（窪島一九九八：一五一）。それが障害児教育の固有性を否定する方向で作用し、障害のある子どもの教育の場を序列化することで、教育の機能を低下させるものと批判されたのです。「障害とはなにか」という問題は、障害のある子どもの教育の質と条件に深く関わるのです。障害を「もち味・個性」とみることでわたしたちの視野から抜け落ちてしまうもののなかに、障害のある子どもが固有に抱える困難や特別な教育的ニーズがあるといえるでしょう。

3．障害児教育の固有性と通常教育学の課題

最後に、今日の特別支援教育やインクルーシブ教育をめぐる課題も意識しながら、「障害児教育は教育の原点」という議論に閉じこめることなく、障害児教育の課題が通常の教育と教育学の問題意識や課題といかに交わるのかを考えます。

3－1．障害のある子どもの「特別な教育的ニーズ」

養護学校義務制実施以降、重い障害があり通学困難な子どもを受けとめる訪問教育、後期中等教育への進学など、「「障害児教育」を受ける権利」（窪島・渡部一九八六：一九八）の実質的保障が求められていきます。通常学級に在籍する障害のある子ども、障害はないけれども特別な配慮や支援が必要な子どもたちが放置されている現状は「特別な場で特別な対象にたいして特別な内容の教育を行う」という特殊教育の「対象と場のずれ」（荒川一九九五：五九）を顕在化させました。一九九三年に発足した「通級による指導」は、文部省が「通常学級に障害のある子どもが学んでいる」事実を公認したものと言えますが、特別な場に措置されなければ特別な教育が受けられない仕組みに変わりありませんでした。そもそも特殊教育の対象規定は医学的・心理学的な障害診断に直接依拠していますが、その規定は障害のある子どもの教育的ニーズを明らかにするものではなく、同じ障害でも教育的ニーズは一様ではありません。

窪島と渡部昭男は、そうした「特殊教育」の制約や難点を克服するために「特別な教育的ニーズ」概念に依拠して障害児教育制度改革を提起しました。一九七〇年代後半のイギリスの教育改革において採用された「特別な教育的ニーズ」は、従来の「特殊教育」が対象とする障害のある子どもに加えて、通常学級で「学習困難」のある子どもにも、障害診断によらず教育的ニーズを判定し「特別な教育措置」を付加するための制度概念です。窪島・渡部はイギリスの動向を吟味しながら、「特別な教育的ニーズ」を独自に概念化しました。すなわち、「現在の学校教育の科学的・民主的蓄積と到達に立って、なお、子どもの全面的な能力および人格の発達を達成するために、通常の学級において一般的に行われる教育的配慮に留まらず、特別のカリキュラムの準備、教育施設・設備の整備、教材・教具の開発、その他の付加的な人的・物的・技術的条件整備を必要とするニーズ」としたのです（窪島・渡部一九八六：一九四）。

窪島・渡部は「ニーズ」概念の包括性を評価しつつ、障害や疾病といった医学的・生物学的なものに起因する「学習困難」と、社会的・文化的・教育的なものに起因する「学習困難」を区別しておさえました。「ニーズ」という水準で同一性や連続性を有するとしても、困難の様態や成因によって実際の教育や指導のあり方は異なります。そして、障害の存在とその医学的・心理学的な診断・知見も、「学習困難」と「特別な教育的ニーズ」の把握において不可欠であると考えられたのです。

また、現行の通常学級における「個人差に応じた教育的配慮」によって充足されるニーズは、「特別な教育的ニーズ」概念に含めませんでした。教育条件の不備・不足に起因する「学習困難」を「特別な教育的ニーズ」に含めることは「特殊教育」対象の肥大化を招き、その裏返しとして障害のある子どものニーズの固有性を軽視し、通常教育の改革や条件整備の責任を不問にしかねません。「特別な教育的ニーズ」概念は「現在の学校教育の科学的・民主的蓄積と到達」を最大化しながら「一般的に行われる教育的配慮」の充実を志向するものと受けとめられました。その場合、障害児教育の資源（特殊教育）を障害以外の特別な教育的ニーズへの対応に振り分けることは、障害児教育に過度な負担をもたらし、機能の弱体化と質の低下を招くものとして退けたのです。

3―2．障害児教育の「場」を構成するもの

このように一九八〇年代から九〇年代にかけて、インテグレーションやインクルージョンに関する国際動向を受けて「子どもの権利条約」（一九八九年）やユネスコ「サラマンカ声明」（一九九三年）などを根拠に障害児教育の固有性と独自性を発展させ、通常教育の改革につながる障害児教育改革が展望されていきます。そこでは「特別な教育的ニーズ」概念の包括性と「障害」のある場合のニーズの固有性や多層性を適切に関係づけて、障害のある子どもの特別な教育的ニーズを充足する多様性と連続性のある教育形態が求められました。

特殊教育から特別支援教育への移行過程では、通常学級で支援が行き届かなかった発達障害のある子どもを念頭において「場につく教育」から「人につく教育」への転換が強調されました。障害児教育において「場につく教育」を切り離して「人につく教育」という発想を徹底させれば、障害のある子どもの機能や能力をアセスメントして指導・支援をモザイク的に組み合わせ、学習環境さえ調整すればよいということになります。そうなると、障害児教育の役割は通常学級でどうしてもできない指導や訓練を担う補完的機能に引き下げられ、「教育の場」の整備の必要性は希薄化していくと考えられます。それは「障害児学校・学級教育学」として構築されてきた障害児教育の解体を意味します。

医療的ケアに対応する学校看護師のように「人につく」ことが最適な制度もあります。したがって、合理的配慮の提供も含めて「人につく教育」を保障する制度基盤を整備しながら、教育の場に原則と例外を設けることなく、多様な教育の場を保障することが求められます。そのためにも、障害のある子どもの教育にとって「場」のもつ意味とその構成要件を明らかにすることが課題です。それは、「Society5.0」の時代の学びとして提唱される「個別最適化な学び」が、教室の授業や学級集団などから構成される既存の学校教育の仕組みや公教育のかたちを解体させるという問題と合わせて考える必要があるでしょう。

教育の場を構成するものに教育課程があります。特別支援学校の新学習指導要領は、通常の教育課程を基準として「学びの連続性」の確保を求めています。知的障害がある場合にも、特殊教育の時代から教育行政があれほど否定してきた「教科」の指導を強調し、生活単元学習などの「各教科等を合わせた指導」では学習指導要領の目標や「資質・能力」との対応関係を明示することを求めています。こうした形式的な「連続性」の強調は、障害のある場合の教育課程や指導形態の固有性を失わせ、障害のある子どもの発達や学び方の固有性に応じた教育課程編成の余地を狭めかねません。それゆえ、特別支援学校や特別支援学級において通常学級から自律した教育課程によって組織される学びや生活の固有性、障害のある子どもたちの自治的な集団の意味を明らかにすることが求められています。

3–3. 障害のある子どもの社会参加と主体形成

インクルーシブ教育として追求される障害のある子どもと障害のない子どもの共学・共修は、これまでも障害児教育の基本的性格や障害のある子どもの学びの場をめぐる意見の対立を含みながら議論されてきました。なかでも、一九七〇年代に教育制度検討委員会が提起した「共同教育の原則」は議論を呼びました。それは、障害のある子どもは「「普通者」とともに生活し「普通者」とともに学習することを原則とし、その基盤のうえにたって必要にして適切な特別の治療と教育をそれと並行しておこなうようにすべきである」との立場から、「学習する権利の平等化と、学習内容における普通教育としての共通性を前提として、障害者とその他のものとが、「共同に学習する教育機会を保障しよう」とする原則」です（教育制度検討委員会一九七四：二一六―二一七）。共同教育の形態は、障害児学校内の学部間、障害児学校間、障害児学校と通常学校の間、障害児学級と通常学級の間において「特別教育活動」と「可能な若干の教科の学習」を実施するとされましたが、障害児教育を「「普通者」の教育」に「埋没」させるものではないことに注意を促しました（教育制度検討委員会一九七四：二二六―二二七）。

教育制度検討委員会に専門調査委員として参加した清水寛によれば、共同教育とは「健体児集団と障害児集団を基本単位として、集団対集団として対等平等の関係を築きつつ」行うものとされました（清水一九七七：六〇）。教育制度検討委員会の「共同教育」論の特徴は「集団対集団」を基本形態とするところにありました。一九七三年に養護学校義務制実施の予告政令が出されて義務制の実施が日程にのぼるなか、障害のある子どもを通常学校から排除して共に学び合う権利を奪うものだとして義務制実施に反対し、障害のある子どもをすべて通常学校・

学級に就学させるべきだという主張もなされました。そうした就学の場をめぐる緊張関係のなか、障害のある子どもが「「普通者」とともに生活し「普通者」とともに学習すること」を「原則」とすれば、養護学校と特殊学級は例外的な位置づけとされ、義務制実施の根拠や特別な教育の場の条件整備の必要性も揺らぎかねません。教育制度検討委員会の議論では、共同教育と統合教育の関係が未整理であったこともあり、義務制反対の立場からは、共同教育は障害のある子どもの通常学級への受け入れを推進するものと解釈されもしました。それゆえ共同教育を進めるにしても「健体児集団と障害児集団を基本単位」とすることで、養護学校差別論や義務制反対論に与することなく、一緒にするのか・分けるのかという二者択一の形式論を超えて、障害のある子どもが生活・学習上の課題と要求を共有し、アイデンティティ形成の拠りどころとなる「基礎集団」の保障のうえに、障害のない子どもとの育ち合いや学び合いを課題化したのです。

しかし、その議論には「「普通者」から百パーセントひきはなし、いわば「隔離」して教育することは決して望ましいことではない」と養護学校を否定的にみる一方、障害のある子どもの基礎集団として養護学校を位置づけるという不整合もみられました。これについては、普通教育は「さまざまな人間関係を集団のなかでつくりあげていく過程で実現されていくべきもの」という認識に即して、「集団」を基盤とする共同教育を構想することでその矛盾を解消したといえます。この間、特別支援学校や特別支援学級では知的障害や発達障害のある子どもを中心に在籍者が急増して学校・学級規模が大きくなり、過大・過密状態を解消する条件整備、安心して学べる学級集団づくりが課題になっています。障害のない子どもたちの実態も、「健体児集団」としてひとくくりにできない多様性や課題を示しています。通常学級に在籍する発達障害のある子どもたちに、同じ障害のあるなかまとの出会いや学び合いをいかに保障するのかという課題もあります。こうした集団をめぐる今日の状況に即して「共同教育」の概念や形態をとらえ返していく必要があるでしょう。

障害のある子どもの保護者から聞かれる「せめて子どものうちは、障害のない子どもと一緒に過ごさせたい」という切実なねがいには、障害のある人びとのノーマライゼーションやインクルージョンを十分に実現しえない社会の現実が反映されています。時期が早ければよいわけではありませんが、障害のない子どもたちが障害のある子どもたちと交流・共同しながら、障害のある子どもへの理解を深めていくことは大切です。しかし、障害のある人びとへの差別や偏見をなくし、障害のない人とともに暮らすことのできる社会は、人権を保障する政治の成熟、生活と労働を支える社会保障の整備などによって実現されるものであり、もっぱら教育によって人びとの理解や意識の変容に期待するだけでは解決しません。「あの子がいるから、みんなが優しい気持ちになれるよね」というふうに、障害のある子どもを障害のない子どもの理解や学習の「教材」とみることもたびたび批判されてきました。

障害児教育では、教育的統合と社会的統合と区別しながら、教育が引き受けるべき課題をおさえてきました。窪島によれば、教育的統合とは、障害のある子どもと障害のない子どもが「共同的関係」と「自主的、自治的集団」を形成し「社会の共同形成者」として発達するという「教育の論理」にもとづく統合であり、「社会的統合に教育の論理をもって作用する」とされました（窪島一九八八：一二一、一二五）。障害のない子どもの理解啓発や意識の変容にとどまらず、「社会の共同形成者」として認め合い、障害のある子どもが意識や関係性を規定する社会の構造や仕組みに目を向けながら自己形成し、社会的諸関係をつくり変える主体として育つ。その「教育の論理」を社会的統合に作用させるもの、すなわち教育的統合と社会的統合をつなぐ「環」としてとりわけ「地域の教育についての民主的合意形成の運動」（窪島一九八八：一四三）が位置づけられました。窪島は、「学校づくりは箱づくりではない、民主的な地域づくりである」という与謝の海養護学校の学校建設運動に象徴される、学校づくりと結んで障害のある子どもを包摂する地域共同体づくりの経験をイメージしていたと思われますが、障害のある子どもを社会形成の主体として育てる「教育の論理」についてもう少し具体的に考えてみます。

窪島は、主体からみて「統合」は「社会への能動的参加」と同義だといいます（窪島一九八八：一一六）。障害者権利条約第二四条（教育）も「障害者が自由な社会に効果的に参加することを可能とする」として、障害のある人が教育を「享受」することで「自由な社会に効果的に」作用する仕組みをインクルーシブ教育としています。障害のある子どもを「社会の共同形成者」として育てるということは、社会参加にあたって自らが必要とする支援や配慮を社会に向けて要求していくちからを育てることにほかなりません。合理的配慮はそのための重要な仕組みですが、社会の側が障害のある子どもたちの要求を受けとめて実現できる基盤や条件を保障することが、障害のある子どもを権利主体として育て、障害のある人が生きやすい社会づくりにつながります。

障害のある子どもが、権利行使や社会形成の主体として発達するために教育に求められるものは何か。「障害児の自分でする力、自主的、能動的な力がどのようにして伸びていくかということは統合教育の核心的課題である」と窪島はいいます（窪島一九八八：一二二）。「自分でする力」の基盤となるのは、自分で「やってみたい」「できるようになりたい」という要求です。そうした子どもの要求を実現するために、安心して学び、未知のことがわかる楽しさを感じ、納得いくまで考えたり、試行錯誤や切磋琢磨をしながら活動に取り組めるような生活を子どもに合わせて組織する場所が学校です。障害のある子どもたちと一緒に「自分でする」。障害のない子どもと一緒に「自分でする」。このように、なかまのなかで「自分でする」経験を通して自分と他者への信頼を深め、障害とともに生きる自己を形成していくためにも教育の場は多様に整備される必要があります。そして、発達の必要に応じてそれぞれの場での生活と教育を格差なく「享受」できる仕組みが求められます。

卒業後は障害のない人たちともかかわっていくのだから、学校段階から障害のない子どもと同じ場所で学ぶことが大切だともいわれてきました。けれども、学校段階でこそ、同じ障害のあるなかまと出会い、共に学び、自分たちで選んで決めることのできる自治的な生活をつくり、必要があれば周囲に支援を求めていくことも学びながら、自分のちからを存分に発揮する経験が、大人になって多様な人たちと関係を結んで社会に参加していくちからの基礎となるのではないでしょうか。

一方、障害のない子どもたちに、障害のある子どもたちの「自分でする」姿とどのように出会わせていくのか、その出会いを通して自分と他者を理解し、なかまとつながり、共同するちからをどのように育てていくのか。そこで「求められるのはごく普通の意味での民主主義の教育であり、それを行う教師を中心とした大人たち自身の民主主義理解の深化と実践力の向上」であると茂木はいいます（茂木一九九四：二〇五）。そのためにも障害児教育学と通常の教育学が共同して、子どもたちが民主主義の担い手として発達するための価値を探究し、民主主義の技法を磨いていかなければなりません。それは、障害者権利条約の基底をなす「わたしたち抜きに、わたしたちのことを決めないで」という参加民主主義の要求に応える教育実践をつくることでもあります。微細な運動や生理的反応によって自らの意思を表現しようとする重い障害のある子どもたちも含めて、障害とともに生きる子どもたちを意見表明と参加の主体として尊重し、民主主義の主人公としてのちからを育む教育実践が求められています。

おわりに

障害児教育論は、戦後教育学のなかに位置づきながら、「特殊教育」の論理と訣別し、既存の学校教育や通常の教育学が前提とする概念や仕組みを厳しく吟味して「子どもに合わせる」という教育の原理を突きつめてきました。通常の教育学が障害のある子どもをふまえて理論や実践を構築することは大切です。それでは、障害のある子どもを「〇〇教育学」の対象に組み入れるとすれば、「障害児教育」という固有の領域は必要ないのでしょうか。特別支援教育やインクルーシブ教育という言葉に解消してよいのでしょうか。「誰一人取り残さない」「ダイバーシティ&インクルージョン」などの今日の教育改革のキーワードのうちに、障害のある子ども一人ひとりの主体的な権利や固有のニーズが埋没させられてはいないでしょうか。

本章では「障害児教育」という言葉に自覚的であることの意味を確かめてきました。学校も教育も自明のものとして存在することが難しくなっているいま、「子どもに合わせる」という教育の原理を手離さないためにも「障害児教育」の理念と実践に即して、学校と教育のあり方を問い続けることが求められています。

参照文献

荒川智　一九九五「障害児教育の概念と対象」茂木俊彦・清水貞夫編『障害児教育改革の課題と展望』全障研出版部
糸賀一雄　一九六七『福祉の思想』日本放送出版協会
上田敏　一九八三『リハビリテーションを考える―障害者の全人間的復権―』青木書店
大田尭　一九九〇「能力による区別と差別」『教育』第四〇巻三号
教育制度検討委員会　一九七四『日本の教育改革を求めて―教育制度検討委員会最終報告―』勁草書房
窪島務　一九八八『障害児の教育学』青木書店
窪島務　一九九八『現代学校と人格発達―教育の危機か、教育学の危機か―』地歴社
窪島務　二〇一四「特別ニーズ教育の今日的課題と「インクルーシブ」教育論の方法論的検討」『SNEジャーナル』第二〇号
窪島務・渡部昭男　一九八六「あるべき障害児教育改革の基本理念」科学的障害者教育研究会／藤本文朗・渡部昭男編『障害児教育とインテグレーション―明日の障害児教育像を探る―』労働旬報社
越野和之　二〇一九『子どもに文化を　教師にあこがれと自由を』全障研出版部
清水寛　一九七〇「わが国における障害児の「教育を受ける権利」の歴史―憲法・教育基本法制下における障害児の学習権―」『教育学研究』第三六巻一号
清水寛　一九七七「障害児教育改革の課題―共同教育の正しい理解と推進のために―」『季刊教育法』第二六号
清水寛・田村勝治編／群馬障害児教育研究サークル著　一九七四『障害児の教科指導』明治図書

白石恵里子　二〇〇七「「可逆操作の高次化における階層—段階理論」と障害児者の発達」荒川智・越野和之／全障研研究推進委員会編『障害者の人権と発達』全障研出版部
田中昌人　一九八〇『人間発達の科学』青木書店
林部一二　一九六六「特殊学級における職業教育」『学校運営研究』第四九号
宮澤俊義　一九五五『日本國憲法（法律學コンメンタール篇一）』日本評論社
茂木俊彦　一九七九「発達における障害の意味」『岩波講座・子どもの発達と教育（三）発達と教育の基礎理論』岩波書店
茂木俊彦・平田勝政・高橋智　一九八四「障害概念の教育学的検討」『人文学報』第一七一号
茂木俊彦　一九九四「健常者と障害者の交流・共同と教育」教育科学研究会編『現代社会と教育（第六巻）二一世紀の人間と教育』大月書店
渡部昭男　一九九六『「特殊教育」行政の実証的研究—障害児の「特別な教育的ケアへの権利」—』法政出版

おわりに

戦後教育学は、現在を生きるわたしたちが参照可能な未整理の教育学「遺産」だということ、だからその可能性をいま改めて明らかにしたい――そんな課題意識のもとに編まれた全9章、読者の皆さんはどのように読んだでしょうか。

一つ断っておくならば、当然ながら、戦後教育学と呼ばれる学問潮流の「遺産」なるものが、本書ですべて汲み尽くされ、語り尽くされているわけではありません。どちらかと言えば教育の原理論を中心的な主題としたがゆえに、本書では、教科や領域の固有の議論は後景に退いています。また、戦後教育学者が繰り返し論じてきた生活綴方について、ごく限定的な言及に留まってしまっているという点は、本書の限界として指摘されうることかと思います。戦後教育学の再吟味という目標から言えば、われわれの研究はまだ緒に就いたばかりです。本書ではまだ描かれていないものが多くあるという指摘は、受け容れるほかないでしょう。

ですが同時に、編者（神代）としては、少なくとも本書で描かれていることについては、それが現在と未来の教育と教育学を考えるうえで重要な論点をあきらかにしていることを、自信をもって主張したいと思います。

第1部の「国民の教育権」論（第1章）と「私事の組織化」論（第2章）は、子ども・教師・保護者の共同にもとづく教育構想の重要性と、それを可能にするアイデアとを提起しています。「地域と教育」論（第3章）は、そこに地域住民を加えた参加論を土台とした学校づくり―そしてその難しさ―を語ります。その困難のリアルな認識こそが、むしろ地に足のついた希望だとも言えるでしょう。また、生存権と環境権に集約される、教師を結節点とした地域の共同性が、現代の喫緊の課題としての環境問題に対する連帯のあり方でもあることを、公害教育論（第4章）は示してくれました。青年期教育論（第5章）は、グローバル化の影響によって過酷さの度合いを増す日本社会において深く傷ついた若者たちを、そうした社会的・市民的連帯に包摂し、彼らと連帯そのものの双方をエンパワーメントする営みだと言えます。

続く第2部、発達論（第6章）と教育的価値論（第7章）――これらは、ある意味で政治的・経済的・社会的力学に翻弄されることを運命づけられている教育という営みを、そのような現実に抗して相対的に自律的な領分として立て直すための、まさに教育の原理論と呼ばれるに相応しい議論を提起しています。さらに民主教育論（第8章）は、政治への信頼の失墜という現代社会の病弊を前にして、学力という百家争鳴の概念を民主主義の観点から再定義するという、きわめて野心的で、しかし重要なプロジェクトを起ち上げました。また、そうして社会的連帯に支えられ、原理的に基礎づけられた教育を受ける権利、そのなかで学習する権利、育つ権利は、当然ながら障害のある子どもにも保障されるべきものに違いありません。そう考えるとき、「子どもに合わせる」という原理にこだわり抜いてきた障害児教育論（第9章）の蓄積は、わたしたちの教育学「遺産」と呼ぶにふさわしいものと言えます。

以上、これらの諸理論の蓄積は、わたしたちの現在と未来の教育と教育学を考える、重要な土台である――このことは再度、強調しておきたいと思います。

とはいえ、伝統的な教育・社会問題から、少し前まではSFの領域でしかなかったような新しい技術の問題まで、わたしたちの社会と教育に迫りくる難題は山積しており、またかつてない複雑な状況を呈していることも事実です。

政治的・経済的・社会的分断状況のなかで、いかにしてまともな社会と教育を作り出すのか。

環境問題が人類の命運を左右しかねないとき、教育はなにをなすべきか。

急激に進むＤＸ（デジタル・トランスフォーメーション：デジタル技術による社会の変革）が教育界を覆うとき、それらとどのように付き合っていけばよいのか。

医学・神経科学の進歩によって徐々に現実味を帯びてきた、侵襲的サイボーグ技術（身体に器具等を埋め込むことによる人間の能力の拡張）や薬理的エンハンスメント（薬剤による人間の能力の向上）をどのように受け止めるか。

――例えばこれらの難問を考えるためには、「遺産」をただ「遺産」として引き継ぐだけではなく――つまり、単に「食いつぶしていく」だけではなく――、それらを発展させていくことが必要です。そしてそのことは、当の戦後教育学者たち自身が、後続に求めたことでもありました。例えば勝田守一は、「魂《ソウル》に於て頑固、心《マインド》に於て柔軟、精神《スピリット》に於て活発」であることを求めましたが、これはまさに、そうした発展への励ましの表現、「進歩」の呼びかけと言えるでしょう。

このことを強く意識した本書は、各章それぞれの仕方で、「理解（継承）」のみならず「発展」にチャレンジしているということがあります。それはつまり本書が、単なる懐古趣味によって編まれたのではなく、「現代の理論」―少なくとも、来るべきそれのスタート地点―として戦後教育学を論じたということにほかなりません。ですから、読者におかれてはぜひ、過去の教育学の忠実な記述・記録としてだけではなく、現代の諸問題を考えるための理論の書としての本書の評価をお願いしたいと思います。

＊

本書の企画が立ち上がったのは二〇一六年の秋頃、始まりは、わたし（神代）のまったくの思い付きでした。「戦後教育学のいろいろな蓄積は、きちんと評価されていないんじゃないか、そこにはまだ可能性があるんじゃないか」という直感に動かされて、関心を共有できそうな研究仲間のみなさんに声をかけました。集まった八人の仲間の研究発表や原稿に、数えきれないほど多くのことを学びました。大学の多忙化があり、またメンバーのうち何人かは子育て真っ最中ということがあります。そんな厳しい状況なかで、貴重な時間をともにできたことをとても嬉しく思います。

他方で、単なる理論書ではなく、教育実践の世界に根ざした理論書を目指したいということで、本書執筆のための研究会では、民間教育研究団体で出会った現職の教師たちに多くの有益なコメントをもらいました。このこともまた、本書の議論を一層深いものにしています。ここで改めてお礼を申し上げます。

最後に、本書の出版を引き受けてくださったかもがわ出版の吉田茂さんに心よりの感謝を申し上げたいと思います。出版事情の厳しいなか、過去の教育学理論を再検討するという、いささか玄人好み、率直に言って地味な本書の企画に耳を傾けてもらえたのは幸運であったとともに、そのこと自体が大きな励みになりました。ありがとうございました。

本書が多くの人に読まれることを願って。

二〇二一年四月

再び、執筆者を代表して

神代　健彦

《執筆者紹介（五十音順）》

大日方真史（おびなた・まさふみ）
三重大学教員、教育科学研究会全国委員。専門は教育学。研究テーマは学校参加論、生活指導論、教師の民主主義的専門性。共編著に『ＰＢＬ事例シナリオ教育で教師を育てる―教育的事象の深い理解をめざした対話的教育方法』（三恵社）がある。
〈保護者とつながりながら積み重ねられていく教師の教育実践の事実をとらえ、そこに含まれる意味を探る営みを、これからも続けていきたいです。〉

河合　隆平（かわい・りゅうへい）
東京都立大学教員、全国障害者問題研究会副委員長・研究推進委員長。専門は、障害児教育学・教育史。最近の研究テーマは、高度成長期の障害児教育。主な著書に『発達保障の道―歴史をつなぐ、社会をつくる』（全障研出版部）、共編著に『教育支援と排除の比較社会史―「生存」をめぐる家族・労働・福祉』（昭和堂）がある。
〈障害とともに育つ・大人になるとはどういうことかを、ほかならぬ障害のある子どもたちから教えてもらえる仕事がしたいです。〉

神代　健彦（くましろ・たけひこ）
京都教育大学教員、教育科学研究会常任委員。専門は教育学・教育史。研究テーマは戦後日本の教育学史、道徳教育論、教育批評。主な著書に『「生存競争」教育への反抗』（集英社）、共編著に『悩めるあなたの道徳教育読本』（はるか書房）がある。
〈いまや死語となってしまった「教育的価値」、でもそれは、苦労してもう一度命を吹き込む価値のある言葉だと思うのです。〉

杉浦由香里（すぎうら・ゆかり）
滋賀県立大学教員。専門は教育学・教育史。研究テーマは近代日本の教育行政史、地域教育史など。共著書に『教師をめざす学びのハンドブック』（かもがわ出版）がある。
〈子どもの権利と人権に立脚した学校教育を実現するために必要な条件を明らかにすることを目指しています。最近は自治的集団を育成する保育実践に魅了されています。〉

中村（新井）清二（なかむら（あらい）・せいじ）
大東文化大学教員、教育科学研究会常任委員、全国生活指導研究協議会全国研究委員。専門は、教育学・教育哲学。研究テーマは、民主的主体形成論。編著に『コロナ時代の教師のしごと―これからの授業と教育課程づくりのヒント』（旬報社）、共訳書に『民主主義を学習する：教育・生涯学習・シティズンシップ』（勁草書房）がある。
〈「中年の子育て」という実存的課題と、戦後教育学の批判的継承を考えて、民主主義と「遊び」について勉強を始めました。〉

古里　貴士（ふるさと・たかし）
東海大学教員、社会教育・生涯学習研究所事務局長、社会教育推進全国協議会常任委員。専門は社会教育論、研究テーマは高度成長期地域公害教育史。著書に民主教育研究所編『民主主義教育のフロンティア』（旬報社）、鈴木敏正・朝岡幸彦編著『社会教育・生涯学習論』（学文社）など。
〈私たちは、ただ日々暮らすだけのことが、絶えず海の向こう側の貧困や環境破壊とつながってしまう社会に生きているため、子どもたちを被害者にも加害者にもしない社会にどうやってつくりかえていくのかを考えていきたいと思っています。〉

丸山　啓史（まるやま・けいし）
京都教育大学教員、全国障害者問題研究会副委員長。専門は障害者教育。研究テーマは障害児の放課後保障、障害者の生涯学習など。主な著書に『私たちと発達保障―実践、生活、学びのために』（全障研出版部）、共編著に『隠れ保育料を考える―子育ての社会化と保育の無償化のために』（かもがわ出版）がある。
〈子どもたちの全面発達を保障しようとするとき、私たち自身の全面発達も求められると思います。〉

三谷　高史（みたに・たかし）
仙台大学体育学部教員。専門は環境教育論。主な研究対象は福祉国家再編期（一九六〇―七〇年代）イギリスの環境教育運動。関心は人づくりと地域づくりの境界領域にあります。共著書に関啓子・太田美幸編著『近代ヨーロッパ教育の葛藤―地球社会の求める教育システムへ』（東信堂）などがある。
〈研究者としてというよりは、主に保護者として地域住民として学校への参加を考え、行動（実践？）してきました。なるべく多くの人にとって学校が「良く」なるためにはどうすればよいか、今後も考え、行動したいと思います。〉

南出　吉祥（みなみで・きっしょう）
岐阜大学地域科学部教員、教育科学研究会常任委員、若者協同実践全国フォーラム（JYCフォーラム）事務局長など。主に制度外で展開されている教育・福祉実践に対し、実践・政策両面から探求している。「青年期教育」以外のテーマとしては、「教育福祉論」「地域生活指導」など。主な著書に『「若者／支援」を読み解くブックガイド』『「若者支援」のこれまでとこれから』（いずれも共著、かもがわ出版）など。
〈「人が人を育てる」だけでなく、他者とともに在る場＝社会が人を育てる。その場＝社会をどれだけ豊かなものにしていけるか。そこに課せられた教育課題を探りたい。〉

民主主義の育てかた―現代の理論としての戦後教育学

2021年7月10日　第1刷発行
2023年5月20日　第2刷発行

編　者　神代　健彦
発行人　竹村正治
発行所　株式会社 かもがわ出版
〒602-8119 京都市上京区堀川通出水西入ル
TEL 075(432)2868　FAX 075(432)2869
ホームページ http://www.kamogawa.co.jp
印刷所　シナノ書籍印刷

ISBN978-4-7803-1172-3 C0037